중국 신화문학의 세계

중국 신화문학의 세계

빈 미 정 (賓美貞) 1961년 경남 진주 생, 경상대학 중어중문학과 졸업, 한국외국어대학 문학석사, 서울대학교 문학박사, 현 성결대학 중어중문학과 부교수

주요 논문 「중국 기원신화의 분석적 연구」, 「중국신화와 신화사유의 성격」, 「황제신화의 문헌적 고찰」, 「韓·中開國神話的文化觀念」 외 다수

중국 신화문학의 세계

초판 1쇄 발행 2008년 10월 20일

지은이 빈미정
펴낸이 오일주
펴낸곳 도서출판 혜안
등록번호 제22-471호
등록일자 1993년 7월 30일

주 소 ⑨ 121-836 서울시 마포구 서교동 326-26번지 102호
전 화 3141-3711~2
팩 스 3141-3710
E-Mail hyeanpub@hanmail.net

ISBN 978-89-8494-354-4 93210

값 16,000 원

중국 신화문학의 세계

빈미정 지음

혜안

머리말

중국의 신화전설에 관심을 갖고 연구를 한 지 적지않은 시간이 흘렀다. 일반적으로 중국은 우리와 동일한 문화권에 있기 때문에 중국신화도 역시 동질적일 것이라 여기고 별다른 주목을 하지 않았다. 그러나 실제로 중국 문화와 우리 문화는 각기 특수한 토양을 갖고 있고, 그로 인해 본질적으로 '중국적인 것'과 '한국적인 것'으로 구분될 수밖에 없는 것이 아닌가 생각했다.

이러한 문제의식에 따라 결국 문화원형에 대해 관심을 갖게 되었고, 그 가운데 신화는 그 본질을 가장 잘 드러내주는 것이라고 생각하였다. 신화의 원형, 상징, 의미 등은 중국신화 자체의 특성은 물론, 나아가 중국의 문화 원형에 접근하여 '중국적인 것'의 본질을 이해할 수 있게 하리라고 기대했다. 중국신화의 본래 모습은 어떤 것이었을까? 그리고 신화는 오늘날 어떤 의미를 갖는 것일까?

이러한 질문들은 줄곧 나의 연구의 화두였으나, 중국신화와 관련된 자료가 단편적으로만 남아 있다는 현실에 부딪혀 그 해결은 매우 지난한 과제였다. 그러나 중국의 신화자료가 연변 과정을 통해 여러 형태로 중복되고 단절되어 뒤섞여 있지만, 보다 원시신화에 가까운 것을 식별하고 나아가 후대에 변형된 부분에 대한 이른바 '진위문제'를 넘어서서 그것에 대한 적극적인 의미와 기능을 발견하고 싶었다. 이러한 입장은 신화의 원형에 배치되는 것도 아니었고, 신화의 본질이 기억 안에서 재생되고 또다시 다른 형식으로 탈바꿈하여 존재하는 영속성이 있음을 파악하게 되었다.

신화는 현존하는 과거의 유산만이 아니며, 과거의 문헌자료로 완결된 문학도 아니다. 신화는 시간의 흐름 안에서 살아있는 생명체다. 그 생성 과정이 그러했듯이 대중 안에서 태어나 대중과 함께 살아가고, 다시 대중을 통해서 새로운 생명력을 부여받는다. 입에서 입으로 전해졌던 신화가 비로소 문자로 채록된 것은 단지 텍스트의 한 과정에 불과했던 것이다. 후대의 문학적 장르 안에서 모티프와 상징 그리고 이미지를 통해 작가에 의해 변형되고 분화되어 간 신화를 수용할 때 우리는 신화의 본질에 더욱 가깝게 다가갈 수 있다.

강의 교재와 틈틈이 쓴 논문의 성과를 묶고 다시 고쳐 쓰고 보태기를 반복하다가 이제 비로소 '신화와 문학 그리고 문화'라는 하나의 연결체로 이해하고 의미를 부여한 작은 결실을 문세하게 되었다. 비록 시론적인 시도일 수도 있겠으나, 나름대로 중국신화의 연구의 새로운 지평에 일조하고픈 마음뿐이다. 독자 제현의 질정을 바란다. 출판을 흔쾌히 허락하시고 정성을 다해주신 도서출판 혜안의 오일주 사장님과 편집교정을 맡아주신 김현숙 선생님께 감사드린다.

2008년 2월

저자 삼가 씀

차 례

일러두기

1 중국의 인명, 지명, 서명은 한글 발음(한자) 표기를 원칙으로 하였다. 다만 1911년 신해혁명 이후의 근현대 작가에 대해서는 현대 중국어발음으로 표기하였다.

2 본문에서 다루지 못한 내용은 에세이로 정리하여 <부록 1>로 실었으며, 주요한 신화개념과 신화문학 용어에 대한 해설은 <부록 2>로 실었다.

3 주요한 신화 관련 자료와 본문의 원문자료는 본문이나 인용문에 삽입하지 않고 <부록 3>에서 별도로 정리하였다. 원문에 자주 거론된 『초사楚辭』의 「천문」·「구가」, 송옥의 「낙신부」, 도연명의 「독산해경」 등을 참고용으로 실었다.

제1부 중국신화론

신화는 인간 마음의 고향이요,
한 처음의 시원을 향한
심리적 갈망의 곳집이다.

훨훨 나는 삼청새야!
털 빛깔이 기이하여 사랑스럽구나.
아침이면 왕모를 위하여 일하고,
저물녘이면 삼위산으로 돌아가는구나.
나는 이 새로 하여
왕모에게 하고 싶은 말은,
세상에선 오롯한 바란 없건만
단지 술과 더불어 오래도록 살고 싶을 뿐.

도연명의 『독산해경』 중에서

제1장 현대사회와 중국 신화

신화는 인간의 원초적인 경험세계와 맞닿은 저 깊은 의식의
심연에서 분출되어 새롭게 음미되는 인간성의 한 부분이다.

현대인에게 신화란 무엇인가

20세기 초 제국주의의 팽창이 한창이던 당시의 서구 사회에서는 동양을
비롯한 이민족의 신화에 대한 관심이 활발하게 일어났다. 서구의 산업화에
따라 대외적인 접촉이 활발해지면서 타 역사와 문화에 대한 관심이 촉발되
었기 때문이다. 우리가 아는 유명한 프레이저의 『황금가지(The Golden Bough)』
도 실상 소수 인종과 민족의 신화와 풍습을 다룬 저작이다. 얼마 전 우리나라
에서도 '신화 열풍'이 일어난 적이 있다. 그 열풍의 원인이 제국주의 팽창시
대의 서구인들의 관심과는 질적으로 다르지만, 타 문화에 대한 관심과
그것을 통한 인간의 원초적 모상을 향한 열망을 반영하고 있다는 점에서
크게 차이가 없다.

혹자는 현대인들의 의식 깊은 곳에 자리하는 자기 존재의 근원을 알고자
하는 열망과 기대를 반영한 것이 아닐까 한다. 신화는 불안한 차안의

민담　민간에 전승되는 민중들의 이야기. 현실적으로 민담이라는 용어는 훨씬 제한된 개념으로 쓰이는데, 민간에 전승되는 민중들의 이야기라는 뜻으로는 '설화'라는 용어가 사용된다. '민담'은 설화 갈래를 다시 세분했을 때 그 하위 범주로 생각하는 경우가 많다. 그렇기에 민담이란 용어는 외연적으로 매우 넓은 뜻을 가지고 있으며, 내포적으로 다소 좁은 의미를 갖는다. 흔히 양자 간에 혼란이 야기되곤 한다.

현실 세계를 넘어 피안의 세계를 향한 근원적인 갈망과 통하는 문턱이다. 21세기를 맞이하여 인간의 미래와 새 시대의 전망을 인류의 원초적이고 근원적인 생명의 진원인 신화로부터 찾으려는 인간실존의 몸짓이라는 것이다. 과연 지식정보시대를 살고 있는 현대인들의 '태초'에 관한 관심과 열망은 가히 경이적이고 폭발적이라고 해도 좋을 듯하다.

그러나 그 같은 신화열기에도 불구하고 정작 신화에 대한 이해나 연구는 충분하지 못하다. 지금의 신화열기도 지난 세기에 간헐적으로 있어 왔던 신화에 대한 관심의 재연일지도 모른다. 이는 외면한 채 버려두었던 신화에 눈길을 돌린 것일 뿐이며 심층적인 이해를 향한 출발에 지나지 않는다. 우리의 신화학의 여건이 현실적으로 그렇다 하더라도, 지리적으로나 문화적으로 우리와 뗄 수 없는 관계에 있는 '중국신화'가 여태까지 제대로 이해되고 있지 못한 점은 참으로 아이러니가 아닐 수 없다. 여기에서 학문적으로 전개되고 있는 '중국'에 대한 개념논쟁은 차치하더라도 이른바 '중국적'인 것에 대한 우리의 이해력은 초보 수준이다. 신화 역시 그러하다.

만리장성　　만리장성은 '광대한 중국'의 상징처럼 이해된다. 그러나 그것은 실상 이민족의 침입으로부터 자기를
보호하기 위한 현실적인 방어수단으로서 심리적인 폐쇄성의 산물이었다. '중국'이란 명칭 또한 1911년에 정식으로
사용되기 이전에는 없었다. 중국은 단지 중원지역을 지칭하는 지리적 개념이었을 뿐이다. 역사상 대륙에서는
중원을 중심으로 한 동일 공간 안에서 수많은 민족들이 명멸해 갔다. 중국에서 말하는 이른바 '중화질서'니 '중화체제'
니 하는 말도 사실상 없는 '중국'의 추상적 관념의 표상이다. 그러한 관점에서 최근 중국정부가 추진하고 있는
'동북공정'이나 '서남공정' 역시 그 같은 중국인들의 자신의 정체성에 대한 불안감의 반영이라고 여겨진다. 그들은
일종의 문화적 속지주의를 통해 현재 자신들의 영토 안에 존재했던 모든 역사를 자기 역사화하려 하고 있다.
중국인들의 정략적인 역사의식은 다민족 국가인 중국체제의 유지를 위한 기만적인 수단에 불과하다.

이제 중국을 제대로 알아야 할 때다. 초강대국 미국을 밀어내고 초일류국
가가 되겠다고 나선 중국. 지리적으로나 역사·문화적으로 한반도와 뗄래
야 뗄 수 없는 숙명의 존재. 그들의 정신, 심리, 의식, 감성, 사유방식
등 중국적인 것을 형성하고 있는 실체를 이해하려면 표피적인 것 이상으로
중국에 다가서지 않으면 안 된다. 정치든 경제든 혹은 학문이든 우리는
보다 총체적이고 근원적으로 중국을 보아야 할 것이다.

누구나 알고 있는 서양의 그리스·로마 신화와 마찬가지로 중국신화
또한 중국의 문화적 특질과 직결된다. 중국신화에는 중국인들의 존재와

'시작'에 대한 민족적인 사유심리의 원형이 반영되어 있다. 한때 서양학자들은 중국에 신화다운 신화가 없다고 평가한 적이 있지만, 중국신화의 파편화破片化나 역사화歷史化 현상이 중국적인 특징이라면 오히려 중국신화는 다종다기하다고 할 것이다.

중국의 신화양식은 기층문화 영역에서 전설이나 민담과 더불어 오랜 기간에 걸쳐 민담류의 민간전승民間傳承으로 전화되었다고 이해해야 옳다. 그러한 의미에서 우화나 우언적인 고사 등은 중국적 신화전설과 가까우며, 그러한 표상들이 중국문화의 한 심연을 이루고 있다. 근대기에 중국 지식인들이 신화전설에서 중국적 정신을 발견하려고 했던 것도 본질적으로 그러한 맥락과 연결된다.

여기에서 세계 신화학자들의 신화연구에 관한 경향을 잠시 돌아볼 필요가 있을 것이다. 지금까지 신화연구를 둘러싸고 제기된 다양한 논의는 연구방법의 차이에 따른 신화에 대한 여러 해석의 단면을 반영하고 있다. 그러한 해석에서 공통된 점은 신화가 각 민족의 문화단위에 기초한 심리적 원형이라는 믿음이었다. 그리고 점차 신화의 위치나 가치를, 종래 그저 우화寓話나 교훈적인 이야기 정도로 여기던 태도와는 달리 인류문화의 정신적 시원으로서 신화의 가치를 인정하기에 이르렀다.

특히, 연구자들 가운데 심리분석학파心理分析學派라고 불리는 신화연구자들은 신화의 본질적인 가치를 원시심리原始心理 또는 원형심리原形心理라는 개념으로 설명한다. 프로이트나 융이 그 대표적인 학자들이다. 그런가 하면 레비-스트로스(Lévi Strauss)를 비롯한 구조주의학파構造主義學派에서는 신화를 '의식되지 않은 구조'라고 이해함으로써 신화의 집단의식적 경향을 지적한다. 이렇듯 신화연구에 대한 이론들은 연구방법에 따라 신화를 보는 다양한 시각이 있을 수 있음을 보여주었다.

클로드 레비-스트로스(Claude Lévi-Strauss) 1908~1991. 프랑스 인류학자. 인류학에 '구조주의'의 연구 방법론을 도입한 선구자. '오이디푸스 왕' 신화를 분석하여 구조주의 방법론을 개척한 그는 자크 라캉(Jacques Lacan), 자크 데리다(Jacques Derrida), 주디스 부틀러(Judith Butler), 루이 알튀세르(Louis Althusser), 롤랑 바르트(Roland Barthes), 미셸 푸코(Michel Foucault)와 더불어 구조주의 사상의 핵심인물이다. 인류학적 방법론을 통해 현대 구조주의 사상의 새로운 장을 개척한 대사상가인 그는 인류학계는 물론 인문·사회과학의 전 분야에 걸쳐 '구조주의'라는 독특한 사유체계를 통해 인식론적 전환을 열었다.

신화연구가 진전되면서 무엇보다 신화에 내재한 상징성象徵性에 큰 의미가 부여되었다. 상징성에 대한 이해와 함께 신화의 내적인 의미체계를 파악하려는 노력도 중시되었다. 여러 가지 견해 차이에도 불구하고 신화에서의 '상징과 표상', '모티프', 그리고 '의미체계' 등은 신화의 가치를 이해하는 주요 요소다. 신화에 반영된 사유심리 또한 허구가 아닌, 상고인들의 현실과 생활공간을 둘러싼 관념이나 인식과 깊이 관련되어 있다는 사실도 널리 인정되었다. 이제 현대인들에게 신화는 인간의 원초적 경험을 반영한 사유심리의 원형으로서 시공을 초월하여 지속적인 생명력을 발휘하는 문화양식으로 간주되고 있다.

이렇듯 신화의 재발견이라는 관점에서 신화는 그 상징성과 의미를 통해 인류의 심리적인 원형原型(archetype)을 담고 있는 표현양식이다. 신화는 인간의 원초적인 경험세계와 맞닿는 저 깊은 의식의 심연에서 언제든지 다시 분출되어 새롭게 음미되는 인간 심리의 한 표현양식이라 믿어지는 것이다.

신화와 삼라만상의 기원의식

신화의 분류법

신화는 신의 탄생이나 활동·업적 외에 자연현상이나 우주의 기원과 질서의 기원 등 삼라만상의 원인적原因的 설명에 해당하는 이야기가 중심을 이룬다. 신화에서 제기되고 있는 자연과 우주에 대한 근원적 질문은 신화작가들이 자신의 체험공간에서 삶의 존재와 양식에 대하여 자연스런 의문을 느꼈기 때문일 것이다.

신화는 말하고 있는 이야기의 내용에 따라 여러 형태로 나뉜다. 오늘날의 관점에서 볼 때 '원시적 사유방식'을 반영한 신화는 상고인들의 삼라만상에 대한 기원의식을 엿보게 한다. 그러한 기원의식의 유형에 따라 천지창조와 같은 우주만물의 시작을 다룬 '우주기원신화', 인간의 창조와 그 기원을 다룬 '인간기원신화', 그리고 지상과 인간사회에 나타난 문화현상文化現象의 기원을 다룬 '문화기원신화'로 신화의 유형도 구분할 수 있다. 이들은 모두 그러한 사물의 존재 자체에 숨어 있는 '한 처음의 시작'을 묻는 신화적인 방식이다.

인간들은 지금과 마찬가지로 신화가 말로써 이루어져 전해지기 시작한 상고시대에도 생래적으로 삼라만상을 지배하는 어떤 질서(힘)가 있을 것이라는 생각을 갖고 있었다. 세계 각국의 신화는 태초에 우주가 혼돈상태인 미분화 단계에서 형성된 존재적 양상을 묘사하고 있을 뿐만 아니라 일월성신을 비롯하여 만물의 질서가 만들어진 원인적 과정에 대해 일정한 해답을 제 각각의 방식으로 제시하고 있다. 그러한 의미에서 기원신화는 삼라만상의 존재에 관한 물음을 통해 현실을 초월하여 사물의 '근원'을 신화사유의 방식으로 설명하고 있다고 할 것이다.

Stith Thompson(1885~1976) 톰슨은 세계의 민담에 관한 선구적인 연구자다. 그는 켄터키 주 브룸필드에서 태어나 인디아나 대학에서 영문학 교수로서 작문을 담당했다. 1940년대부터 60년대까지 대학에서 민담을 주제로 하는 연구소를 조직하여 운영하면서 전통 민요나 민담 등에 관심을 가졌다. 그 결과, 1962년 도슨(Richard Dorson)과 함께 대학에 민담연구소를 설립했다. 톰슨은 6권 Motif-Index of Folk-Literature(1932~37)를 집필하여 전통 민담류에 대한 관심을 제고시켰다.

신화를 연구하는 입장에서 중국신화를 인식하고 이를 분류하는 것만큼 각양각색인 경우도 드물다. 신화의 분류법으로 톰슨(Stith Thompson)이 제시한 모티프(motif)를 중심으로 23개 항의 설화를 분류하는 방식이 널리 소개되어 있다. 그러나 그 방법을 전 세계의 모든 민족신화에 그대로 적용하기란 사실상 불가능하다. 중국신화의 경우도 예외는 아니다. 그동안 연구자들은 중국신화의 분류방식을 둘러싸고 나름대로의 방법을 적용해 왔다.

먼저, 중국근대기에 근대문학의 선구적인 인물로 손꼽히는 마오뚠茅盾(1896~1981)은 신화의 범주를 해석신화解釋神話와 유미신화唯美神話로 나누고, 인류학파의 견해를 채용하여 중국신화를 여섯 가지 영역으로 구획하였다. 그가 구획한 신화의 6대 영역은 천지개벽신화天地開闢神話·일월풍우 및 자연현상신화·만물내원신화萬物來源神話·영웅들의 활동을 기록한 기술신화記述神話·유명세계신화幽明世界神話, 그리고 인물변형신화人物變形神話 등이었다. 마오뚠이 시도한 분류법은 선화仙話는 물론 전설傳說, 나아가 불교화·도교화된 고사까지 망라한 광범위한 것이었기 때문에 신화 연변神話演變 상의 변화, 즉 시간이 경과함에 따라 이야기가 변형되는 양상은 고려하지 않은 것이다.

반면, 리우청화이劉城淮는 중국신화 전체를 자연성신화自然性神話·사회성신화社會性神話·자연사회성신화自然社會性神話로 3분했다. 리우청화이의 분류법은 일관된 분류기준을 적용하여 중국의 전 신화를 분류한 것임에도 불구하

장꽝즈(張光直, K.C.Chang)
1931~2001. 타이완 출신의 고고학
과 중국학 전문가다. 하버드 대학에
서 고고학 교수를 지냈으며, 중국학
아카데미의 부소장을 역임했다. 피바
디(Peabody) 박물관의 고고학과 인
류학 분야의 전문 연구위원을 지냈다.
중국 고대사 연구에 서구의 고고학적
연구방법론을 적용했으며, 중국고고
학에 관한 중국의 연구성과를 소개하
였다. 그는 타이완 고고학연구의 선
구자로서 다양하고도 엄격하게 인류
학적 고고학 연구방법을 고무시켰으
며, 동아시아(중국, 한국, 그리고 일
본)의 선사시대에 대해 다원론적 전체
로서 접근할 것을 강조했다.

고 주관적이며 유물론적 성격을 강하게 띤 것이
었다. 민속학자인 우빙안吳丙安은 자연신화自然神話
와 인문신화人文神話로 양분했는데, 그가 말한 자
연신화란 자연현상과 인간의 투쟁을 다룬 신화,
인문신화란 사회생활과 문화의 구성은 물론
인류의 집단적인 투쟁을 다룬 신화를 의미한다.

중국 학자들과는 달리, 중국인으로서 미 하
버드 대학(Harvard University) 교수인 저명한
고고학자 장꽝즈張光直(K. C. Chang)는 중국 상고
신화를 세분화하여 이해하고자 했다. 비록 상주
商周 시기의 신화에 국한한 것이기는 하지만,
그는 중국신화에서 자연신화, 신선세계 및 인간
세계의 분열신화, 천재와 구세의 신화, 영웅세
계 신화 등과 같은 신화의 주제에 주목하였다.

그 밖에 민속학 전문가인 탄따시엔譚達先 역시
자연과의 투쟁·집단간의 투쟁의 신화, 자연현상의 해석·문화상의 창조
신화 등으로 구분했고, 우에헝쥔樂蘅軍은 천지개벽신화, 곤륜산신화崑崙山神話,
자연신화, 영웅신화로, 어우카이歐凱는 창조신화, 제왕과 영웅신화, 자연신
화, 동식물신화로 구분하였다.

필자는 중국신화의 명칭을 '기원신화'로 명명하고 기원신화라는 개념과
범주 안에서 주제에 따라 이를 분류하는 것이 무난하리라고 본다. 그러한
관점에서 중국의 기원신화는 주제상 우주기원신화·인간기원신화·문화
기원신화으로 나누어진다. 기원에 대한 신화적인 질문은 우주와 인간
그리고 문화의 시작에 관한 '기원의식'의 흔적일 것이다.

우주기원신화는 인간세계와 지상공간에 존재하는 갖가지 자연적인 요소가 어떻게 발생했는가에 대한 원시적인 사유방식을 담고 있다. 중국의 우주기원신화는 우주거인형宇宙巨人形 신화와 우주난형宇宙卵形 신화의 형태가 있는데, 이야기의 모티프는 거인의 시체로부터 우주가 생겨난다는 것과 알로부터 비롯된다는 것이 있다. 대표적인 신화인 '반고盤古의 고사'에서는 천지가 계란형인 우주 가운데 반고의 탄생과 성장을 통해 우주의 공간이 분리되고 각 천체가 생겨나며 하늘과 땅의 온갖 만물이 생성된다. 천지를 잉태한 반고의 생장이 멈추고 그가 죽자 곧바로 분화 과정을 통해서 천하만물이 만들어진 것이다.

인간기원신화는 궁극적으로 인간이 어떻게 지상에 생겨나와 생활하게 되었는지, 그를 둘러싼 신비와 경이로움으로 가득 찬 대자연과는 어떤 관계를 형성했는지에 대한 원시적인 사유방식이 투영된 것이라고 여겨진다. 신화에서 인간기원은 일차적으로 해당 민족이나 부족의 기원문제와 직접적으로 연계된다. 인간의 창조에서, 누가 사람을 만들었는가 하는 창조의 주체나, 어떻게 사람을 만들었는가 하는 창조방식이 그 같은 창조신화의 유형을 결정짓는 주요한 요소가 된다.

신화의 유형은 창조 주체의 성격이나 행위의 독자성 혹은 공동성, 나아가 창조의 재료에 의해서도 바뀐다. 예컨대, 『회남자·설림훈淮南子·說林訓』에 보이는 상병신上騈神·상림신桑林神·여와女媧 등에 의한 인간창조는 신들의 공동작업 형식을 취한 대표적인 신화다. 반면에 『태평어람太平御覽』에 보이는 진흙으로 인간을 빚어 만들었다는 이야기는 신의 단독작업에 의한 창조신화의 유형이다.

중국신화에는 흙 외에 다른 재료를 사용하여 사람을 만들어냈다는 신화 유형이 존재하는데, 이는 다른 나라에서도 마찬가지다. 특히, 소수민족의

수인(燧人) 중국 고대 삼황(三皇)의 하나. 전설상의 인물로, 불을 일으켜 사용하는 법과 음식물의 조리법을 전하였다고 한다.

신농(神農) 신농은 중국 삼황오제 중의 하나로 염제(炎帝)라고도 한다. 황제 헌원씨 이전에 한족에게 농사짓는 방법을 알려주고 독초를 감별해 내는 방법을 알려주어 농사의 신 또는 의약의 신으로 알려진 신화 속의 인물이다. 그는 사람으로 묘사되지만, 소 또는 용의 머리를 취하고 있는 것으로도 묘사되곤 한다. 백성들에게 농업과 양잠·상업·의약을 가르쳤고, 아울러 오현(五絃)의 거문고를 만들어준 문화영웅이었다.

전승에서 그러한 경향이 두드러진다. 예를 들자면, 흙으로 사람을 만들었다[泥土造人]는 것 외에 날짐승으로 사람을 만들었다[飛造人]거나 벌로 사람을 만들었다[蜂仔造人]는 것, 그리고 식물로 사람을 만들었다[植物造人]는 것 등이 있다. 그리고 자연물에 의한 인간창조의 유형으로서, 하늘로부터 내려와 땅에서 사람이 나왔다는 천강지출형[天降地出型]이 있는가 하면, 돌에서 사람이 생겨났다는 거석생인형[巨石生人型], 물에서 사람이 나왔다는 수생형[水生型] 등이 있다.

문화기원신화란 일반적으로 인간의 생활양식(mode of life)들이 어떻게 생겨났는가를 둘러싼 사회·문화적 관습이나 제도에 대한 상고인들의 신화적인 사유심리를 드러낸다. 흔히 문화기원신화에서는 불의 기원과

왼쪽 창조신 복희와 여와는 인두용신이다.
오른쪽 중국 돈황석굴 제285호의 복희와 여와

복희(宓羲)는 포희(庖犧)라고도 한다. 정식 이름은 태호(太昊). B.C. 29세기에 뱀의 몸을 가지고 신과 같이 신비스럽게 태어났다고 한다. 몇몇 초상화에서 나뭇잎 화관을 쓰고 산에서 나온 모습, 또는 동물가죽 옷을 입은 사람의 모습으로도 묘사된다. 여와(女媧)는 중국 고대신화에서 인간을 창조한 것으로 알려진 여신이며, 삼황오제 중 한 명이기도 하다. 인간의 머리와 뱀의 몸통을 갖고 있으며 복희와 남매라고도 알려져 있다. 여와의 신화에는 홍수와 관련된 신화도 있는데, 신화에서는 갑자기 하늘에서 많은 비가 내려 온천지가 물에 잠겼다. 이때 여와는 오색 돌을 빚어서 하늘의 갈라진 곳을 메우고 큰 거북의 다리를 잘라 하늘을 떠받쳤으며 갈대의 재로 물을 빨아들이게 했다.

곡식을 중심으로 한 식물재배를 비롯하여 사회제도나 관습적인 기원에 관한 신화고사가 주류를 이룬다. 문화기원신화의 모티프는 먼 인류의 상고시대에 생활환경에서 얻은 문화적 진보가 어떠했는지를 신화적인 사유방식을 통해 이해할 수 있게 해주는 단서다. 그러한 이야기에서는 문화영웅의 은혜를 기억할 뿐만 아니라 그것을 성취한 인간의 노력을 중시하였다.

문화영웅으로서는 문화의 기원과 관련하여 잘 알려진 신농神農은 말할 것 없고 수인燧人·복희伏羲·여와女媧 등이 등장한다. 신농은 약초와 농삿일을 관장했고, 수인은 불과 관련이 있으며, 복희는 팔괘를 비롯해 원규圓規·결강結綱·혼인제도婚姻制度·악곡樂曲을 주관했다. 그 밖에도 여와는 악기와 혼인제도, 황제는 고鼓와 같은 악기제조, 염제는 불, 창힐은 문자의 발명과 관련이 깊다.

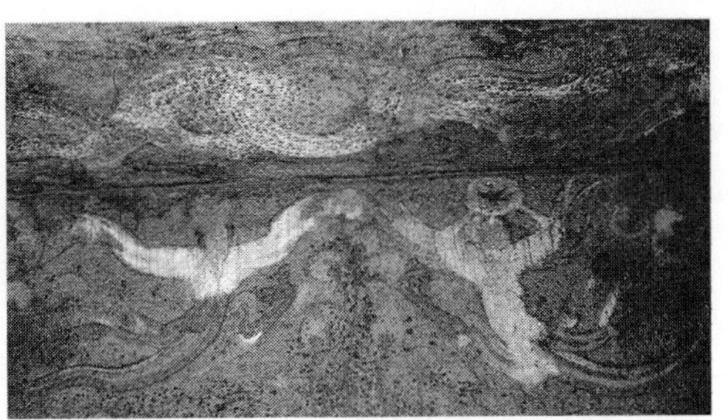

화상전의 복희와 여와　　　　복희(일신)와 여와신(월신)　　집안 오회분 5호묘(6세기 고구려)

　　문화기원신화에서는 신화적 시간관념이 현재적인 시간관념과 접합되어 있음을 볼 수 있다. 자연적인 시간이 점차 역사적인 시간으로 전환되는 단초를 엿볼 수 있다는 것이다. 그렇듯 자연의 시간이 인간의 시간으로 전화되는 과정을 드러내는 문화기원신화는 농경문화적 요소와 인류의 정착생활에서 이루어지는 생산의 잉여와 축적이라는 경제적인 생활상도 뚜렷하게 나타난다.

신화상의 사유방식

　　신화는 문자가 출현하기 이전 시대의 주인공인 상고인(원시인)들이 갖고 있었던 우주·자연과 문화의 형성에 관한 나름대로의 사유형태를 반영한 것이라고 한다면, 이는 원시사유의 본질을 이해할 수 있는 지름길이다. 중국에서 원시사유와 신화적인 사유방식과의 연관성은 시·공간에 대한 혼합관념에서 특징적으로 드러난다.

　　『예기禮記』 월령月令에서 시간과 공간적 요소가 일체화된 시공혼합時空混合의 표상은 청양靑陽·주명朱明·서호西暭·현명玄冥으로 함축되었다. 이는 시간적인 요소인 계절과 공간적 요소인 사방四方에 대한 개념이 일체화된 형태다. 시공을 혼합시킨 표현은 『사기史記』 악서樂書 및 『한서漢書』 예악지禮樂

志의 기록에서도 확인된다. 특히 『한서』에서는 오랜 노래인 고가古歌의 형태로 전해지고 있다.

이러한 노래는 내용상 1년 동안 각 계절(철)의 자연현상과 인간의 활동을 다룬 것으로 모두 춘하추동의 시간적인 순서와 완전히 일치한다. 즉, 오직 봄의 길조만을 생각한다는 '유춘지기惟春之祺'나 가을의 장엄한 기운을 노래한다는 '추기숙살秋氣肅殺', 겨울에 즈음하여 서리가 내리는 것을 의미한다는 '저동강상抵冬降霜', 그리고 때에 맞추어 거두어들여 저장한다는 '적렴지시籍斂之時' 등과 같은 용어가 말해주듯이 시간과 행위가 일체화되어 있음을 보게 되는 것이다.

공간과 시간의 통합적 표상

구 분	방 향	계 절	색 상	시 간	장 소
동	해 뜨는 곳 [日出處]	봄[春]	청색(靑色)	새벽[晨]	탕곡(湯谷)
남	해 가는 곳 [日中處]	여름[夏]	주색(朱色)	정오[午]	곤오(昆吾)
서	해 지는 곳 [日落處]	가을[秋]	백색(白色)	저녁[昏]	매곡(昧谷)
북	해 숨은 곳 [日隱處]	겨울[冬]	흑색(黑色)	밤[夜]	유도(幽都)

청양·주명·서호·현명이란 태양의 1년 순환주기에 따라 붙여진 명칭이다. 상고인들은 순환주기와 연결시켜 동서남북과 주야가 구별되는 것으로 이해하였다. 그래서 청양은 계절상 봄, 위치상 동쪽, 색깔로는 생명의 색깔인 청색으로 보았다. 주명은 계절상 여름, 위치상 남쪽, 색깔로는 불타오르는 붉은색. 서호는 계절상 가을, 위치상 서쪽, 색깔로는 서늘한 백색. 현명은 계절상 겨울, 방위상 북쪽, 색깔로는 어두운 흑색. 원시사유에

는 이처럼 네 가지 색깔로 시간·공간, 방향(방위)에 대한 의식이 표현되어 있었다.

이 같은 원시사유와 가까운 관념은 신화에서 현저한 양상을 나타낸다. 현명은 암흑의 세계로서 황천黃泉의 흐르는 물이 있는 곳을 지시하게 되어 신화에서 수신水神이나 우신雨神에 부합된다. 북방의 암흑세계인 황천과 연결된 현명玄冥은 북방신의 영역이었다. 동천冬天·흑색黑色·수신水神·북 방신北方神 등의 관념은 태양의 운행과 관련하여 태양이 지하로 들어갔다는 원시적인 사유의 흔적이다.

중국의 대표적인 창세신화인 천지·만물의 창조를 전해주는 천지개벽 에 관한 고사인 반고신화에서는 그 주체인 반고의 성격이 시·공간의 결합적 형태를 띤 혼돈을 극복하는 (신적) 존재로 등장한다. 반고신화에서 천지의 최초 모습은 계란과 같은 혼돈상태였다. 무한대의 시간을 상징하는 18,000년의 절대시간(곧 신화시간)이 지나고 나서 반고盤古가 태어난다. 반고가 성장하고 다시 18,000년의 시간이 지난 후 천지는 완전히 분리되었 다. 천지가 분리되고 우주가 생성되면서 계속적으로 시간과 공간은 무한대 로 확장되었으며, 결국 시·공간이 완전히 나뉘어졌다.

이렇듯 중국신화에 나타난 신화사유의 특징은 다음과 같이 세 가지 측면으로 정리된다. 첫째, 중국신화에서 시간과 공간의 관념은 '혼합' 형태 로 존재하며, 시간이 공간에 선행한다. 중국에서 원시사유는 물론 신화 안에 내재한 의식·심리상태, 즉 최초 시·공의 혼합에서 발원하여 시·공 양자가 분리되는 과정을 통해 시간이 공간을 유도하는 양상으로 드러난다. 시공 혼합의 상태는 '반고신화'나 『장자』에서는 '혼돈', 『회남자淮南子』에서 는 태소太昭라고 불렀다. 시공간을 결합시킨 관념은 중국적인 우주관의 개념을 강하게 함축하고 있는 것이다. 이러한 중국적 우주관은 '시발점'을

장자 장자의 본명은 장주(莊周). 그가 쓴 『장자』는 도가의 시조인 노자가 쓴 것으로 알려진 『도덕경(道德經)』보다 더 복잡하고 분명하게 기술하고 있다. 장자의 사상은 중국불교의 발전에도 영향을 주었으며, 중국의 산수화와 시가(詩歌)에도 많은 영향을 미쳤다

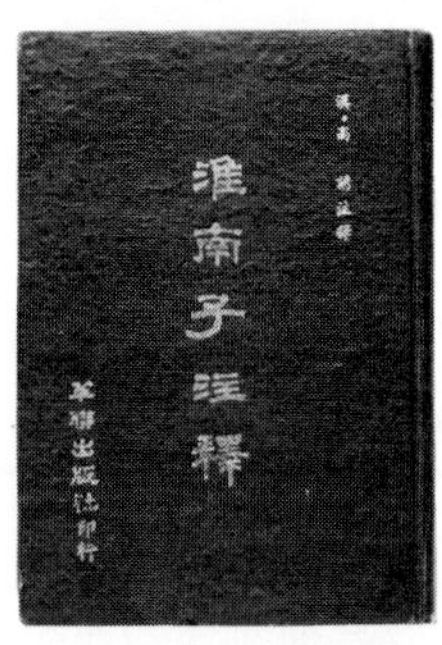

회남자 중국 전한(前漢)의 회남왕 유안(劉安)이 편찬한 책. 경제(景帝) 말년 여러 빈객·방술가(方術家)들과 함께 만들었다. 원래 내서(內書) 21편, 외서 33편이었다. 현재 내서 21편만 전한다. 도가사상의 관점에서 통일적인 기술을 하고 있으며, 한(漢)나라 초기의 사상을 대표한다. 주요 주석서로 한나라 고유(高誘)의 『회남홍렬해(淮南鴻烈解)』, 청(淸)나라 유태공(劉台拱)의 『회남교보(淮南校補)』 등이 있다.

갖지 않는 순환적인 우주의 시간을 의미하는 것으로 서양의 직선적인 시간관념과는 양상을 달리한다.

둘째, 중국적 신화사유는 세계신화의 보편적인 의미인 죽음[死]—재생再生의 관념이 순환적 시간관에 의해 '죽음—재생' 모티프를 이루게 된다. 기원신화에서 공공共工과 전욱顓頊의 제위를 둘러싼 투쟁은 우주파괴의 원인자였다. 이때 여와는 다섯 가지 색깔을 지닌 돌, 곧 오색석五色石을 녹여 하늘을 보수하고 자라의 다리를 잘라서 네 개의 기둥[四極]을 세우며 갈대재로 홍수를 막는다. 여와는 우주파괴에 의한 홍수를 '희생과 보수'로써 그 원형을 회복하고 파괴·혼돈을 새 질서로 전환시킨다.

이 작업에서는 희생적 매개로서 갈고[鍊]·자르고[斷]·태우고[恢]·죽이는[殺] 행위와 같은 절차가 수반되었다. 달리 말하면, 이야기의 구조에서 희생·죽음은 새로운 탄생 곧, 질서회복이라는 내적인 의미구조를 이루고 있는 것이다. 반고의 분화에 의해 그의 신체 각 부분이 우주만물로 변화되는 것이나 여와의 화생化生·화육化育(腸-神)의 형태적인 변형[類的變形] 등에는 모두 재생관념이 반영되어 있다. 또한 전욱顓頊과 곤鯀·우禹의 신화상의 계보는 '죽음—재생'이란 재생관념으로 연속성을 지니고 있다고 할 것이다.

공공이 하늘을 받치는 기둥을 박아 끊어버리다[共工撞斷天柱]

흔히 중국적 신화사유의 '재생' 모티프는 발생론적 관점에서 세 가지 특징을 공유하고 있는 것으로 지적된다. 그 하나는 구체적인 형상을 가진 존재로 나타나고, 신화 중 형상과 사건은 그 본질상 실제와 부합되지 않는 환상적인 것을 취하고 있으며, 신화시대에 신화사유의 주인공들은 이를 절대화했다는 것이다. 신화시대의 신화가 오늘날의 시각에서 보아 야만성·원시성을 지니고 있다고 할지라도 상고인上古人들에게는 그들이 사는 세계에 관한 인식을 반영한 '진실의 표상'이었다. 또한 중국의 기원신화에서 반고와 여와, 그리고 '홍수신화'에서 드러나는 전반적인 이미지는 원초적 적막, 억제, 희생에 의한 발생과 같은 형태로 드러나고, 낭만적이거나 아름다운 애정성이 배제되었다는 사실은 중국신화의 특성으로 여겨진다.

셋째, 중국적인 신화사유에서는 종교적 특성이 비교적 제한적일 뿐만 아니라 대부분 종교와의 상관성이 약하다. 그러나 중국의 상고시대에

용 19세기 중국. 용(龍)은 동아시아의 신화 및 전설에 등장하는 상상의 동물이다. 중국에서는 신성한 동물, 즉 영수(靈獸)라고 하여 귀하게 여겼다. 한국에서는 용을 가리켜 고유어인 '미르'로 불렀다. 일반적인 용의 모습은 중국 한나라 이후에 만들어진 것인데, 그것은 아홉 가지 종류의 동물 모습을 합성한 형상이다. 얼굴은 낙타, 뿔은 사슴, 눈은 토끼, 몸통은 뱀, 머리털은 사자, 비늘은 잉어, 발톱은 매, 귀는 소, 전체적인 모습은 도롱뇽을 닮았다. 용은 중국을 상징하는 표상으로 간주된다.

만들어진 기원신화가 범신신앙泛神信仰에 기초하고 있다는 주장은 신화의 제의적 구술상관물로서 관련성을 강조한 것이다. 범신적 신앙에 의한 기술은 『예기禮記』 제법祭法에도 잘 나타나 있다. 그런가 하면, 인간—동물의 교차관계交叉關係를 통해서 순환적 연속과정으로 이해되는 일종의 이상탄생異常誕生 신화, 예를 들면 곰으로 변신한 우禹와 같은 존재는 형태적인 변화에 그치는 것이 아니고, 심리적으로 일상의식에서의 이탈을 표현하고 있는 것으로 간주된다. 그리고 교제郊祭에서 동물로 가장하여 연출하는 행위는 민간신앙의 차원에서 여우[狐]·살쾡이[狸]·원숭이[猿] 등의 영靈을 취한 만물합취萬物合聚의 종교 심리를 암시한다.

중국에서 '만물합취'의 대표적인 상징은 용이다. 근대 중국의 작가이자 신화연구가인 원이뚸聞一多(1899~1946)는 이 점을 중시하였다. 그는 중국적인 것 가운데서 가장 중국적인 것을 신화에서 찾았기 때문이다. 원이뚸는 중국인의 심령에 깊숙하게 자리잡고 있는 문화적 표상을 신화에서 발견하였는데, 용이 그것이다. 그는 고적 자료에서 말이나 뱀·개·물고기·새 등을 합친 이류합체異類合體의 형태를 띠고 있는 용의 모습을 찾을 수 있었다.

원이뛰는 다수의 토템단위가 융화과정을 거쳐 새로운 대단위의 '용' 토템을 이루었다고 보아 '혼합식' 토템이 아닌 '화합식' 토템의 산물이라고 이해하였다. 역사적으로 중국의 여러 부족 중 내부적으로 가장 강력했던 뱀[蛇] 토템 부족이 여러 토템을 합병·융화시킨 결과라는 것이다. 이러한 관점에서 원이뛰는 용을 제하문화諸夏文化의 표상으로 보고, 제하문화가 바로 고대문화의 기원이었다고 확신하였다.

일찍이 융(C. Jung)도 신화사유를 인간의 마음 속에 존재하는 종교표상과 일치하는 것으로 이해했는데, 중국신화의 사유방식 또한 중국인들의 종교 심리를 반영하는 한 양식이었다고 할 수 있을 것이다.

제2장 중국신화와 인간의 원초적 심리

신화의 기원, 정착, 변형

신화는 최초에 구술로 이루어 진 이야기인 '전승'의 형태로 전해져 왔다. 그렇다면 이것은 언제 어떻게 기록으로 정착되었을까? 신화연구가 시작될 당시부터, 문자 이전부터 구술로 전해진 것으로 믿어진 이야기인 신화의 채록 과정이 중시되었다.

신화는 어떤 특정 작가에 의해서 직접 씌어진 '기록'이나 '작품'이 아니라 오랜 시일을 두고 여러 가지 전승 자료들이 보완되면서 채록자의 손에 의해 완성된 것이다. 신화의 채록은 상당한 기간 구전으로 이어져오다가 문자로 기록되어 결국 문헌설화로 정착되었던 셈이다. 원시사회의 생활 집단에서 만들어진 이야기는 후대에 와서 기록의 형태로 전해지게 되었다.

신화는 역사적인 경험에 기초했거나 제의적인 풍속에 기초하여 일정한 시기를 거쳐 하나의 이야기 형태로 발전한 것이 보편적이다. 역사의 시작과 관련되는 시조신화나 건국신화와 더불어 문화기원신화 가운데 곡식의 생산을 비롯한 농사·추수 등 문화기원신화는 일종의 재생을 의미하는 이른바 '부활제의復活祭儀'의 구술적 성격이 뚜렷하다. 이야기는 한 세대로부터 다음 세대로 입에서 입으로 전해진 전승으로 존재했을 것이며, 그러한 이야기는 구술에 의한 전달과정에서 대중성을 부여받게 되었을 것이다.

이렇게 형성된 신화는 결국 설화의 범주에 접근하고 있어 신화와 설화의 경계에 위치한다. 최근에 민속학 분야에서는 관심분야가 확대되어 전승의 가치가 높아졌다. 전승 형태로 전해진 신화는 민간문학의 한 분야로서 중시되어 그 채록 과정에서 정리−분류−자료보존에 이르기까지 기층문화를 이해하는 데 각별한 주목의 대상이 되었다.

그러나 신화의 채록은 오늘날에도 이루어지고 있어, 이 같은 점으로 미루어 신화를 전승문학의 갈래인 민담이나 속담·민요 또는 무가^{巫歌}·민속극 등 지금의 '말로 된 문학'이나 '구연되는 문학'과 동일시해서는 안 된다. 문헌설화인 신화는 구연문학인 후대의 민간전승의 형태로 전해지는 민담류와는 이야기의 구성에서 본질적으로 차이가 있기 때문이다. 그러한 차이가 신화와 전설의 본질적인 성격을 결정짓는다고 하겠다.

그러면, 중국에서 신화가 채록된 것은 언제일까? 중국에서 신화가 채록되기 시작한 것은 대체로 동주^{東周}(B.C. 771~221)를 기점으로 위진육조^{魏晉六朝}(A.D. 220~589)에 이르는 시기라는 것이 통설이다. 문헌기록의 저작시기가 뒤섞여 있음을 감안하면 각 신화의 정확한 채록시점을 지적하기란 불가능하며 포괄적인 시기 설정만이 가능하다.

신화연구자들은 '신화 해석'을 둘러싸고 자료에 영향을 미치는 복잡한 문제에 대해 주목하기 시작했다. 중국인으로서 중국의 신화자료에 대해 언급한 대표적인 인물은 루쉰^{魯迅}(1881~1936)이었다. 루쉰은 일반적인 통설을 인용하면서 중국신화의 자료가 소략하고 내용적으로도 단편적이라는 사실을 깊이 인식하였다. 그는 두 가지 원인을 제시하였는데, 하나는 중국인들이 황화 유역을 중심으로 살고 있어서 천혜의 자원이 부족하고 생활이 영세하여 실제적인 문제에 관심이 집중되었다는 것이고, 다른 하나는 공자 이후 유가의 실질적인 가르침에 영향 받아 귀신 이야기를 황당한 것으로 간주하여 고전古傳이 집성되지 못한 채 산실되었다는 것이다.

이러한 이유로 루쉰은 중국에서 '귀신 이야기'에 대한 구분의식이 결여되었다고 하며, 고대에 천신天神 · 지지地祇 · 인귀人鬼에 대한 구별이 후대에 와서 인귀나 천신이나 지지와 동일시되어 사람과 귀신이 혼재된 원시신앙을 탈피하지 못하게 되었다고 보았다. 따라서 비록 전설류가 계속 나타났으나 결국은 시간이 지나면서 차차 소멸되어 빛을 발하지 못했다고 결론지었다. 루쉰의 지적이 일견 타당성이 없지 않겠으나 종교문화적인 요인에 의한 결정론을 제기한 추상적인 지적이라는 비판을 면키 어려울 듯하다.

중국 역사상 진대秦代에 들어와서 유가를 중심으로 한 사상적 통제가 실현되어 통치의 질서를 도모한 적이 있었다. 천하를 통일한 진나라의 시황제始皇帝는 태산봉선泰山封禪 의식과 천지에 제를 지내는 교사郊祀를 통하여 통치체제를 더욱 강화하였다. 이러한 상징적 권위와 의례에 의한 일종의 사상통제 속에서 신화나 구비전승은 그 사회의 중심적인 사상에서 밀려나게 되었다. 모든 사상과 의식이 일원화되는 과정은 결국 분서갱유焚書坑儒로 나타났다.

진 나라의 시황은 자신을 '황제皇帝'라 칭하고 삼황오제의 현존재로서 부각시키는 한편, 태산봉선 의식과 교사의 특권을 '지상의 신'으로 군림하는 통치의 수단으로 삼은 것이었다. 이제 황제권력에 반하여 백성을 미혹하게 하고 통치질서에 혼란을 주는 이단적인 민간습속이나 제의의 현실적 기능 외에는 더 이상 신화적 기제는 불필요하게 되었다. 시황제는 실제로 『시詩』나 『서書』와 같은 제자백가의 저술이 통용되는 것을 금지시켰다.

이러한 사상적 통제의 범위에는 신화와 같은 기이한 이야기도 포함되었을 것이다. 별도로 신의 이야기를 들추어대면서 지상의 대리자인 황제를 배제시키는 신화를 결코 통치자의 입장에서 용인할 수 있는 것은 아니었다.

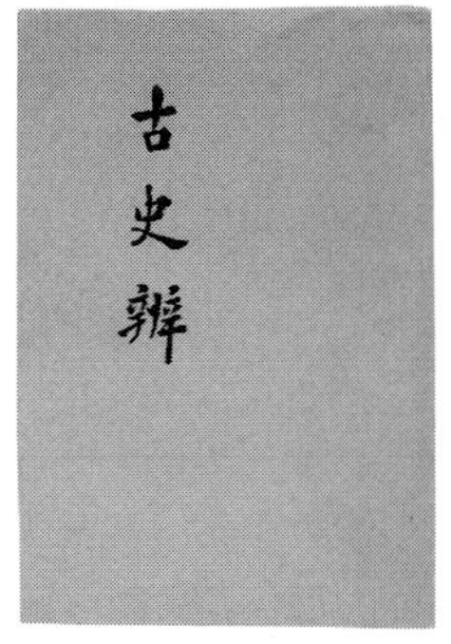

꾸시에깡 顧頡剛 1893~1980. 중국의 사학자. 강소(江蘇) 오현(吳縣) 사람. 1920년 북경대학교 철학과를 졸업했으며, 북경대학 조교를 거쳐 중산대학, 연경대학, 복단대학, 난주대학 등 여러 대학의 역사학 교수를 지냈다. 북경의 중앙연구원 역사언어연구소에 재직했으며, 중국사회과학원 역사연구소 연구원 및 학술위원으로도 활동했다. 그는 고사변학파(古史辨學派)의 창시자로 "누층적으로 형성된 중국고대사에 관한 진위 판별"에 관한 학술적인 주장을 제기했다. 또한 중국역사지리학과 민속학 분야의 개척자이며, 일생을 고사연구와 고적 정리작업에 바쳤다. 대표적인 학술활동으로 교감과 표점작업을 한 『자치통감별(資治通鑒別)』과 『이십사사(二十四史)』 등의 편찬이 있고, 주요 저서는 『고사변(古史辨)』, 『한대학술사략(漢代學術史略)』, 『양한주제고(兩漢州制考)』, 『정초전(鄭樵傳)』 등과 공저로 『삼황고(三皇考)』, 『중국강성연혁사(中國疆域沿革史)』, 『중국역사지도(中國歷史地圖)』 등이 있다.

적어도 민간을 현혹시키는 원시적인 의식은 정리되어 현실적인 천상 신의 대리자인 지상의 황제에게 복종해야 한다는 새로운 신화의식만이 인정될 수 있었다.

이제 필요한 것은 역사와 현실에 접목될 수 있는 신화뿐이었다. 그러한 신화는 『사기』에서 볼 수 있는 '우 임금에 관한 사실'을 정리한 「우본기禹本紀」라든지 그 외에 「오제본기五帝本紀」·「하본기夏本紀」 등과 같이 역사와 만나는 접점에서 일종의 매개로서 도입되었던 것이다. 그것은 상고적인 역사관에 입각해 신화가 인문화 내지는 역사화 된 흔적이었다고 보겠다.

중국신화는 역사적으로 기록의 정착 단계에서 독특한 사상적인 배경으로 인하여 사회의 주된 담론에서 제외되어 있었다. 그러한 과정은 결국 신화 자체도 원형과 일정한 차이를 보이는 변형을 출현시키게 되었다. 신화의 변형과정에서 드러난 가장 중요한 특징은 인문화·역사화·파편화로 함축될 것이다.

중국의 신화이야기에서 신화적인 소재가 일정한 과정을 거쳐 역사화되어가는 대표적인 예는 『사기』에 기록된 은殷 왕조의 시조나 한漢 왕조의 탄생설화에서 볼 수 있다. 중국신화가 흩어져 유실된 원인을 얘기할 때에

더크 보드 D. Bodde 1909~2003. 미국 매사추세츠 주 브랜트락에서 태어나 하버드 대학에서 영문학을 전공했다. 1930년 학부에서 "Shakspere and the Ireland Forgeries"로 최고 논문상을 수상했다. 열정과 집중력을 가진 경험 풍부한 중국학 연구자였던 그는 풍우란의 『중국철학사』(*History of Chinese Philo- sophy*, 1937, 오른쪽)를 1952~53년에 번역하여 발간했다. 초기에는 중국의 문화와 관습·종교에 관심을 가지고 있었고, 중국의 고대신화로 관심을 전환하여 1961년에 통찰력 넘치는 저작으로 정평이 난 *Myths of Ancient China*를 저술했다.

마오뚠茅盾(1896~1981)은 중국신화의 역사화 문제를 제기하였다. 신지식인이었던 그는 중국에서 신화기록이 역사화로 전락된 원인을 민족적 정서를 진작시킬 수 있는 소위 신화시인神話詩人의 부재에서 찾았다.

마오뚠에 의하면, 중국에서 북방계통 신화는 상商·주周 교체기에 이미 역사화 과정에 유입되어 신화적인 색채를 상실했다고 보았다. 실제로 신화의 역사화는 문화기원과 관련한 고사에서 더욱 두드러지는데, 이미 1930년대의 고사변학파古史辨學派로 불리는 꾸시에깡顧頡剛의 신화연구에서도 지적된 바다. 최근에도 신화에서 역사적 사실을 포착하려는 연구가 시도되고 있기도 하다.

그러나 신화를 신화로서만 이해하려는 견해와 달리, 신화문학이라는 광의적인 의미에서 보면 중국문학사에서 굴원屈原과 같은 시부詩賦를 넘나든 신화시인을 비롯하여 당唐 나라의 이상은李商殷·이백李伯·노동盧仝, 그리고 근대 문학인인 루쉰·원이뚸와 심지어 마오뚠 자신도 신화를 시와 소설에 연결시켜 재해석했던 선구적인 신화시인으로 보아도 틀리지 않을 것이다.

한편, 더크 보드(D. Bodde, 1909~2003)가 지적했던 바와 같이 중국 신화상의 문제로는 역사화 외에 자료의 파편화(fragmentation)와 연대상의 혼란이 심각하게 제기된다. 보드에 의하면, 중국신화는 전한시대부터 대부

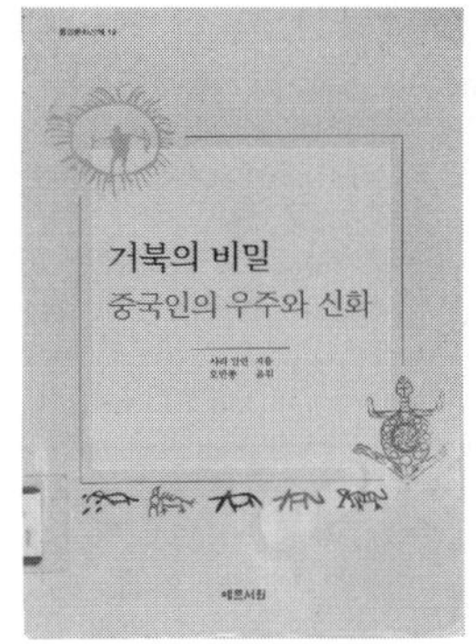

에버허드의 저서 볼프렘 에버허드(Wolfram Eberhard, 1909~1989)는 캘리포니아 대학(Berkeley)에서 사회학 교수를 지냈으며, 서·동·중앙아시아 사회에 대한 관한 연구에 몰두하였다. 1909년 독일 포츠담(Potsdam)에서 태어나 1989년 미국에서 죽었다. 그는 아시아의 사회와 민간문화에 대하여 폭넓고 다양한 전문적 관점에서 접근했다. 주로 중국 민담, 대중문학, 터키역사, 중국에서의 소수 및 지방문화, 그리고 중국과 중앙아시아인들과의 교류 등에 관해 관심을 집중했다. 그는 1927년 베를린 대학에서 수학하며 중국사회인류학에 관심을 가졌다. 1934년 첫 번째 중국을 방문하여 중국의 민담, 종교문화 등에 관한 자료를 수집했다. 1936~37년 독일로 돌아온 에버허드는 라이프치히에 있는 그라시(Grassi) 박물관 아시아관의 책임자를 맡았다. 1942년과 43년에 두 권의 중국 민담분류와 구조에 관한 저서를 출판했다. 그 후 나치 치하에서 미국으로 건너가 대학에서 연구에 전념했다. 그의 제자 가운데 우리나라에도 저서가 소개된 사라 알렌(Sarah Allan)이 있다.

분의 지식인들에게 도외시되었을 뿐만 아니라 어떠한 저작에도 통일체로서 남아있지 못한 채 광범하게 흩어져 산재하게 되었다. 그는 이를 자료상의 파편화라고 불렀는데, 중국신화에서 파편화의 현상은 초나라의 무가巫歌인 『초사』에서조차 강한 특징으로 나타난다고 주장했다.

중국 문헌에 나타나는 언어상의 동음자同音字 통용은 이런 문제를 더욱 어렵게 만들었다. 중국 문헌에서는 텍스트 A의 주인공 X가 텍스트 B에서는 Y로, 그리고 C에서는 다시 Z로 나타나 결국 텍스트 사이에 연계성이 강하게 드러난다. 그런가 하면 고문의 간결한 표현은 성姓·수數·시제時制 등을 뜻하는 부가적인 단어가 없는 고립어로 기술되어 있기 때문에 여러 측면에서 다양한 해석을 불러일으킨다.

더크 보드의 견해는 그 이전에 초기 중국학의 대가들인 칼그렌(Karlgren)과 에버허드(Eberhard)의 견해를 비판적으로 검토한 결과였다. 칼그란은 고대 중국사회의 문화적 환경에 대해 일정한 관점을 유지하면서 중국사회에서 기원전 3세기 무렵 오랜 사회질서가 붕괴됨으로써 제사의 사회적 의미가 상실되어 고대 전설과 영웅들이 현존하는 전통과 결별하게 되었던 사실을 지적하였다. 그러한 현실에서 한대漢代의 지식인들은 환상적인 가공과 호고적인 탐구심의 길을 열게 되었다. 따라서 칼그란은 한대 이전의 자료만이 타당성을 갖는 것으로 간주하고 주대의 전설적인 영웅들에 대한 자유로운 자료에 관심을 가졌다.

한편, 에버허드는 칼그렌의 생각과 달리 중국문명이 흥기한 이유를 다양한 문화적인 요소에 의한 상호작용과 결합의 결과로 보고 그 이전에 인종적으로나 지역적으로 차별이 있었음을 상기하였다. 에버허드는 칼그렌이 말한 바와 같이 오래된 문헌에 있는 신화 판본 A는 판본 B와 비교하여 결코 전승 판본 A가 더 이르다든지 혹은 원형적인 것이라는 점을 의미하지 않는다고 반박하고, 도리어 한대 저술가들이 봉건시대에 귀족적 저술가들보다 오랜 동안 존속해 온 민간전승을 상당할 정도로 사용할 수 있었고, 실제로 사용했었다. 게다가 그는 신화에 등장하는 대부분의 존재가 근본적으로 인간영웅이고 단지 후대의 몇몇 자료에서만 신이나 심지어 동물의 속성을 획득하였다는 칼그렌의 생각이 잘못이라고 지적하였다.

중국학에 관심을 가진 이러한 초기 서구학자들의 견해를 검토한 더크 보드는 두 사람의 견해에 일정한 자신의 평가를 덧붙였다. 먼저 칼그렌에 대해서는 각 텍스트에 내재한 개별적인 이데올로기나 환경을 역사적인 측면에서 고려하지 않고 기원전 221년을 기점으로 삼아 분할해서 취사하는 태도는 지나치게 기계적인 방법을 적용한 것이라고 평가한다. 신화가 오랜 기간을 거치는 동안 여러 가지 형태로 존속되고 반복된 '부여된 모티프'가 있다는 사실을 간과해서는 안 된다는 것이다.

다음으로 에버허드에 대해서는 고대의 신화를 재구성할 때 광범하게 분산된 자료를 연대기적으로 사용하는 것은 부적절하고 위험하다고 보았다. 그의 생각은 후기 문헌에 실려 있는 신화가 초기 단계의 발전과정을 반영한 형태를 띠고 있지만 실제로 이를 실증하기 어렵다는 것이다. 결국,

더크 보드의 결론은 중국신화의 원형을 이해하기 위해서는 주대周代의 문헌 가운데 약간의 기본요소를 지닌 신화들에 대한 우리 자신들의 상상력을 억제하는 것이 필요하다는 조언이었다.

이렇듯 자료상에 존재하는 내적인 요인은 중국신화를 이해하는 데 본질적인 장해로 작용해 왔다. 혹자는 '중국에는 신화가 없다'고 지적하기도 하였는데, 그것은 자료상의 성격으로 미루어 볼 때 신화의 원형이 훼손되었다는 사실을 지적한 것이라 하겠다. 중국사의 역사적인 제자백가의 사상적 풍토가 형성되는 시점에서 그 이전의 신화적 사유나 이야기는 미신이나 이설로 취급되어 사회의 통합적 기능에 부적절한 것으로 치부되었을 것이며, 특히 한대를 통해 유교가 국교로 지정되면서 '백가쟁명百家爭鳴'식의 사상적 다양성은 일원화되었다는 점에 주목하게 된다.

그러한 사회적 환경 하에서 신화적인 세계는 완전히 그 존재마저 위협당했을 것이며, 결국 민간사회의 기층문화로서 명맥만 유지했을 가능성이 크다. 그리고 그러한 분위기는 적어도 위진남북조 지괴志怪 문학이 등장하기까지 계속되었을 것이다. 탄따시엔譚達先이나 마이클 로이(M. Loewe)의 견해에서도 볼 수 있듯이 한대漢代의 관리들이 세련된 지적 문화의 가치를 의도적으로 사회 전반에 걸쳐 고취시키기 위해 자연발생적으로 나타난 종교적 충동의 영향을 배제하거나, 신화·상징·심상에 부착된 신앙을 감소시키면서 이를 문헌편집에서 배제했을 가능성이 있다는 지적은 유의할 만하다.

신화학자인 웬커袁珂(1916~2001)는 중국신화의 특성에 주의하면서 이러한 문제점을 나름대로 정리하였다. 웬커가 제시한 중국신화의 문제점은 다섯 가지로 요약된다. 첫째, 중국에서는 신화가 채 기록되기에 앞서 구두로 전해지는 전승 과정에서 이미 많은 자료들이 소실되거나 흩어졌다는 것이

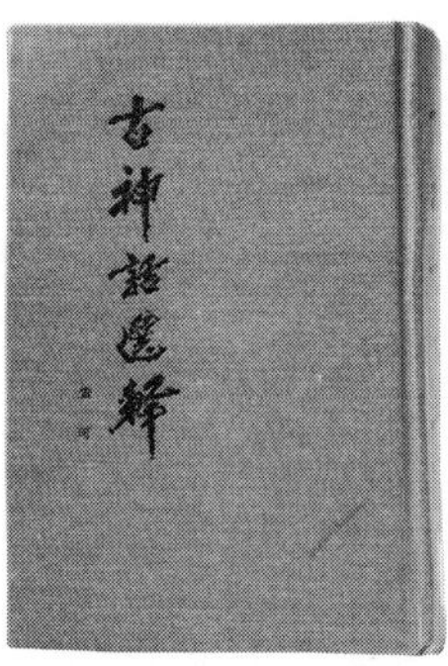

웬커의 저서들　　왼쪽부터 『중국신화사』, 『중국신화통론』, 『고신화선석』. 웬커(1916~2001)는 사천(四川) 신번(新繁) 출신의 신화학자다. 1936년 사천대학 중문학과에 입학했고, 후에 성도(成都) 화서협합대학(華西協合大學) 중문학과에 들어가 쉬쉬우상(許壽裳)의 지도를 받았다. 1946년에는 쉬쉬우상을 따라 타이완으로 건너가 타이완 편역관(臺灣編譯館) 편집위원회 위원을 지냈으며, 1949년 사천으로 돌아와 중경 서남인민예술학원에서 가르쳤다. 1979년 사천성사회과학원 문학연구소에서 근무했다.

다. 예컨대, 예신화羿神話에는 주인공인 예가 해를 쏘아 떨어뜨렸다는 사일고사射日故事가 있는데, 이는 『초사楚辭』 천문天問과 『산해경山海經』 해외남경海外南經과 같이 서로 다른 전적에서 나타난다.

『초사』 천문에서는 예와 관련된 이야기를, "예가 해를 쏘았고, 까마귀가 날개를 접었다"羿焉彈日 烏焉解羽라고 하고 있다. 반면 『산해경』에서는 "예는 수화의 들판에서 착치와 싸워 그를 쏘아 죽였다. 곤륜의 동쪽 벌판 끝녘에서 예는 활과 화살을 가지고 있었고 착치는 방패를 들고 있었다"고 한다. 그런데 『회남자淮南子』 본경훈本經訓에서는 예가 해를 쏘아 해악을 제거했다고 나와 있어 결국 여러 자료들이 예사일羿射日이라는 주제로 서로 연결되어 있음을 알 수 있다.

둘째, 기록된 중국신화의 내용이 간단·소략한 것은 기록되기 전에 세세한 구성 부분이 누락되었기 때문이라는 것이다. 『초사』에 보이는 신화자료가 대표적이라고 하겠는데, 『초사』 천문의 신화고사는 질문형식의 문체를 사용하여 해답은 제시하지 않은 채 대체적인 윤곽만 그리고 있다.

그러다 보니 자세한 부분의 묘사에서는 어떤 경우 연결시키기 어려운 모호성을 가지고 있다. 예컨대, "치구는 재갈을 물었는데 곤은 왜 그의 말을 들었을까. 순조로이 이를 이루고자 했는데, 천제는 왜 그를 처벌했을까"라고 하였다. 여기에서 물고기 모습의 곤鯀이 홍수를 막은 행위가 어떻게 형벌에 처해지게 된 건지 알 수가 없다. 『산해경』 해내경의 '치구예함鴟龜曳銜'과 관련된 또 다른 부분이 이를 보완해주는데, 결국 자료가 흩어졌거나 혹은 망실된 이른바 산망문제散亡問題는 상호보완적인 정리를 필요로 한다는 것이다.

셋째, 중국의 고서古書들이 산개刪改 과정을 거쳐 아름답지 못한 고사의 내용을 탈락시켰기 때문이라는 것이다. 예를 들면, 『열녀전』의 순임금에 관한 고사舜故事와 『회남자』의 상아분월고사嫦娥奔月故事는 홍흥조洪興祖의 『초사보주楚辭補注』에서 인용되고 있지만 현존하는 『열녀전』과 『회남자』에는 나타나지 않아 틀림없이 삭제되고 고쳐진 것으로 여겨지고 있다.

넷째, 고서가 전부 분실되어 그 안에 포함되어 있던 신화적인 자료들까지 사라지게 되었다는 것이다. 『귀장歸藏』, 『고문쇄어古文瑣語』, 『수소자隨巢子』, 『시자尸子』 등은 선진고서先秦古書로서 신화자료가 비교적 많이 수록되어 있었지만 현재 전해지지 않는다. 이러한 자료는 이제 다른 문헌의 집본輯本에 실려 있는 주문注文에서만 그 흔적을 볼 수 있을 뿐이다. 고서 전체가 없어진 경우도 있다. 『풍속통의風俗通義』의 경우, 원래 31권이었지만 현존 10권으로 '여와가 사람을 지었다는 이야기'女媧造人古事, 이빙두서고사李氷斗犀故事 등은 모두 루원챠오盧文弨가 편집한 10권의 『풍속통일문風俗通逸文』에서 발견된다. 따라서 신화의 재료가 대부분 일서佚書되거나 산망散亡되었다는 사실을 고려해야 할 것이다.

다섯째, 신화의 역사화로 말미암아 자연적으로 신화가 산망되었다. 앞서 말한 신화로부터 역사로의 전환이 이루어짐으로써 신화는 자연스럽게 산망되는 과정을 밟게 되었다는 것이다.

이렇듯 신화의 역사로의 전환을 거쳐 결국 신화자료는 파편화되거나 산망되고, 심지어 한대漢代에 이르면 신화에 대한 수식이 정교해져 같은 인물도 전혀 새롭게 서술되는 양상을 띠었다. 이로써 중국신화는 신화연변神話演變이라는 신화원형神話原型의 변형·변질을 겪게 되었다.

중국신화의 연변演變, 즉 전승에서 채록으로 넘어가는 과정에서 일어난 변형의 구체적인 형태는 신화고사의 표현양식에서 수사적 기능을 담당하는 문학성(literariness)으로 표현되었다. 어떤 경우엔 그것은 우의寓意를 통한 상징과 은유의 효과를 드러내는 신화문학인『장자莊子』우언寓言을 상기시킨다. 우언은 교훈을 목적으로 한 주관성을 띤 고사로서 그 타당성은 고사 자체 속에서만 발견된다.『장자』의 우언은 신화적 표현을 빌린 것으로 신화의 도가계통적道家系統的인 전개유형이었다. 그 밖에『회남자』,『열자』 등의 저술에서 신화는 그 저술의 상징(symbol)과 의미(meaning)를 확장시키는 문학적 수단으로 사용되었다.

굴원의 작품으로 대표되는『초사』의「이소離騷」·「구가九歌」·「천문天問」 등 시가詩歌에도 신화연변神話演變의 증거는 뚜렷하다. 남방계통 신화에 토대를 둔 이들 작품의 소재는 송옥宋玉의 부賦에서 나타나며『초사』를 관류하는 우주·신선·신괴神怪·역사관념을 통해 모두 신화적 우의성과 연계되었다.

변형의 실제적인 양상

　중국에서 신화는 주대 이후 한대에 걸쳐 점차적으로 일반적인 저술가들의 관심에서 배척되었다. 다른 저술가들도 신화자료를 그 자체로 보존하기보다는 필요에 따라 문식과 작품의 재구성을 위한 소재로 간주했다. 중국신화가 다른 나라의 신화에 비해 원형의 복원이라는 문제에 끊임없이 부딪히고, 또 다른 측면에서 그 해석의 문제에서 당시의 그 같은 지적 환경을 무시할 수 없는 것도 그러한 까닭이다.

　중국에서 신화는 시대가 흐를수록 신화 자체가 변형된, 이른바 '연변演變'을 거치면서 풍부한 문학적 기제로 기능하였다. 그것은 우의寓意를 통해서 상징과 은유를 제공하였는데, 아마도 우의의 형태로 신화의 문학적 상징의 기능을 잘 드러낸 작품이 앞서도 언급한 『장자』 우언이다. 우언은 교훈을 목적으로 하는 주관성을 띠고 있으며, 이야기의 타당성은 단지 그 자체의 체계 안에서만 인정되기 때문에 다분히 '소설적' 요소를 갖는다. 그 밖에도 『회남자』, 『열자』와 같은 도가의 저술에 관류하는 우주·신선·신괴·역사 관념은 바로 상징을 통해 드러나는 신화적인 우의와 깊이 밀착되었다.

　『산해경』이라는 책도 마찬가지다. 지금까지 지리서로 더 많이 알려져 온 이 책은 내용 구성이 산천·금옥金玉·조수鳥獸·신괴·제사는 물론 이상국異常國이나 일부 문화영웅에 관한 치적 등 광범한 주제 영역을 다루었다. 그러한 점에서 『산해경』은 각 지역의 풍물을 기록한 지리서이기에 앞서 고대사회의 신화적 부호를 담은 신화서로 간주된다. 신화의 연변 현상과 관련한 여러 자료상의 차이도 살펴볼 수 있다. 그 한 가지 예를 서왕모西王母 신화를 통해서 살펴보도록 한다.

서왕모

옥산玉山은 서왕모가 사는 곳으로 서왕모는 형상은 사람 같지만 표범 꼬리에 호랑이 이빨을 하고 휘파람을 잘 불며 더부룩한 머리에 머리꾸미개를 꽂고 있다. 그는 하늘의 재앙과 오형五刑을 주관한다. 『산해경』 「삼차삼경西次三經」

서해의 남, 유사의 물가, 적수의 뒤, 흑수의 앞에 곤륜구란 큰 산이 있다. 거기에는 사람 얼굴에 호랑이의 몸을 가진 신이 있는데, 몸과 꼬리는 온통 백색으로 덮여 있다. 그 아래에는 약수弱水가 있어 그곳을 깊이 둘러싸고 있으며, 그 밖에는 타오르는 산이 있어 물건을 던지면 금방 타버린다. 그곳에는 표범 꼬리와 호랑이 이빨을 가진 사람이 있는데, 승勝이란 관을 쓰고 있다. 그녀는 굴 속에 살고 있는데 서왕모西王母라고 부른다. 이 산에는 온갖 만물이 다 있다. 『산해경山海經』 「대황서경大荒西經」

서왕모가 책상에 기대어 있는데, 머리 꾸미기를 꽂고 있다. 그 남쪽에 세 마리의 파랑새가 있어 서왕모를 위해 음식을 나른다. 곤륜산의 북쪽에 있다. 『산해경』 「해내북경海內北經」

예羿가 서왕모에게 불사약을 구하였는데, 항아姮娥가 이를 훔쳐 달로 도망갔다. 『회남자淮南子』 「남명훈覽明訓」

천자는 서왕모의 손님으로 초대되었다. … 서왕모는 천자를 위해
노래하였다. 『목천자전穆天子傳』

마이클 로이   Michael Loewe, 영국
캠브리지 대학 교수. 중국 한대사(漢代史)
연구자. 1960년대부터 수준 높은 논문을
다수 발표했으며, 서울대 이성규 교수가
번역하여 한국에 소개한 『고대중국인의
생사관』 외에도 *Imperial china : The
historical background to the
modern age*(1966), *Records of Han
Administration*, vols. 1·2(1967),
*Everyday Life in Early Imperial China
during the Han Period, 202 BC-AD
202* (1968), *Crisis and Conflict in Han
China* (1974), *Way to Paradise : The
Chinese Quest for Immortality* (1979)
등의 저서가 있다.

위에서 제시한 다섯 가지 예문은 모두 서왕모 신화에 해당된다. 이 다섯 가지의 서왕모 신화는 중국신화의 연변 현상을 가장 잘 보여준다. 특히, 한대漢代에 들어와 많은 요소들이 결합되었음을 알 수 있다.

연변의 초기단계에서 서왕모는 해가 지는 곳에 있는 선향山鄕을 주재하며 특별한 행운을 얻은 속세 왕들의 상대역을 하다가 동왕공東王公을 자신의 배우자로 삼았다. 불사와 불사영약을 주는 이로 알려진 서왕모는 화상석에서 특유한 치장을 하고 있으며 그의 시종들과 함께 등장한다.

마이클 로이가 지적하듯이, 서왕모는 복희伏羲나 황제黃帝처럼 우주와 인간창조와 관련된 태곳적 존재들과 함께 시작도 끝도 모르는 무시간적 존재였다. 그 후 신격神格 혹은 신형神形에 상당한 변화가 있었는데, 『산해경』에서 승勝이란 관을 쓴 '표미호치豹尾虎齒'를 가진 사람과 짐승이 혼합된 인수잡형人獸雜型의 괴신으로, 『목천자전』에서는 인왕으로, 『회남자』에서는 예가 서왕모에게 불사의 약을 구했다가 항아에게 도둑을 맞는 것으로 변화되었다.

이러한 서왕모 신화의 변형은 서왕모라는 신의 성격이 우주로부터 공간

서왕모(西王母)　사천성 성도(成都)의 화상전(畫像磚)과 캐리커쳐. 『산해경(山海經)』에 따르면 서왕모는 중국 서쪽에 있는 옥산(玉山)에 살며, 그 형상은 사람을 닮았고 표범 꼬리에 호랑이 이빨을 가졌고, 시가를 잘 읊조리며 봉발(蓬髮)에 화승(華勝=머리 장식)을 달고 하늘의 여(厲, 액운과 질병) 및 오잔(五殘, 재앙과 형벌)을 다스린다고 하였다. 역병신(疫病神)의 단속을 임무로 하는 괴수(怪獸) 같은 색다른 신으로서, 단지 봉발에 화승을 달았다는 데에 여성다운 면모를 남기고 있을 뿐이다. 그러나 서왕모는 그 후에 신비적이고 기품 높은 여신이라고 말하고 있으며, 동왕공(東王公)이라는 동방의 남신(男神)과 한 쌍의 여신이라고도 한다. 『목천자전(穆天子傳)』, 『한무내전(漢武內傳)』 등의 소설에는 주(周)의 목왕(穆王)이나 한(漢)의 무제(武帝)와 교섭을 가진 서방 나라의 실존 여왕이라는 형태로 묘사되고, 다시 후세에서는 도교(道敎)의 신으로서 민중의 신앙의 대상이 되고도 있다.

적 전이를 통해 지상으로 내려와 인간과 접촉하게 되어 불사의 주체로 부각되지만 신인神人의 이중성을 지닌 존재로 바뀐 것이었다. 그러나 동서東西・일월日月・남녀男女 등 우주적 이원요소를 갖춘 하나의 몸을 이루는, 양성을 공유한 대표적 존재로 나타나면서 점차 선화仙話 모티프와 연결되었다. 오늘날 서왕모의 전형적인 유형은 하남河南・섬서 북부陝西 북부・사천의 화상四川畫像 등에서 발견된다.

　한편 과보추일신화夸父追日神話(과보가 태양과 경주한 이야기)에서도 신화의 연변과정을 살펴볼 수 있다. 『산해경』에 실려 있는 이 신화는 그 저술 시기가 대체로 서주西周에서 한대漢代에 걸쳐져 있는 것으로 이해된다. 책의 편들이 완성된 시기도 달라 「오장산경五藏山經」, 「해외경海外經」, 「해내경海內經」, 「대황경大荒經」 등의 순으로 이루어진 것으로 보인다. 각 편마다 내용도 다른데, 이는 전승의 계보나 연변 순서를 말해주는 것이 아니고 문헌전승의 개연성을 보여준다.

해와 겨루는 과보

대황 한가운데에 성도재천成都載天이라는 산이 있다. 두 마리의 누런 뱀을 귀에 걸고 두 마리의 뱀을 손에 쥔 사람이 있는데 이름을 과보夸父라고 한다. 후토가 신을 낳고 신이 과보를 낳았다. 과보가 힘을 헤아리지 않고 해를 쫓아가려고 하다가 우곡에 이르렀다. 황하의 물을 마시려 했지만 부족하여 대택으로 가려다 이르지 못하고 도중에 목말라 죽었다. 『산해경』 「대황북경大荒北經」

과보가 해와 겨루었는데 해질 무렵이 되었다. 목이 말라 물을 마시고 싶어 황하와 위수渭水의 물을 마셨다. 황하와 위수로 부족하여 북쪽의 대택의 물을 마시고자 했으나 도중에 목이 말라 죽고 말았다. 버린 그 지팡이가 변하여 등림鄧林이 되었다. 『산해경』 「대황북경大荒北經」

시간-공간, 죽음-재생, 제의-초월

시간-공간

흔히 조셉 니담(J. Needam, 1900~1995)을 비롯한 서양학자들은 고대 중국인들의 시간관념이 직선적인 시간관념이었다고 지적한다. 그러나 중국신화에 나타나는 시간관념은 상대적인 시간관념이 아닌 인지할 수 없는 영원의 시간이라고 하겠다.

그것은 중국신화 안에서 시간태의 변화로서 절대시간이었다. 무시무종의 절대시간은 비로소 공간적인 분리를 통해 천지만물을 생성해 내고 다시 그 질서를 형성하게 되었다. 시간은 공간에 우선하고 공간의 형성이 흡수되었다. 신화에서 시간관념은 공간의 형성과 함께 상대적 시간관념과 자연스럽게 연결된다. 엘리아드(M. Eliade)가 말한 바 있는 시간을 무효화시키고 주기적으로 자기 자신을 재생함으로써 우주창조 행위를 재현하는 만물의 재생적 성격과 다를 바 없다. 그것은 시간의 소거와 재생이라는 순환적 관념을 내포하는 것이었다.

잘 알고 있는 바와 같이, 반고신화는 신화시간과 역사적 시간이 교차하는 전형적인 형식을 띠고 있다. 그런가 하면 시간에 대한 의식이 없이 현재로의 어떠한 흐름이 드러나지 않은 채 아무런 형체도 알 수 없는 혼돈에서 음양신陰陽神이 생겨나 그로 말미암아 우주의 공간질서가 형성되는 경우도 있다. 『회남자』에서는 반고신화에 등장하는 만물생성의 근원인 '반고'와 같은 존재로서 음양신이 나타나 만물의 창조에 관한 역할을 수행하여 최소한의 신화소神話素로 기능하고 있다.

태초의 상태는 혼돈이었고, 혼돈에서 시간적인 경과 없이 곧바로 시·공간적 분리가 이루어지지 않았다. 『회남자』의 자료에서 혼돈은 실제로

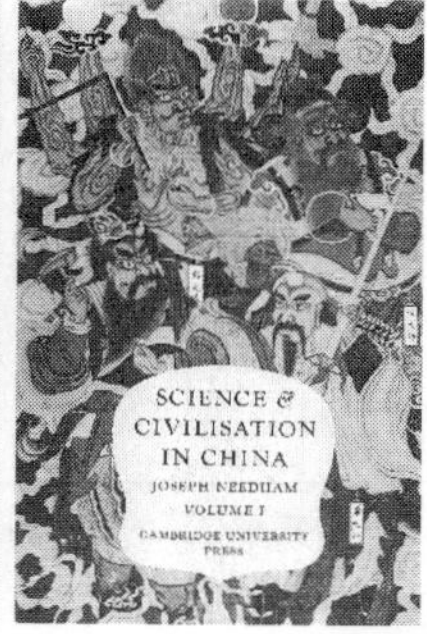

위·조셉 니담(1900~1995)과 그의 저서 중국 과학사에 관한 저명한 저술을 남긴 영국의 생화학자. 영국 왕립협회와 영국 학술원의 회원. 중국 이름으로는 리위에써(Li Yuese, 李約瑟)로 알려져 있다.

아래·영국 캠브리지에 있는 니담 연구소(THE NEEDHAM RESEARCH INSTITUTE)와 도서관 니담 연구소는 중국의 과학과 문명에 관한 프로젝트를 수행하며, 동아시아 과학사도서관이 있다.

'홍몽鴻濛'과 '홍동鴻同'이었다. 이들은 반고신화에 나타나는 혼돈과 유사한 상태지만 시·공간의 분리가 나타나는 반고신화와 달리, 신화상의 시간에 대한 인지 없이 시·공간이 엉긴 채 미분화된 시공혼합 상태였다.

반고신화에서 혼돈 상태는 1만 8천년이 지난 후 천지개벽으로 반고의 성장과 함께 천지가 분리되는 상황으로 바뀐다. 천지가 완전하게 분리·생성되어 우주의 질서가 만들어지기까지는 1만 8천년의 시간이 걸렸다. 1만 8천이라는 시간은 다분히 추상성을 지닌 수자로서 엘리아데가 말한 '시원의 이행성'을 보여주는 상징적인 시간이다.

『회남자』「천문天文」의 시·공간 혼합을 보여주는 신화적인 기술 역시 혼돈과 연결되어 있다. 태초의 혼돈 상태에서는 태소太昭라는 곳에서 우주가 출현하는데, 상하사방上下四方과 고금으로 구성된 우주는 시공결합의 영역이었다. 통상 낙원樂園은 공간적으로 천지의 중앙에 위치했다. 상고인들에게 그곳은 현실을 초월하여 돌아갈 궁극적인 장소였다. 그들에게 회귀란 지나온 시간을 폐절하고 처음 이전으로 돌아간다는 것이었다. 곤륜崑崙의 세계는 바로 시간의 복귀에 의한 천지미분天地未分 상태, 즉 시·공간이 혼융된 우주영역이다. 이렇듯 시·공 미분의 우주질서에 대해 상고인들은 우주의 한 시원을 시공 일체로 관찰하였고, 다른 한편에서는 이상적 공간으로 묘사하였다.

죽음-재생

신화의 모티프에서 순환과 재생은 계절의 변화나 시간의 흐름과 같은 자연적인 섭리를 드러내는 가장 보편적인 양상이다. 그것은 겨울이 되면 만물이 죽고 다시 봄이 되어 소생하는 유한하지만 변화하는 생명의 존재성 그 자체다.

일반적으로 모든 것을 일시에 심판하고 다시 새로운 질서를 만드는 홍수신화는 그러한 '순환과 재생'의 모티프를 잘 말해준다. 중국신화에는 여러 종류의 홍수신화는 있는데, 신화의 주인공들은 우禹, 공공共工, 복희伏羲와 여와女媧, 그리고 이윤伊尹 등 이른바 문화영웅이다. 대체로 홍수신화는 하남河南 서부의 홍수지대에서 형성된 것이라고 할 수 있다.

전형적인 홍수신화인 '여와보천女媧補天'과 '공공共工과 부주산不周山'의 고사는 한 세계의 위기와 죽음, 그리고 새로운 시작이라는 순환과 재생적 의미를 보여주고 있다. 여와가 오색 돌을 녹여 하늘을 보수하고 자라의 다리를 잘라서 사극四極을 세우고 갈대 재를 모아서 홍수를 막는 것과 같은 일련의 회복작업은 우주질서를 재건한다는 내용으로 구성되어 있다. 『회남자淮南子』 남명覽冥의 '여와보천女媧補天'에 관한 고사에서는 파괴-혼돈

여와보천

의 극복과정인 보수작업을 희생적 매개, 즉 녹임[鍊]·자름[斷]·태움[恢]·죽임[殺]을 통해 원형을 회복시키는 반전이 나타난다. 여와는 절망적인 현실에서 새로운 세계의 문을 여는 구원자의 역할을 수행하였다. 여와가 수행한 보천의 작업에서 하나의 죽음과 또 다른 시작은 곧 '죽음과 재생'의 연쇄적 과정이 되는 것이다.

또한, 반고가 죽음에 임하여 그 신체의 각 부분이 우주만물로 변했다든지 여와가 화생化生·화육化育한다는 유적 변형 과정에서도 재생관념이 내재되어 있음을 볼 수 있다. 그리고 '공공共工과 부주산不周山'의 고사에서는 공공이 제위 투쟁에서 패배함에 따라 연못 속에 빠져 죽게 된다. 이야기에서 '연못'은 공공의 투쟁에 내재한 '악성惡性'을 정화하고 갈무리하는 장소로 하나의 죽음을 통과하여 새로운 존재로 나아가는 중심 공간이다. 그 중심 공간은 재생을 위한 하나의 준비과정을 거치는 곳이었다.

그 밖에 『산해경』 해내경海內經에서는 곤鯀이 식양息壤을 훔쳐서 홍수를 막았으나 하늘의 임금인 천제의 명을 지키지 않았기 때문에 축융祝融에 의해 죽임을 당했다는 고사도 보인다. 여기에서 물은 또한 홍수로서 정화와 심판의 수단에 해당되지만 식양이라는 매개물을 통해 심판의 현상으로 제기된 홍수는 방지되었다.

이렇게 보면 '여와보천' 고사, '공공과 부주산' 고사, '식양홍수' 고사는 모두 정화와 심판의 수단으로서 홍수를 설명하고 있음을 알 수 있다. 따라서 심판 이후 다시 새로운 세계의 시작이라는 이야기 구조로 이루어진 홍수신화는 중국신화에서 재생 모티프를 반영한 대표적인 신화유형인 셈이다.

이러한 '죽음-재생'이라는 모티프는 그 성격상 동태변형動態變形과 정태변형靜態變形의 두 갈래로 나뉘어졌다. 동태변형이란 죽음과 재생의 과정에서 장애요소 내지는 변형조건이 분명하게 작용하는 신화적 모티프에 해당되고, 정태변형이란 그러한 장애요소나 변형조건이 약하거나 표출되지 않는 것을 의미한다. 그러한 변형은 새로운 존재양식으로 전환하는 과정으로서 죽음을 거치는 포괄적인 과정에 귀속된다.

제의-초월

인류는 이미 상고시대부터 삶의 한 방식으로서 풍요를 기원하는 의식이나 연령의 변화에 따라 자연스럽게 통과의례(Les Rites de passage)에 해당하는 경과의식을 생활 안에서 체현하고 있었다. 특히, 개인 생활보다 집단 생활이 강조되었을 초기문화 단계의 생활유형에서는 더욱 그러하였다. 그러한 근원적인 삶의 체험은 전승에 반영된 신화시대를 산 인간들의 체험이나 행위를 통해 간접적으로나마 접하게 된다.

일찍이 신화학자들은 신화를 제의 과정에서 나타난 하나의 구술상관물口述相關物로 보았는데, 이른바 제의학파祭儀學派들의 견해가 그것이다. 프레이저(James Frazer)나 해리슨(Jane Harrison) 등이 주축을 이룬 제의학파의 견해는 미국을 비롯한 서구학계에서 널리 수용되었지만 실제로 신화내용 자체에서 이를 입증하기는 곤란한 것으로 평가된다. 해리슨이 제시한 바에 의하면,

신화는 의식으로부터 도출된 것이고 의식보다 후에 발생한 것으로 '의식의 구술상관물'로서 신화 이외의 그 어떤 것도 대신하지 않을 뿐만 아니라 그 자체에 기원을 갖는다는 것이다.

신화의 제의적인 성격을 파악하려면 신화의 내용 자체에서 신화적인 체험을 하지 않을 수 없다. 그러한 의미에서 신화를 체험한다는 말을 본질적으로 순수한 종교적인 경험을 한다는 것을 말한다. 생활 양식으로서 신화 안에서 태초에 일어난 일을 체험하고 초자연적인 존재의 창조행위를 모방하는 것이며 일상적인 삶을 초월하여 시원에 도달하게 된다. 그러므로 신화와 제의는 상호교환적인 기능관계를 이루며, 변화와 좌절로 방황하는 세계에 고정불변의 사실을 던져줌으로써 불행에 대한 기대를 감소시키게 된다.

인간은 신화를 통해 끔직한 일들이 자신을 괴롭히지 않도록 할 뿐만 아니라 그러한 경험으로부터 자신들에게 최소한 건강이나 행복에 대한 잠재적인 위기를 일깨우게 된다. 따라서 제의가 그러한 기본적인 욕구를 상징화한 하나의 강박관념의 반복적인 행위라면 신화는 적어도 그러한 사회적 동기와 결합된 동일한 욕구를 합리화하는 기제인 셈이다.

중국신화 내에서 종교체험의 표상으로서 존재하는 신화의 흔적은 매우 약하다고 알려져 왔다. 비록 단편적인 기록이 있기는 하지만 일반적인 의미에서 중국신화의 종교성을 드러내는 징표들은 많지 않다는 것이 정설이다. 그래서 흔히 중국에서는 개별적인 신화의 발생조건과 연결되는 집단적인 종합 과정이 마련되지 않았던 것으로 이해되었다. 달리 말하면, 개별적인 제사 장소로부터 유리된 중국의 신화군이란 최초 종교체험의 한 부산물로서 종교체험의 양상을 반영하지 못하게 되었다는 것이다. 단지 개별적인 작가의 관심에 따라 신화문학으로서만 존재하게 되었을 뿐이다.

그럼에도 불구하고 중국신화와 연결되고 있는 민간고사와 같은 전승을 통해서 제사와 연결되는 징후들을 주목하지 않을 수 없다. 민간고사에 의하면, 제사에서 동물로 가장하여 역연役演하는 모습은 종교적인 체험의 한 양식으로 이해된다. 이러한 예들은 『주례』 춘관 대사악, 『한서』 예악지』, 『후한서』 예의지 등에 잘 드러나고 있다.

이들 자료에서는 동물과 귀신이 함께 나타나는데, 제사를 지낼 때 분장자들은 동물과 완전히 일치되어 속신적 지향을 구현한다. 민간사회에서 볼 수 있는 여우·이리·원숭이 등의 영을 취하는 신앙도 그러한 예에 해당된다. 궁극적으로 그러한 동물신에 대한 숭배행위와 제의형식은 일정한 관련이 있으며, 동물로의 변화를 통해 새롭게 태어난다는 모티프는 종교적 체험을 빌린 일련의 재생 과정이라고 하겠다.

신화에서 선과 악은 신화가 주는 중요한 의미의 요소들이다. 대체로 신화는 선의 승리로 묘사되며 본질적으로 재생 모티프에 의해 구원의 문제를 던져주고 있다. 우리는 악의 종말을 통해 신화에서 악의 순환과정을 끊고 인간의 성스러움이나 새로운 시작을 위한 세계가 형성된다는 점을 알고 있다. 『성경』에 나타나는 아담과 하와의 타락에서 보듯이 본질세계와의 단절은 신화상 현실과 본원의 세계를 분리시키는 원인을 보여주고 있다는 점에서 매우 중요하다.

마찬가지로 중국신화의 염제炎帝와 황제黃帝의 전쟁, 공공과 전욱의 갈등, 그리고 우의 공공과 그 신하의 처단 등 이른바 '투쟁신화'는 그러한 인간세상은 물론 삼라만상의 본원적인 세계와 현실적 세계 사이에 존재하는 구분된 공간을 바라보게 하고 있다.

그런데 우리는 중국신화에서 '악惡'의 양상을 확인할 수 있다. 공공과

삼황도(三皇圖)　왼쪽부터 천황, 지황, 인황

전욱의 제위 다툼은 천지질서를 파괴하는 원인이 되었고, 그러한 다툼의 원인자에는 이미 악의 씨앗이 잉태되어 있었다. 일반적으로 투쟁신화에서는 승리자의 입장이 선의 이미지로 부각되어 있으며, 스토리 전개도 악에 대한 선의 승리라는 형식을 띤다. 그것은 존재의 성격 자체가 선악의 구분조건이 된다는 의미다.

공공과 전욱 간의 관계에서 존재의 성격 자체가 선악을 결정하게 되는 문제는 악의 기원에 대한 실제적인 양상을 주목하게 한다. 공공은 제위획득이 불가능하다는 '자격요건 부재'라는 조건상의 하자에도 불구하고 제위대결에 참여하여 결과적으로 타락과 파괴로 귀결되는 '탐욕/과잉' 상태에 함몰되어 있었다. 그렇듯 존재의 성격 자체가 선악의 원인자가 되었는가 하면 결과의 승패에 따라 선악이 결정되는 것은 상대적인 의미를 지닌 서술구조라 여겨진다. 그것은 언제든지 역할분담이 달라지면 선악이 뒤바뀔 수 있는 것이었다. 고착된 '악'이라는 의미보다는 존재의 성격을 통해 상대적인 위치에서 선악이 결정되는 대립적 선악구조를 지니고 있는 셈이었다.

또 다른 신화인 곤鯀이 치수治水에 실패함으로써 그를 처벌한다는 이야기에서는 일이나 행위의 결과에 따라 제거되어야 할 '악'으로 규정되고 있음을 보게 된다. 우禹의 아버지인 곤은 치수에 있어 식양息壤을 훔치고 동시에 물길을 잘못 파악하여 치수사업에서 실패하고 결국 우산羽山에서 처형을 당했다. 『산해경』 해내경에 보이는 곤의 행위에 대한 처벌신화는 행위의 결과에 대한 '선악'의 판단 여부가 무엇을 의미하는지를 알게 해주는 것이다.

무엇보다 곤이 식양을 훔치는 행위는 비정당한 것이었고, 하도河圖를 잘못 이해하는 행위는 결국 치수의 실패로 연결되는 인과관계로 설정되어 있다. 그러한 반면에 우가 신룡神龍의 도움을 받아 물고를 막고 터서 치수를 성공적으로 마무리하는 치수의 업적은 선의 행위로 간주되었다. 특히, 우가 신의 도움을 받아 순리적으로 물고를 다스리는 행위는 선한 결과로서 자연과 인간의 조화에 의한 것이라는 점을 잘 보여준다.

제3장 신화에서 우화와 선화로

중국에서는 신화가 변형 과정인 이른바 '연변과정演變過程'을 거치면서 신화의 원형으로부터 다양한 갈래의 신화문학으로 발전되었다. 그것은 수사학적인 기능을 통해 후대의 문학형식에 수용되어 신화계통의 고대문학 장르를 형성하며 신화사유의 한 양식으로 존속되었음을 의미한다.

중국의 신화계통에 의한 문학양식은 '신화고사神話故事'라는 범주에서 '유적 다양성類的多樣性'을 보여주었다. 중국신화에서 신화의 '유적 다양성'은 한편으로 신화원형의 변형이 심하고 그 복원 또한 곤란하다는 것을 시사한다. 그러나 유적인 다양성은 신화의 내용을 담고 있는 자료는 물론이고 전설傳說·선화仙話·우언寓言 등 여러 형태의 신화문학으로 나타났다.

일반적으로 신화는 신에 관한 이야기이거나 자연현상이나 사회현상의 기원과 질서를 설명하는 이야기 혹은 신성시되거나 이적시되는 이야기라 여겨진다. 주제의 중심을 이루는 것은 일상적인 경험세계를 초월한 사고를 반영한 형태로서 신성성을 지닌 인간외적 대상이다. 반면, 전설이란 본질상 신화나 민담과 명확히 구분하기는 어렵지만 전승자의 태도, 시간과 장소, 증거물, 주인공 및 그 행위, 전승의 범위라는 측면에서 차이가 있다.

확실히 전설은, 신화와 달리 신성미보다 구체적인 일상의 경험에 의존하며 증거물을 통해 사실로 간주된다. 따라서 제한된 시간과 장소를 갖기 때문에 '어느 왕조 어느 곳에'라고 시작된다. 뚜렷한 시간과 장소를 상실할 경우는 '옛날 옛적에'라는 형식을 통해 말하는 민담으로 넘어가게 된다. 증거물로 보아도, 신화의 증거물은 천지창조와 관련된 신화에서 보듯이 바로 천지가 증거물이지만 전설은 특정한 개별적인 증거물을 갖게 된다. 예컨대, 위치나 방위에 관한 증거물은 어느 곳에 있는 어떤 모양의 바위만이 증거물이 되어 그 유래나 특징을 설명하는 근거가 된다. 이때 증거물이 상실되면 전설은 전승이 중단되거나 가능한 것은 민담民譚으로 된다.

주인공이나 그 행위의 측면에서 신화가 신을 주인공으로 삼아 초월적인 능력을 발휘하는 양상을 지닌다면, 전설의 주인공은 한정될 수 없는 여러 종류의 인간들로서 행위도 인간과 인간 혹은 인간과 사물 사이에서 일어나는 관계성으로 설정된다. 그리고 전승의 범위로 볼 때, 신화가 민족적인 범위를 갖는다면 전설은 증거물의 성격상 지역적인 범위를 갖는다.

한편, 중국에서는 신화가 전설로, 다시 민담으로 넘어가는 단계에서 선화仙話라는 일종의 설화문학이 나타났다. 설화문학의 대표적인 한 갈래인 선화는 신선사상을 바탕으로 한 것으로, 도가道家나 단가丹家 또는 방술方術 등 여러 용어로 불렀다. 대체로 선화에서는 불사不死를 지향하는 인간의 욕망을 신선세계에 빗대어 표현한 것이기 때문에 신화의 신성성과 전설의 진실성을 넘나드는 경계에서 인간은 신비하고 경이로운 체험을 통해 인간의 한계를 넘어 원초적인 영원성을 지향하게 된다.

이러한 이유로 중국의 신화학자인 웬커袁珂는 신화와 선화가 서로 교차 혼합되어 있어서 비록 신화범주에서는 두 가지를 동시에 이해할 수는 있다 해도 엄격한 의미에서는 둘 사이에 차이가 있다면서 구분할 것을 강조하였다.

제2부 중국신화와 자연, 문화, 그리고 문학

인간과 자연, 그리고 그 공존은
모든 일치의 근원이요,
현실을 들어 올려 초월로 향하는
경건한 토대이다.

내 마음 그 빼어난 아름다움에 기뻐하여 진정되지 않건만,
둘 합하기에 좋은 중매쟁이가 없구나.
물결에 실어 이내 말 전해 볼까?
바라건대, 이 진실함 알리고자 구슬장식을 풀어드리네.
그 아름다운 이 밉브기도 하여라!
예를 익혀 시로써 뜻 밝히니
붉은 옥구슬을 들어 내게 화답하네.

『낙신부』 중에서

제1장 하늘과 땅의 창조

하늘·땅, 태초와 반고, 여와와 인간

사람은 어떻게 지구에서 살게 되었을까? 인간의 처음과 끝에 관한 의문은 삶의 근본적인 질문이다. 최근 각광을 받고 있는 생명공학이나 유전공학 같은 최첨단의 과학분야는 물론이고 철학이나 종교학에서도 인간의 시말에 대한 의문은 끊임없이 계속되고 있다.

이 세상이나 우주의 천체가 어떻게 만들어졌고 또한 인간은 어떻게 이 세상에 존재하게 되었을까? 상고시대의 원시인들은 이 질문에 대해 나름대로의 답을 찾고자 하였다. 그들의 의식과 심리상태를 설명해주는 '우주기원신화'와 '인간기원신화'에는 태초의 세계에 대한 인간들의 생각이 잘 나타나 있다. 저명한 문예비평가이자 신화학자인 노드롭 프라이(N. Frye)는 신화의 일반적인 범주를 나누면서 태초에 존재한 삼라만상의 시작을 전해주는 인류의 오랜 이야기를 '시작의 신화'라고 불렀다.

한 처음에 우주의 현상과 인간의 출현을 알려주는 중국신화의 양식은 반고신화가 전형적인 예다. 기원신화로서 반고신화는 우주기원신화와 인간기원신화의 두 가지 성격을 동시에 보여준다.

천지는 혼돈 상태였고 마치 계란과 같았다. 반고는 그 가운데에서

노드롭 프라이　N. Frye, 1912~1991. 캐나다 퀘벡에서 태어났으며, 1929년 토론토 대학의 빅토리아 칼리지(Victoria College)에 들어가 1933년 철학과 영문학을 수학했다. 그 후 임마누엘 칼리지(Emmanuel College)에서 신학과정을 마치고, 1936년 캐나다 연합교회에서 사목했다. 1940년 머튼 대학(Merton College, Oxford)에서 석사학위를 받았으며, 1939년부터 토론토 대학의 빅토리아 칼리지의 영문과에서 영문학 연구자와 신화문학비평가로서 활동했다.

태어났다. 만 팔천 년 후 천지가 개벽하여 맑고 밝은 부분은 하늘이 되었고 어둡고 탁한 부분은 땅이 되었다. 반고는 그 한가운데 있었다. 하루에 아홉 번씩 변했는데 하늘에서는 신이요 땅에서는 성인이 되었다. 하늘은 매일 한 길씩 높아졌고 땅도 매일 한 길씩 두터워졌다. 반고 또한 매일 한 길씩 자랐다. 그렇게 하여 만 팔천 년이 되었고 하늘도 땅도 지극히 멀어졌다. 반고도 지극히 자랐다. 그 후에 삼황三皇이 있었다. 『삼오역기三五歷紀』

반고신화에서 천지의 시작은 반고라는 반신반인적半神半人的인 존재의 변신과정에 의해 이루어졌다. 반고가 탄생하여 점차 자람에 따라서 공간의 분리가 일어났는데, 그것이 곧 천지의 형성 과정이었다. 천지개벽을 통해 하늘과 땅이 생겨나고 그 가운데서 반고는 유일한 존재로서 장차 우주변화의 주체가 되었다. 그러나 그는 창조자가 아니라 다만 선행자일 뿐이었다. 결국 반고가 죽게 되고 그로부터 우주에 만물과 인간이 처음으로 나타났다.

반고신화가 전해주는 만물과 인간의 탄생에 대한 이야기는 나중에 보기로 하고 우선 그러한 태초의 상태를 다른 신화는 어떻게 묘사하고 있는지 알아보자. 반고신화와 마찬가지로 태초의 우주는 '혼돈'으로 설명된다. 태초의 우주는 혼돈 그 자체였다. 오늘날 혼돈은 하나의 상태로 이해되지만 신화에서 그것은 곧 하나의 존재였다. 혼돈은 신으로 새로운 물상을 잉태한

반고의 형상

근원자였다. 『회남자』와 『장자』에서는 그 형상이 반고신화에서 볼 수 있는 계란형이 아니라 무형의 존재로서 하늘과 땅을 경영하는 역할을 수행하고 있다.

먼 옛날 천지가 존재하지 않았을 무렵에는 형상조차 갖추어지지 않은 채 그으윽하고 어두웠다. (기운만이 감돌았다) (모든 것이) 흐리고 광막하여 아득하게 텅 비어 있어 그 문을 알 수 없었다. 그 가운데 두 신이 뒤엉켜 생겨나 하늘과 땅을 경영하였다. 『회남자淮南子』「정신精神」

고유高誘는 『회남자』의 주를 달면서 두 신[二神]을 음양신陰陽神이라고 풀었다. 음양은 혼돈 상태와 조응되며 만물창조를 일종의 에너지인 기氣의 변화로 이해하는 것과 다를 바 없다. 이러한 관점은 만물의 형성을 에너지인 기로 이해한 왕충王充(27~97)의 저술인 『논형論衡』에 보이는 입장과 일치된다고 하겠다. 왕충이 바라본 만물의 형성은 신화적인 창조가 아니라 자연적인 힘에 의한 천지의 발생이었다.

초목이 생장하면 꽃과 잎이 싱싱하고 무성하여 모두 곡절을 갖게 되었는데, 마치 문자나 무늬를 닮았다. 이것을 두고 하늘이 문자를

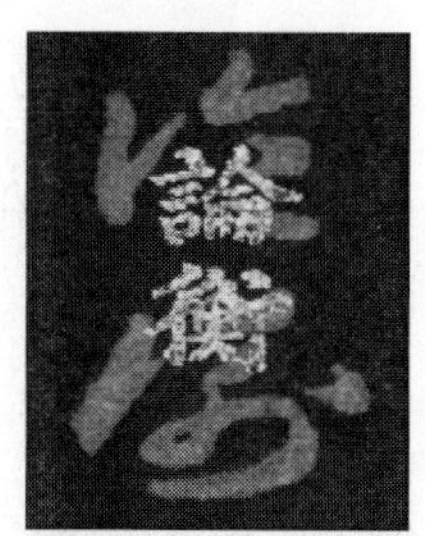

왕충(王充 27~97)과 그의 저서『논형』　중국 후한시대의 사상가. 절강성(浙江省) 출신. 자는 중임(仲賃).『한서(漢書)』의 저자인 반고(班固)의 아버지 반표(班彪)에게서 가르침을 받았다. 저서에『양성서(養性書)』외에 세상의 허망을 증오하고 제설(諸說)의 참과 거짓을 밝힌『논형(論衡)』30권이 있다.

만든 것이라고 한다면 하늘이 또 꽃과 잎에도 그렇게 하였다는 말인가? … 공자의 말로 미루어 보면, 만물의 잎은 저절로 생긴 것이라 하겠으며 그러기에 동시에 생길 수가 있었다. 『논형論衡』「자연自然」

한편,『장자』의 또 다른 기록에서 혼돈은 하나의 유형적인 존재로 등장한다. 혼돈의 모습이 반고신화에서 유형적인 존재였다면, 다음의 인용 또한 혼돈의 존재를 그렇게 인식하고 있는 단서다.

남해 임금의 이름은 숙叔이요 북해 임금의 이름은 홀忽이며 중앙 임금의 이름은 혼돈渾沌이라 불렀다. 숙과 홀은 늘 혼돈의 땅에서 만났는데, 그때마다 혼돈은 융숭하게 그들을 대접하였다. 그러한 혼돈의 호의에 보답하기로 논의한 끝에 "사람은 누구나 일곱 개의 구멍이 있어 그것으로 보고 듣고 먹고 숨쉬는데, 유독 혼돈만은 구멍이 없다. 그러니 우리 한 번 시험 삼아 그에게 구멍을 뚫어보자"라고 했다. 숙과 홀은

하루에 구멍 하나씩을 뚫어주었는데, 일곱째 날이 되자 혼돈은 그만 죽고 말았다. 『장자莊子』「응제왕應帝王」

혼돈(混沌)

『장자』에 등장하는 혼돈은 명확하게 하나의 실제적인 존재다. 그는 긍정성을 지니고 있었으며 숙과 홀이 인위적이고 민첩한 인상을 주는 반면 순박한 자연적이고도 무위적인 이미지를 지니고 있었다. 『장자』나 『노자』에서는 존재의 근원을 도道라 했는데 만물이 그로부터 화생했다. 천지의 형성 역시 그러하다. 어떤 측면에서 도와 혼돈은 유사점이 있지만 반드시 같지는 않다. 혼돈은 긍정성을 지닌 유형적인 존재로서 무형적인 실체인 도와는 구분된다. 한편, 『신이경神異經』에서 혼돈은 부정성을 지닌 존재로 묘사된다.

곤륜崑崙 서쪽에 모습이 개와 같고 털은 길어 발을 덮고 곰과 비슷하나 발톱이 없는 야수가 살고 있었다. 눈은 있어도 보지 못하여 다닐 때도 눈을 뜨지 않았다. 귀는 있어도 듣지 못하여 스스로 걷지 못해도 사람이 오가는 것은 잘 알았다. 배에는 오장이 없고 창자는 굽지를 않고 곧아 음식물이 그대로 흘러내렸다. 덕행이 있는 사람을 만나면 충돌하고 훼방을 놓고 흉악한 자를 만나면 기대며 좋아했다. 그 괴물은 천성이 그렇게 만든 것인데, 이름을 혼돈渾沌이라 했다. 『신이경神異經』「서황경西荒經」

『장자』에서 혼돈이 의인화擬人化되어 있는 것과 달리 혼돈은 단지 개犬의 형상을 한 괴물에 불과하였다. 곤륜산 깊은 곳에 사는 혼돈은 덕행자에게

굴원(屈原) B.C. 340~278. 중국 초(楚)나라 때의 충신·시인. 원(原)은 재(字)고, 이름은 평(平)이다. 왕족 출신으로 회왕(懷王)의 좌도(左徒)가 되어 내정과 외교에 비상한 능력을 발휘했으나, 그 때문에 다른 신하들의 미움을 받았다. 회왕이 술책에 빠져 진(秦)에 유폐되어 객사하자, 장남 경양왕(頃襄王)이 즉위하고 막내 자란(子蘭)은 재상인 영윤(令尹)이 되었다. 자란은 아버지를 객사하게 한 장본인이었다. 굴원은 그를 비난하다가 대부(大夫)의 참언으로 영도에서 추방된 뒤 초나라와 임금을 걱정하며 동정호(洞庭湖) 근처를 방랑하다가 멱라수(汨羅水)에 몸을 던져 죽었다. 이때가 5월 5일이었는데 그 후부터 이곳에 공물(供物)을 바치는 습속이 생겼다. 초사문학의 창시자로 「이소(離騷)」, 「천문(天問)」 등 『초사(楚辭)』의 대표작을 남겼다.

피해를 입히는 횡포와 훼방꾼이었다. 그는 천성이 그렇듯 훼방을 놓고 흉악스러운데다가 비열하기조차 한 부정성을 지닌 존재였다.

천지만물의 기원에 대해 가장 심원한 의문을 제기한 신화작가는 굴원屈原(B.C. 340~278)이다. 굴원은 태초에 천지의 상태를 혼돈으로 묘사하였다. 우주의 기원에 대해 그가 던진 의문은 지리와 자연, 태양·달·물·땅, 그리고 기상 등에 걸쳐 다양하고 폭넓은 신화적인 이미지로 표현되었다.

아득한 태곳적 일을 누가 말하여 전할까? 천지가 형성되지 않았을 때의 일을 어떻게 살필 수 있을까? 어둡고 혼동된 것을 뉘라 능히 열었는가? 원기만 가득한 상태를 어떻게 알 수 있나, 밝아지고 어두워짐은 무엇 때문인가? 음양이 세 번 합하니 근본은 무엇이며 어떤 것이 변화인가? 『초사楚辭』「천문天問」

이렇게 천지만물이 형성되기 이전의 상태나 그 근원을 혼돈으로 표현한 것은 중국 우주기원신화의 전형적인 형태다. 천지창조 이전의 혼돈을 굴원은 만물의 근원인 음양이 내재한 역동적인 생명력의 시발로 보았다.

중국 고대신화에서 천지만물의 형성은 크게 우주질서의 창조와 인간의 창조로 구성되어 있다. 별의 기원, 태양의 운행, 바람·비의 생성 등에

관한 천상天象 기원은 굴원의 저술인 「천문天問」에서 짧고 간단하지만 우주의
시작에 관한 관심으로 표현되었다.

우주의 창조, 만물의 기원을 말해주는 전형적인 중국신화로서 앞에서도
잠시 보았듯이 반고신화가 있다. 반고신화에서는 혼돈이 천지개벽과 동시
에 사라지고 모든 물상의 근원자인 반고의 성장을 통해 천지가 분리된다.
반고의 성장이란 곧 시간의 형성을 의미하였다. 반고가 자란 지 1만 8000년
이 지나서야 비로소 하늘과 땅이 명확하게 구분되었다. 그리고 삼황三皇이라
는 역사의 시간이 도래하면서 천지의 축은 역사의 출구를 향해 나아갔다.
　반고신화에 따르면, 우주의 질서는 천지분리에 이어지는 만물의 형성을
통한 천지의 공간구성 및 배치에 해당하는 것이었다. 천지의 형성이나
인간의 탄생 그리고 온갖 물상의 시작은 그 일체가 반고신화의 또 다른
형태인 반고의 죽음을 전하는 반고 분화신화와 결부되기도 한다.

반고의 천지개벽

피부의 털은 풀과 나무가 되었다. 이빨은 돌로, 골수는 보석으로, 땀은 비로, 그리고 몸의 벌레들은 바람에 감화하여 사람으로 변하였다. 『역사繹史』 권1에 인용된 「오운역년기五運歷年記」

반고분화盤古分化의 신화는 천지만물은 물론이고 인간의 탄생과정을 전해주고 있다는 점에서 결국 우주만물의 전체적인 형성 과정을 알려주는 신화적인 이야기다. 이러한 이야기에서는 반고가 죽어 몸이 분화되면서 신체의 각 부분과 분비물이 천상과 지상의 물상으로 변화된다. 그러한 창조의 구조 속에는 천天·지地·인人이라고 하는 이른바 삼재三才의 요소를 결합시킨 우주의 창조관념이 내재해 있었다. 반고의 분화를 통해 생성된 만물은 우주의 기상인 천상天象과 지상에 존재하는 물상들이었다.

분화의 요소와 생성물 간에 엄밀한 유관성을 발견하기는 어렵다. 대체로 고유한 속성이나 기능적인 유사성이 있다. 예를 들면, 팔다리는 사지로서 네 개의 축을 가지고 있고 그 방향성도 있기 때문에 사방四方과 오악五嶽으로 설정되었을 것이다. 사방으로의 전환은 자유롭고 중앙이 되는 몸통을 포함한 전신은 오방을 이루어 오악이 되었다. 피는 몸의 활력과 신진대사를 도와서 생명을 유지하게 하는 기능을 수행한다는 점에서 생활영역에서 인간생활에 필수적인 물로, 힘줄과 혈맥은 그 복잡한 형상과 정교한 배열로 인해 대지 곳곳에 적합하면서도 오묘하게 펼쳐지는 지리와 논밭이 되었다. 신체의 주요한 부분들이 지상의 공간이나 기능에서 주요한 위치를 차지하고 있는 것이다.

반고의 분화로 인한 생성된 천지만물

분화 요소	생성물
팔다리와 전신	사방과 오악
피	강물
힘줄과 혈맥, 살갗	지리와 논밭
피부의 털	풀과 나무
이빨, 골수	돌과 보석
몸의 벌레	사람
기(氣, 숨)	바람과 구름
목소리	우레
왼쪽 눈	태양
오른쪽 눈	달
머리털, 수염	별
땀	비

무성한 피부의 털은 풀과 나무로, 이빨과 골수는 그 강도와 응축에 의한 결정이라는 점에서 돌과 보석이 되었다. 그런데 실상 인간은 반고의 몸에 붙어 있는 벌레가 변해서 생성된 것이다. 인간의 시작을 하찮은 벌레에 빗대고 있다는 것은 중국신화 사유의 한 특징을 드러내는 예가 아닌가 싶다. 인간도 다른 물상과 조금도 다를 바 없는 자연계의 일부라는 고대 중국인들의 생명관념을 잘 보여주기 때문이다.

그러한 유사성을 연결점으로 하는 분화 요소와 생성물의 관계는 우주의 기상조건인 천상天象의 형성에도 적용된다. 반고의 숨은 바람과 구름이 되었고 목소리는 우레가 되었다. 왼쪽 눈은 태양이 되고 오른쪽 눈은 달이 되었다. 머리털은 별이 되었으며 땀은 비가 되었다. 반고의 신체

각 부분과 연결되어 있는 우주와 지상의 만물이 결국 반고의 분화를 통해 온갖 물상으로 창조되는 이른바 화생적化生的 생장生長의 전형이었다.

그 밖에『산해경』,『회남자』,『논형論衡』등 신화적인 기록을 담고 있는 전적에서도 해와 달, 뇌성 등과 같은 천체와 기상에 관한 이야기를 볼 수 있다. 특히, 태양을 둘러싼 이야기들은 비록 짧지만 동화와 시를 연상시키는 신비롭고 아름다운 묘사들로 가득차 있다.

지리지地理誌이자 신화적인 내용을 포함하고 있는『산해경』의「대황경大荒經」에는 동해 밖에 있는 대학大壑이라는 곳에 위치한 소호국少昊國에 대한 이야기가 있다. 소호국에는 소호가 있어 전욱을 키웠다. 소호는 담수甘水라는 곳에 거문고를 버려두었으며, 이곳에서 흘러나온 물이 감연甘淵을 이루었다. 동해 밖과 감수 사이에는 희화국羲和國이라는 여자가 통치하는 나라가 있었다. 그녀는 제준의 아내였는데, 해를 나란히 세워 감연에서 목욕을 하였다. 그 결과, 희화는 열 개의 해를 낳게 되었다.

또한 탕곡湯谷이라는 곳의 위에 위치한 부상扶桑에서 열 개의 태양이 목욕을 했다는 기록이 있다. 부상은 열 개의 태양이 목욕하는 곳으로 흑치黑齒 북쪽에 있었고, 그 물 가운데에 큰 나무가 있어 아홉 개의 태양은 가지 아래에 그리고 한 개의 태양은 윗가지에 걸쳐 있었다. 열 개의 태양 중에 오직 하나만이 솟아올랐다. 감연에 있는 부상은 신수神樹였다.『이소離騷』에서 굴원은 부상을 태양 주변의 붉은 구름을 뜻하는 운하雲霞라고 하였다.

『산해경』에 보이는 희화羲和가 열 개의 태양을 낳았다는 이야기 외에『초사』에서는 희화가 태양신의 어자御者 역할을 했다는 것을 비롯하여 태양의 운행과 관련된 이야기가 있다. 후예后羿가 아홉 개의 태양을 쏘았다는 이야기, 태양신인 동군東君에 관한 노래가 그것이다. 그리고 낮과 밤에 관련된 기록으로 촉룡燭龍이 눈을 감으면 어두움이 되고 눈을 뜨면 밝게

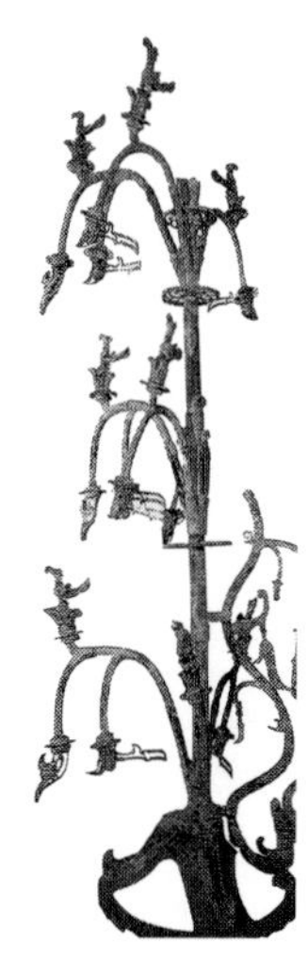

통천신수(通天神樹)   하늘로 통하는 신비한 나무. 세계수(cosmic tree)라고도 함. 세계의 중심에 있다는 나무. 이러한 생각은 상고시대의 전 세계적인 영역에서 전개된 신화와 전설의 주제였다. 각 민족들은 이를 통해 인간적이고 세속적인 세계와 신적이고 성스러운 세계의 관계를 이해했다. 세계수라는 개념을 중심으로 하는 신화나 민담의 유형에는 두 가지가 있다. 그 중 하나는 이 나무를 하늘과 땅을 연결시켜주는 수직적인 중심으로 묘사하는 것이고, 다른 하나는 지구의 수평적인 중심에 있는 생명의 근원으로 표현하는 것이다. 성경에서 전자는 지혜의 나무, 후자는 생명나무였다. 수직적인 지혜의 나무를 상징하는 전설들에 따르면 이 나무는 땅에서 하늘로 이어져 있으며, 신의 세계와 인간의 세계 간의 연결점이었다. 또한 신탁·판결·예언 들이 그 나무 아래에서 이루어졌다.

된다는 이야기도 태양의 움직임을 설명해주는 이야기인 것이다.

태양의 생성에 함께 달의 출현 역시 흥미로운 이야기로 전해진다. 『산해경』에서는 상희常羲를 등장시켜 제준의 아내인 상희가 12개의 달을 낳고 그들을 목욕시켰다고 한다. 상희는 다른 문헌에선 상아常娥 또는 항아嫦娥나 상의尙儀라고 불렀다. 그러한 상아는 서왕모의 불사약을 복용하고 결국에 달로 도망쳐 월정月精이 되었다.

천상天象의 생성에서 풍우風雨, 우레와 번개[雷電]에 관한 기원을 설명하는 신화 이야기에도 반고가 등장한다는 점은 앞에서 언급한 바 있다. 반고의 기氣는 풍운이 되었고 그의 소리는 우레가 되었다. 땀은 비가 되었다. 반고의 분화로 인해 야기된 만물 창조에 관한 이런 유형의 이야기와 달리 우레와 번개와 같이 별도로 형성되었다는 이야기도 있다.

화공이 천둥의 형상을 그릴 때, 겹겹이 겹쳐져 있는 북의 모양에다 힘센 역사의 모습을 하고 있는 사람을 그려 뇌공雷公이라 하였다.

후예가 태양을 쏘다 후예는 천상에 사는 활쏘기의 명수다. 요(堯) 임금 때의 일이다. 제준이 낳은 열 개의 태양이 차례차례 천상에 올라가는 동안은 무사하고 순조로웠다. 그러나 언젠가 열 개의 태양이 일시에 하늘에 떠오르자 지상은 갑자기 불타는 지옥처럼 변하고 농작물은 타고 초목은 시들었으며, 하천은 말랐다. 결국 제준은 활의 명수인 후예를 하계로 보내어 이 사태를 처리하도록 했다. 후예는 지상에 내려와 마침 타는 듯이 햇살을 내리쏟고 있는 열 개의 태양을 겨냥해 활을 쏘아 아홉 개의 태양을 떨어뜨렸다. 이에 오직 하나의 태양만이 남게 된 덕분에 지상의 사람들은 다시 평온한 삶을 영위할 수 있게 되었다.

왼손으로 겹겹의 북을 끌어잡고 오른손으로 몽둥이로 치는 듯한 형상을 그려넣었다. 뇌성이 우르렁 거린다고 하는 것은 북들이 서로 부딪쳐서 (소리를) 낸다는 뜻이다. 『논형論衡』「뇌허雷虛」

대황의 동북쪽 구석에 흉려토구凶犁土邱라는 산이 있다. 응룡應龍이 남쪽 끝에 사는데 치우蚩尤와 과보夸父를 죽이고 다시 하늘로 올라가지 못했다. 그리하여 세상에는 자주 가뭄이 들었다 가뭄이 들 경우에 응룡의 모습을 만들면 큰 비가 내렸다. 『산해경山海經』「대황동경大荒東經」

천둥과 우레 이야기의 주인공은 뇌공雷公으로 곧 뇌신雷神이었다. 반인반수半人半獸인 뇌신은 자신의 배를 쳐서 뇌성을 울리게 하거나 비를 내리게 했다. 우신雨神인 응룡應龍 또한 비를 내리게 하였다. 비와 동시에 등장하는 바람은 사방의 신이 주관하였다. 풍신인 절단折丹은 동풍을 관장하고, 남풍은 인띠이 관장하였다. 『초사』에서 풍신은 비렴飛廉이라고 부르기도 하였다.

이렇듯 중국신화에서는 문헌에 따라 천지만물의 기원을 설명하는 여러 형태의 이야기가 있다는 점은 흥미롭다. 그러한 이야기 중에서 반고가 죽어 다시 새로운 물상으로 살아나는 것과 같은 '재생 모티프'는 각국의 기원신화에 보이는 공통된 구성방식이다. 반고가 죽음으로써 천지만물의 단초가 열렸고, 원초적인 혼돈은 만물의 시작으로 매듭지어졌다. 말하자면 하나의 죽음을 대가로 새로운 존재와 질서가 만들어진 셈이다.

> 지극히 맑은 태초에는 만물이 고요히 자연의 질서에 조화하며 순응하였다. 소박하고 고요하며 분잡하지 않았으며, 안으로는 자연의 도에 합치되었고, 밖으로는 올바르게 조화를 이루었다. … 인간의 육체는 본래 천지를 본받아 그 본성은 음양과 같고 사시와 조화를 이루며 태양과 달을 밝게 비추어준다. 인간이 조화자에게서 남녀로 만들어졌기에 하늘은 만물을 덮는 덕으로 땅은 생명의 즐거움으로 삼았다.
>
> 『회남자淮南子』「본경本經」

『회남자』가 들려주는 태초의 상황은 조화로운 자연질서로 각 개별적인 존재가 우주와 완전한 합치를 이룬 것이었다. 신화에서 합리적인 사고로 옮겨가는 과정에서 인간의 출현은 창조의 결과라기보다는 조화자의 변화에 따른 결과였다. 음양의 조화와 그 변화로 인해 천지에 만물이 생겨났고 생명의 즐거움이 온 땅에 가득했다는 것이다.

한편, 천지만물의 시작과 관련된 중국신화로서 여와女媧가 뚫어진 하늘을 기워서 홍수가 나지 않도록 했다는 보천補天의 이야기에서는 천지가 파괴의 위험으로부터 복구되어 재생되는 장면이 나타난다. 여와의 보천에 얽힌 이야기는 『회남자』 기록에서 찾아볼 수 있다.

옛날 네 개의 큰 기둥이 파괴되어 구주九州가 조각나고 하늘은 두루 덮지를 못하고 땅은 만물을 받치지 못했다. 화염은 꺼지지 않고 맹위를 떨쳤으며, 물은 큰 바다처럼 쉬지 않고 흘러내렸다. 맹수는 사람을 마구 잡아먹었으며 맹금은 노약자를 마구 잡아닦았다. 이에 여와는 오색五色의 돌을 녹여 창천蒼天의 구멍을 메웠고 자라의 발을 잘라 네 개의 기둥을 세웠다. 흑룡을 죽어 기주冀州를 구했고 갈대의 재를 모아 멋대로 흐르는 물을 막았다. (그리하여) 창천의 구멍이 메워졌고 네 기둥이 바로 섰으며, 멋대로 흐르는 물이 마르게 되었고 기주가 평탄해졌다. 맹수와 벌레들이 죽고 인간이 살 수 있게 되었다. 『회남자淮南子』「본경本經」

파괴의 위기에 빠진 우주와 천지만물은 여와의 헌신적인 노력으로 다시 평화를 회복하게 된다. 지상의 평화를 보전해준 구원자 여와는 중국인들에게 우주와 인간을 다시금 보전하게 해준 공로자였다. 자연재해와 천지의 파괴로부터 새로운 안정과 출발을 위하여 헌신한 그는 중국신화에서 인간과 가장 밀접한 관계를 갖고 있던 신화적인 존재 가운데 하나였다.

천지만물의 하나인 인간의 존재에 대해 중국신화에서는 앞서 천지창조의 일부로서 언급된 것과는 달리 신들에 의한 별도의 창조작업을 통해 이루어진 '인간의 시작'을 묘사한다. 세계 각국의 민족신화에서도 인간의 창조가 중요한 위치를 차지하고 있듯이, 중국 고대신화에서도 마찬가지다. 인류의 한 처음이 어떠했을까는 지구상에 살았던 오랜 인류의 의식 속에 자리한 원초적인 질문이었다. 고대신화에서는 그러한 원초적인 의문에 대한 상고인들의 해답을 전해주고 있는 것이다.

기원신화 중에서 사람이 어떻게 태어났는가를 설명해주는 신화를 인간기원신화라 한다. 인간의 기원을 다룬 신화는 우주의 기원을 설명하는 천지개벽의 우주기원신화와 함께 기원신화의 양대 골격을 형성한다. 그러

황제 중국 고대의 전설적 제왕으로 이름은 헌원(軒轅)이라 한다. 전국시대 말기의 각종 신화와 전설을 통하여 구성된 가상의 인물로, 오제(五帝)의 한 사람. 치우(蚩尤)의 난을 평정하고 천자(天子)가 되었으며, 집·의복·배·수레·활 등을 발명하는 한편 문자·음률(音律)·도량형·의술·달력 등을 제정·도입한 중국문명의 개조(開祖)로 일컬어진다. 도가(道家)의 한 유파에서는 황제를 노자(老子)보다 앞선 개조로 숭상, 한(漢)나라 때 '황로의 학문(黃老之學)'이 유행하기도 하였다. 후한 이후에는 도교·신선사상 등과 결합하면서 신격화되었다. 신해혁명 초기 황제기원(黃帝紀元)이라는 연호가 사용되기도 하였다.

나 서양에서 '창조(creation)'의 관념이 강한 신화가 지배적이라면 중국신화는 오히려 창조 주체가 불명한 '분화分化'(differenciation) 내지 '생성'(generation)에 가까운 유형이 더 많다.

신들에 의해 사람이 만들어졌다는 그러한 중국의 인간창조신화에서는 삼라만상森羅萬象의 순환적 성격을 통해 그 모든 물상들에 연관성이 부여된다. 비록 신들의 성격이 뚜렷하지 못하거나 혹은 창조행위가 적극적이지 않을지라도 그것이 중국적 창조신화의 특징을 이룬다. 중국신화에서 인간 창조의 양상은 대체로 그러한 창조작업의 단독성 혹은 공동성 여부, 나아가 창조에 동원된 재료가 무엇이었는가 하는 점 등에 의해 결정되었다.

일반적으로 중국신화 가운데 인간이 창조되는 신화의 유형은, 한족계열 신화의 경우 재료로서 흙을 사용했다는 이야기가 대부분이다. 그러나 소수민족 신화에서는 흙으로 사람을 만드는 유형을 포함해서 날짐승으로 혹은 벌로 혹은 식물로 사람을 만들었다는 이야기도 있다. 그러나 대표적인 유형은 여러 신들의 공동작업을 통해 사람을 만들었다는 이야기다.

> 황제는 음양을 만들었고 상병신上騈神은 귀와 눈을 만들었다. 상림신桑林神은 사람의 팔과 손을 만들었다. 여와가 여러 번 변화한 것도 그러한 까닭이었다. 『회남자』「설림훈說林訓」

황제나 상병신, 그리고 상림신과 여와는 모두 각기 사람을 만드는 일에서는 전체 과정보다 부분적인 역할에 머물고 있다. 실제로 그들 신의 존재나 성격조차 불확실하다. 그러나 중국신화에서 분명히 사람은 여러 신들의 협력과 참여에 의해 만들어졌다. 특히, 여와의 등장은 흥미로운 점을 시사해 준다.

> 천지가 개벽했지만 아직 사람은 없었다. 여와는 누런 흙으로 사람을 빚어 만들었다. (여와는) 힘써 일해도 다 만들어낼 수 없었다. 이에 밧줄을 진흙 속으로 끌어(넣었다가) 들어내어 사람으로 만들었다.
>
> 『태평어람』에 인용된 「풍속통의風俗通義」

여와의 독자적인 힘에 의해 인간이 창조되고 있음을 묘사하고 있는 여와의 인간창조신화에서는 여와가 마치 창조주의 능력을 소지한 것처럼 나타난다. 그런가 하면 여와는 악기나 혼인제도의 형성을 전해주는 문화창조자의 면모를 보여주는 자료에도 보이고 있다. 중국신화의 신들의 역할이 제한되어 있고 부분적인 기능만 담당하는 존재들이었다는 사실은 중국신화의 일반적인 특징이다.

여와는 창조 외에 풍요를 나타내는 신이었기 때문에 만물의 화생화생이나 화육化育을 상징하고 있었다. 형상은 뱀의 모습[蛇軀]이나 화상석에서는 용신龍身의 모습을 한 복희伏羲와 결합된 모습으로도 나타났다.

천지가 개벽된 후에 혼돈은 극복되었다. 여와는 흙을 재료로 삼아 사람을 만들었다. 흙으로 사람을 빚어 만들었다는 이야기는 세계의 각국 신화에서 나타나는 보편적인 유형이다. 그 안에는 모든 것이 사멸하면 재와 흙으로 돌아간다는 엄연한 자연질서의 원리가 함축되어 있기 때문일 것이다. 굳이 말하지 않더라도 흙은 인간에게 생활의 공간일 뿐 아니라 생명 유지를 위해 필수적인 조건이었다. 여와가 사람을 창조할 때 흙을 재료로 쓰고 있는 점 역시 그러한 이유에 기인할 것이다.

여와가 사람을 만드는 행위는 '빚어-만들다'摶-作라는 동사로 표현되어 있다. '빚어 만들다'라는 동사는 행위에서 적극성, 즉 의도와 이를 실천하는 역동적인 과정을 잘 설명해준다. 여와는 자신의 구상과 의도대로 흙을 재료 삼아 사람을 빚었다. 그것은 흙이 지니고 있는 생명의 근원 혹은 모태를 상징하는 존재의 성격 자체로부터 다시 '하나의 생명성'이 연속되고 구체적인 생명체로서 드러나는 새로운 존재의 탄생이었다. 하나의 '생명성'이 여와의 행위를 통해 이제 완전한 '생명체'로 변환된 것이다.

흙은 생명을 잉태하는 근원이다. 모든 생물은 직접적으로나 간접적으로 흙과 일정한 친연관계에 있다. 반고가 천지개벽 과정을 지나서 음陰인 땅과 양陽인 하늘을 사이에 두고 태어나 성장하다가 죽는 과정은 결국 생명의 순환과정 바로 그것이다. 중국적인 창조신인 여와가 흙을 가지고 사람을 빚었던 것 역시 창조에 내재한 흙과 생명력 또는 생명성이라는 상징을 상기시켜준다. 오늘날 고대사회에 대한 많은 역사학이나 고고학적 연구성과를 통해서 보면 흙은 공동체의 생산과 거주에서 중요한 수단이요 공간이었다.

여와가 사람을 만들어내는 창조의 방식을 보여주는 또 다른 유형이 있다. 여와가 진흙 속에 밧줄을 '끌어넣다가 들어내다'引-絜라고 기술한 대목인데, 진흙에 밧줄을 넣었다가 끄집어내어 뿌려진 흙이 사람으로 변했다는 부분은 앞서 보았던 내용에 비해 창조행위가 훨씬 단순해졌음을 말해준다. 여와가 한꺼번에 여러 명의 사람을 창조하는 광경을 일반 대중을 창조하는 과정이라고 설명하기도 한다. 여하튼 '밧줄과 진흙에 의한 창조작업'이든 '빚어 만든 창조작업'이든 사람을 만들어내는 여와의 역할은 결정적인 것이었다.

중국신화에서 인간창조를 다룬 또 다른 유형은 사람의 시작이 자연을 통한 생산, 즉 자연에서 인간이 탄생했다는 이야기다. 자연물에 의한 생성 이야기는 돌에 의한 사람의 창조가 가장 대표적인 경우다. 우禹와 같은 신화의 영웅은 돌에서 태어났다. 우가 돌에서 태어났다는 이야기는 『회남자』에 나오는데, 역사서인 『사기史記』에도 그대로 기록되었다. 이 이야기는 꿈과 같은 신비스런 장면을 연상시키는 구성을 가진 탄생신화로 그려져 있다.

> 유성이 묘성으로 바로 관통하는 것을 보고 꿈에서 느낌이 있었다네. 그리고 신비스런 억의주薏苡珠를 삼키자 가슴이 갈라지며 우禹가 나왔다네. 『사기史記』「하본기夏本紀」

우가 돌에서 태어났다는 이야기는 하늘에 나타난 상징적인 영상을 바라보고 나서 돌의 일종인 구슬을 삼킴으로써 영웅이 세상에 나왔다는 신비스런 출생을 알리는 이상탄생異常誕生의 전형적인 양식을 띤 것이다. 그런데 우와 관련된 이와 유사한 또 다른 형태의 신화가 있다. 『초사』「천문」을 비롯하여 『여씨춘추呂氏春秋』「음초音初」 『상서尙書』「고도모皐陶謨」, 그리고 『역사繹史』 등에서 볼 수 있는 이야기가 그것이다.

> 우가 홍수를 다스리고 환원산環轅山을 뚫음으로써 곰으로 변했다. 도산씨塗山氏가 이를 보고 무참해 하며 돌아갔다. 숭산崇山 아래 이르러 돌로 변했다. 우가 "나의 아들을 돌려다오"라고 하자 돌이 북쪽으로 깨지면서 계啓를 낳았다. 『역사繹史』에 인용된 「수소자隋巢子」

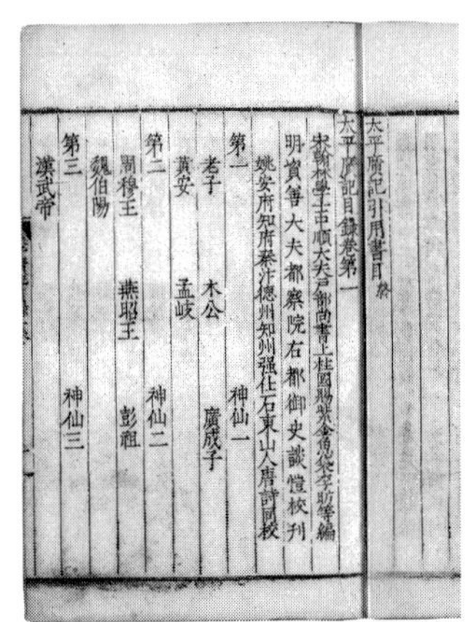

태평광기 북송 초인 978년(太平 興國 3)에 이방(李昉) 등이 칙령에 따라 편찬했다. 전 500권, 목록 10권, 7,000여 편의 이야기가 내용에 따라 신선·방사(方士)·이승(異僧)·보응(報應)·명현(名賢)·공거(貢擧)·호협(豪俠)·유행(儒行)·서(書)·화(畵)·의(醫)·상(相)·주(酒)·회해(諧諧)·부인(婦人)·정감(情感)·몽(夢)·환술(幻術)·신(神)·귀(鬼)·요괴·재생(再生)·용·호랑이·여우·뱀·잡전기(雜傳記) 등 92개 항목으로 크게 분류·수록되어 있다. 약 500종의 고소설 및 소설집에서 채록했는데, 현재는 절반이 실전되었기 때문에 이 책은 매우 귀중하다. 원본은 981년에 목판인쇄되었으나, 증쇄되지 않았기 때문에 널리 보급되지 못했다. 명말(明末)에 이르러서야 비로소 담개(談愷)·허자창(許自昌)이 교정하여 다시 간행했으며, 청(淸)의 황성(黃晟)이 소형본으로 출판 하여 보급시켰다.

우가 곰으로 변한데다 그의 아들이 돌을 깨고 나왔다는 이야기다. 아버지와 아들이 결과적으로 돌에서 태어나 그 친연성이 보증되는 영웅탄생의 계보적인 변천을 설명하고 있는 신화라고 하겠다. 이렇게 신화적인 영웅의 출생은 후일 그들 존재의 성격이 역사적인 인식 안에서 문화영웅으로 바뀌면서 숭배의 대상으로 부상하게 된다. 그것은 다름 아닌 원시사회에서 돌을 숭배한 신앙이 돌과 관련된 영웅의 탄생과 결부되며 복합적인 신비성으로 체현되었음을 말해준다.

원시사회에서나 고대사회에서 돌은 영원불멸의 신비의 물체로서 신앙과 숭배의 대상이었다. 농경의례에서도 돌은 빠지지 않았는데 직접적인 생산의 도구이자 농작물의 수확을 좌우하는 주술신앙의 매개로서 풍수를 조정한다고 믿어졌다.『태평광기太平廣記』에는 중국의 풍성현豊城縣 남쪽에 사람 형상을 한 석상石像이 있어 비를 내리는 신통력을 발휘했다는 기록이 있다. 사람의 형상을 한 돌이 우신雨神을 상징한다고 믿은 것인데,『광주기廣州記』에 있는 돌 소에 관한 기록이 있어 돌 소가 기우祈雨를 위한 신앙숭배의 대상이었음을 볼 수 있다.

그 밖에『산해경』에도 수많은 돌이나 옥玉에 관한 신화적인 이야기들이 나타나고 있다. 아름다운 돌은 장식품일 뿐만 아니라 이미 그 이전에 신앙적인 대상으로서 호신을 위한 필수적인 물체이기도 했다. 더욱이 옥은 불사不死의 선약仙藥으로 믿어졌으며 그것은 천지귀신天地鬼神들의 음식이었다. 그래서 원시인들은 옥으로 제사를 지내면 천지가 감응하고 귀신을 움직일 수 있다고 믿었다. 오늘날에도 중국인들은 돌이나 옥을 주술적인 용도로서만 아니라 약으로도 사용하고 있는데 그러한 믿음이 아직도 존재하기 때문일 것이다. 아마도 돌에 대한 중국인들의 애착은 신화에서는 말할 것도 없고 현실적으로도 자연의 일부인 사람과 마찬가지로 자연의 일부인 영원한 돌의 존재성에 힘입어 불사불멸不死不滅에 대한 열망을 전이시킨 것이라고 하겠다.

중국신화에서 인간창조를 다룬 신화의 유형은 신적인 존재에 의한 창조, 돌과 같은 자연물에 의한 생성, 그리고 동물에 의한 변형을 통한 사람의 탄생 등이 확인된다. 동물에 의한 변형을 통해 사람이 탄생했다는 신화전승은 널리 유포는 되어 있지만 기록상으로는 뚜렷하지 않다. 동물숭배나 이를 신앙으로 간직한 고대사회의 유제가 민간의 기층문화 속에 전해져 온 결과일 것이다. 반고신화에 그 일부의 흔적이 남아 있으며 우 신화에서도 마찬가지로 확인할 수 있다.

하늘과 땅이 창조되고 그 후 만물이 반고의 몸에서 분화되어 제각기 다른 물상으로 만들어졌다. 반고의 몸에 있던 벌레에서 인간이 나왔다는 묘사는 벌레에서 인간이 탄생하는 것으로써 인간창조에 동물의 분화, 바꾸어 말하면 동물에 의한 변형이 수반되고 있음을 말해준다. 홍수신화에서 우가 곰으로 변해 물을 다스린다든지 혹은 우의 처 도산씨가 이를 보고 놀라서 이내 돌로 변했고 거기에서 그의 아들이 나왔다든지 하는 유형도 마찬가지다. 이러한 방식은 '동물'이나 '사물'을 거쳐 어떤 존재로 재생되든 모두 동일한 창조과정의 작업을 도입한 것이었다.

　우의 존재적인 성격이 신인가 아니면 인간인가와 상관없이 이야기의 초점은 그가 동물로 변화되었거나 돌을 매개로 인간으로 다시 소생한다는 사실에 있다. 곰으로의 변화는 사람이 태어나게 되는 조건이었고, 인간-동물의 교차관계를 통해 일련의 탄생이라는 순환적인 연속과정에서 등가等價(equivalence)를 이루었다. 인간-곰, 인간-돌, 그리고 인간의 탄생이라는 형태적 변환에 의한 탄생은 곧 이상탄생異常誕生의 한 방식이라고 할 수 있다. 그러나 학계에서는 이를 형태의 변화로 이해하기보다는 심리적으로 일상적인 의식에서 이탈된 것으로 보는 것이 일반적이다.

　비록 동물의 변화에 따른 인간으로의 변모가 뚜렷한 형태로 제시된 것이 많지는 않으나 원시인들의 의식에는 분명히 동물에 대한 경외감이 반영되어 있다. 흔히 인간 종족의 기원을 동·식물과 연결시켜 이를 숭배하는 것을 토테미즘(Totemism)이라고 하는데, 이와 같은 맥락에서 이해할 점이다. 고대사회에서 동물은 예술적 조상彫像이나 문양을 참고로 하면 인간들에게 자연의 일부로서 유대를 나누어야 할 한 부분으로 인식되었다. 그러나 동물들이 항상 인간의 벗일 수는 없었으며, 그들은 잠재적인 적이나 지배의 대상이었다. 땅에서 얻은 생산물의 저장과 보호가 인간생활을 좌우하는 부의 원천이었기 때문에 일부 동물은 인간의 재부를 약탈하는 존재로 투쟁의 대상이기도 하였다.

　실제로 중국에서 상고시대에는 교제郊祭를 통해 사람이 동물을 가장假裝하여 연출했다고 알려지고 있다. 이때에 동물들은 대부분 귀신과 더불어 등장하는데, 『주례周禮』 춘관春官 대사악大司樂, 『한서漢書』 예악지禮樂志, 『후한서後漢書』 예의지禮儀志 등에서 그러한 증거들이 나타난다. 중국의 민간사회에 널리 풍미한 여우, 삵괭이, 원숭이 등과 같은 동물의 영靈을 취하고자 했던 신앙도 유사하다. 동물의 영을 취한다는 것은 '만물의 합취'로서, 말하자면 인간의 모습을 벗어버리고 본래의 만물의 세계로 복귀하려는 원초적인 회귀의식을 의미한다.

그러한 고대인들의 동물신動物神에 대한 숭배신앙은 제사 형식을 빌어 그들의 생사관과 연결되는 본원적인 세계로 통하는 하나의 창구였다. 흔히 중국에서 시조신이 동물과 특별한 인연을 갖는다든지 혹은 그 연계 하에 출현했음은 모두 그러한 상징을 담고 있는 것으로 이해된다. 예를 들면, 은나라의 시조와 한 고조의 탄생신화에서는 탄생의 모티프가 뚜렷하게 동물과 관련되어 있다.

> 은나라 설契의 어머니는 간적簡狄이라 부른다. …… 세 사람이 목욕을 하러 가서 현조玄鳥가 알을 떨어뜨리는 것을 보았다. 간적이 이를 취해 삼키니 그로 인해 잉태하여 설을 낳았다. 『사기』「은본기殷本紀」

> 고조高祖 … 아버지를 태공(太公)이라고 부르며 어머니를 유온劉媼이라 부른다. 유온은 일찍이 대택大澤이라는 언덕에서 쉬다가 꿈에 신을 만났다. 그때 우레번개가 치고 어두워졌다. 태공이 달려와 보니 곧 교룡蛟龍이 그 위에 나타났다. 이미 몸이 있어 마침내 고조를 낳았다. 『사기』「고조본기高祖本紀」

은나라의 시조인 설契이 현조玄鳥(제비)로부터 태어났으며 한나라의 고조 는 교룡에 감응하여 태어났다. 보통 사람들이 태어날 때의 상황과 달리 은나라나 한나라 시조의 탄생에는 분명히 비일상적인 사건이 개입된다. 기록은 그들 영웅의 탄생에 하나의 상서로운 계기를 설정함으로써 탄생 그 자체에 권위와 신성성을 부여하였다. 이러한 기록에서 신비스런 탄생과 연결되는 동물은 생명의 원천인 황천黃泉·곤륜崑崙의 세계로 통한다. 궁극적

간적

으로 동물숭배는 생사의 근원을 향한 또 다른 인간의 종교적인 의식에 다름 아니다.

그 밖에 『여씨춘추呂氏春秋』의 「본미本味」에서는 이윤伊尹 탄생 이야기나 복희의 어머니인 화서華胥가 뇌택雷澤이라는 곳에서 거인의 족적을 밟고 임신하여 복희를 낳았다는 신비스런 탄생에 관한 기록을 접하게 된다. 이렇듯 고대중국의 신화는 전설적 요소와 결합되거나 역사화되어 신화의 원형 차원에서는 변질이 있었지만 본질적으로는 이상탄생異常誕生의 모티프를 공통적으로 유지하고 있다. 초자연적인 존재의 힘에 의해 임신하여 아이를 낳는 인간창조 이야기는 '감응—탄생'이라는 세계신화의 보편적 유형인 감생신화感生神話의 전형이다.

한대漢代를 주로 풍미한, '발자국'을 밟고서 아기 낳기를 기원하는 행위는 영웅들의 이상탄생을 넘어서 민간 차원에서 하나의 신앙으로 발전하였다. 마치 한국 전통시대에 성황당에서 정화수를 떠놓고 100일 정성으로 빌어 삼신할머니를 감동시켜 그의 점지로 귀한 옥동자를 낳았다는 설화를 연상시킨다. 인간의 탄생과 생명의 기원, 삶의 시원, 그리고 삼라만상의 시종. 그것은 결코 단절되어 있는 것은 아니며 그 모든 것이 하나의 순환적인 연결고리로 이어져 있다는 믿음은 애초부터 신화심리 안에 자리잡고 있었다.

한편, 『성경聖經』을 통해 잘 알려진 '노아의 방주 이야기'와 유사한 중국의 홍수신화에서도 인류가 멸절의 위기에서 구원받아 재생再生하는 과정을 다룬 이야기가 전해진다. 인류의 문명사 초기에 농경지역의 정착된 생활환경을 위협하는 가장 큰 도전은 자연재해였다. 홍수나 가뭄과 같이 물이 지나치게 부족하거나 넘치는 것은 인간 삶의 근거지를 황폐하게 만들고 심지어 종족을 멸망시키는 원인이었다.

홍수신화는 인류가 홍수사건에도 불구하고 다시 이어진다는 희망의 메시지를 전한다. 그러나 우선적인 이야기의 실마리는 자연에 대한 인간의 공포와 경외다. 『서경書經』「요전堯典」에서는 "탕탕한 홍수는 사방을 깎아내고 탕탕하게 산을 헐어내며 호탕하게도 하늘을 깔보네"라고 하여 위협적이고 무서운 홍수의 위용을 노래하였다. 홍수 이야기는 우禹의 물을 다스리는 치수治水 이야기로 인간에게 몰려온 '공포'가 '평정'으로 바뀌면서 이제 물은 더 이상 두려움만의 존재는 아니었다.

홍수신화에 등장하는 주인공은 우禹, 공공共工, 복희伏義와 여와女媧, 그리고 이윤伊尹 등 이야기를 전해주는 기록만큼이나 다양하다. 흔히 문화영웅으로 불리는 이들을 주인공으로 하는 홍수신화는 대체로 하남河南의 서부지역을 중심으로 한 홍수지대에서 발원한 이야기라고 이해되어 왔다. 우는 하夏나라의 시조로 하계신화夏系神話를, 공공은 강성신姜姓神으로 강인羌人이 전하는 신화를, 복희와 여와는 널리 남방南方의 묘족계苗族系 신화를, 그리고 이윤은 은나라의 탕왕을 도와서 위업을 세우게 한 성자로 상주(商周)의 신화를 구성하였다.

종족간의 갈등과 투쟁을 반영하는 것으로 해석되는 홍수신화의 주요 스토리는 하나의 종합적인 구조를 만들어낸다. 공공은 치수에 실패하지만 우는 그와 반대로 치수에 성공한다. 또한 그러한 치수의 원인이 되는 물난리에 대해 근본적으로 하늘을 기워서 물의 '공급과잉'을 차단하는 보천補天이라는 구성은 당시 세력관계의 재편을 의미하는 것으로 해석된다.

공공은 일찍이 천하를 지배한 신이었다. 그러나 전욱과 함께 신의 제왕帝 자리를 놓고 다투다가 패배하고는 화가 나서 천주지유天柱地維를 꺾어 기울게 만들었다. 공공의 천주지유에 얽힌 이 이야기는 중국 초기 시부詩賦의 압권인 『초사楚辭』 「천문天問」에 우주만물의 기원과 그 형상을 다룬 질문의 형식으로 나타난다. 공공의 존재는 강회康回로 파악되기도 하는데 『노사路史』 후기後記 나 『산해경』에서 보듯이 그 얼굴은 사람이나 뱀의 몸을 한 인면사신人面蛇身의 형상을 한 신이었다.

우禹의 존재에 대해서 전적들은 공공의 대적자로서 절대 긍정으로 묘사 하였다. 그는 홍수를 일으킨 공공을 제거하고자 공격하여 물리친 용감한 신화적인 영웅이었다. 『회남자淮南子』와 『여씨춘추呂氏春秋』를 통해서 전해지 는 우에 관한 기록은 극적인 양상을 압축하고 있다. 순舜이 통치할 무렵에 공공은 홍수를 일으켜 공상空桑까지 이르게 되어 용문龍門이 열리지 못하고 여양呂梁도 열리지 아니 하였다. 사람들은 물의 횡류橫流를 언덕과 수목에 의지함으로써 난을 피했다. 결국 홍수를 막기 위하여 우가 공공을 공격하게 되는데, 기록에 등장하는 우가 공격한 공공국共工國의 산은 일명 부주산不周山 이라고 부르기도 한다.

영웅적인 위업을 달성한 우는 실상 하나라의 시조로서 옛 성인 중 한 명으로 알려져 왔다. 『서경書經』 「주서周書」나 『시경詩經』 「대아大雅」 등의 기록이 그것이다. 그러나 하나라에 대해서는 역사적 실제에 대한 논란이 많아 현재로서는 그 실존성을 인정하기 곤란하다. 여하튼 우는 신화에서 그의 아버지인 곤鯀과 함께 전욱顓頊의 자손으로 간주되었다.

그러한 계보상의 친연관계로 말미암아 그들 존재는 항상 변화할 수밖에 없는 신들로 인식되었다. 계절의 변화로 인한 홍수에 대한 공포와 그 극복을 통한 풍요로운 농경의 보장으로 때로 신도 죽어 그 모습을 바꾸어야 했다. 모습은 변화되었지만 그들 공공계는 모두 용형신龍形神이었음에 반해 하계夏系의 홍수신은 모두 물고기의 모습을 하고 있었다.

인간의 창조나 탄생신화 외에 홍수로 인해 모든 인간이 멸절되는 위기 상황에서 유전된 신화적인 존재의 도움으로 인간이 이어지게 되었다. 중국신화에서 이것은 인류의 재창조 또는 재전再傳이라는 형태로 나타난다. 홍수신화 가운데 보이는 이러한 인간의 영속은 복희와 여와의 결합, 즉 혼인사건으로 가능해진다. 『독이지獨異志』라는 전적에는 복희와 여와의 혼인기사가 나타난다.

> 옛날 우주가 처음 열렸을 때 여와 오누이 둘이 있었다. 곤륜산에 살면서 세상에는 아직 사람들이 없었다. 부부가 되자고 의논했지만 한편으로 수치스럽게 느꼈다. 오라비는 누이와 함께 곤륜산상에 올라 빌었다. "만약 하늘이 우리 둘을 부부로 되게 하시려면 연기가 합쳐지게 하시고 그렇지 않으면 연기가 흩어지게 하소서." 그러자 연기가 합해졌다. 누이가 오라비에게로 나갈 때 풀을 엮어 부채를 만들어 얼굴을 가렸다. 『독이지獨異志』「권하卷下」

홍수가 끝난 후에 유민으로 남은 여와 오누이[兄妹]는 세상에 생존한 유일한 존재였다. 인간의 재전과 연결된 그들은 사람에 가깝게 묘사되고 있으나 실상은 신으로서 중국적인 기원신화의 주인공이었다. 여와와 복희의 유전에 따르면, 뇌공雷公이 홍수를 일으킨 다음 지상에는 모든 인류가 멸절하고 단지 여와-복희의 오누이만이 박의 일종인 포과匏瓜 속에 도피하여 살아남는다. 마치 노아의 방주가 40일간의 대홍수로부터 그들을 구원해주었듯이 여와와 복희도 커다란 박을 방주삼아 살아남게 되었다.

> 복희 남매는 혼인을 하여 두 해가 되어 (아이를) 낳았는데 숫돌 같은 괴물이었다. 그들은 몹시 화가 나 부수어 산에 올라가 (그것을) 지상으로 던져버렸다. 강에 떨어진 것은 고기나 새우가 되었다. 산에 떨어진 것은 새나 짐승이 되었다. 마을에 떨어진 것은 사람이 되었다. 이로써 세상에는 다시 사람과 생물이 살게 되었다. 『독이지獨異志』권하

홍수신화의 전체 줄거리에서 보듯이 뇌신雷神에 의해 지상은 홍수로 파괴되고 온 천하의 인간은 모두 죽고 말았다. 그러나 다만 복희와 여와만이 신[泰白金星]의 권유로 서로 혼인을 하고 그렇게 함으로써 인류가 다시 이어지는 계기가 마련되었다. 홍수신화에서의 여와와 복희는 사람을 창조하는 신화 이야기에서 적극적인 창조행위의 주체였을 때의 위치나 성격보다 훨씬 왜소한 모습이다. 이는 인류 재전을 위한 그들의 역할이 바로 우주의 질서인 태백금성의 뜻대로 결합을 통해 새로운 세상의 인간을 만들어야 했기 때문이다.

결혼해서 낳은 아이가 숫돌과 같은 괴물이었다는 전개는 이야기의 극적인 구성에 해당한다. 그러한 이야기 구성은 재전된 새로운 인간 외에 또 다른 존재들인 온갖 물상들의 새로운 계기가 되었다. 괴물처럼 보였던 돌은 역시 생명의 탄생에 직결되는 신성한 물상이었다. 화가 난 여와 오누이 부부가 던져버린 그 물체는 '원형'이 파괴되고 나서(죽고 나서) 다시 새로운 존재들로 살아난다(재생). 그렇게 하여 이제 산과 강, 그리고 인간들이 사는 마을이 만들어져 공존할 수 있었다.

바람의 신 우강

바람·구름, 현상과 변화의 원리

창조신화 가운데 우주창조에 부수적으로 작용하는 다양한 신화소가 존재한다. 이러한 신화를 우주기원신화 또는 천상기원신화天象起源神話라고 한다. 여기에는 하늘과 땅의 생성, 해와 달의 생성, 별자리의 생성, 천체 기후의 작용 등에 관한 우주창조와 관련된 하위 신화소가 포함된다. 우주창 조와 관련된 신화소에 관한 신화는 기원신화의 분류유형으로 보면 우주기 원신화 가운데 일월기원신화에 해당된다. 일월기원신화는 넓은 의미에서 자연현상의 일체를 해석하고 있는 자연신화의 일부에 속하는 신화다.

일원기원신화는 상고인들이 자신들의 생산활동에서 겪게 되는 각종 화복과 밀접하게 관련된 자연계 변화에 대한 관심에서 비롯되었다. 상고의 농업사회에서 태양은 잔인한 폭염·한발 같은 재해의 원인이었는가 하면

추위에 노출된 그들에게 피한의 은자이고 공포의 대상인 어둠을 물리치는 광명의 화신이기도 했다. 그러한 가운데 태양은 상고시대의 주인공들에게 경외와 숭배의 대상으로 자리잡아갔다.

바람과 구름, 그리고 천둥과 우레와 같은 천상기원을 둘러싼 신화전설은 각 요소들이 한꺼번에 종합화된 유형과 개별적으로 분리된 독립형의 두 가지로 나누어진다. 풍·우·뇌·전의 종합형은 이 세 가지 요소가 기원의 내용상 서로 유기적인 관련성을 갖고 하나의 신화구조 안에서 구조화하고 있다. 이러한 신화는 창세신화 계열에 속하는 것으로 반고화생盤古化生 신화와 같은 반고 분화를 통해 이루어지는 천지창조 이야기가 전형적이다.

반고의 분화신화에 따르면, 반고의 성장과 함께 시공이 분리되어 천지가 형성되고, 다시 반고가 죽자 그의 신체의 일부들로부터 온갖 물상들이 시작되었다.

반고의 분화에 관한 이야기에서 천지만물은 물론이고 인간의 탄생, 그리고 태양과 달을 비롯하여 별과 비, 바람 등이 만들어져 결국 우주만물의 전체적인 형성에 대해 알 수 있다고 하겠다. 이렇듯 반고의 분화에 의한 창조구조는 천天·지地·인人 삼재三才의 요소가 결합된 우주의 창조관념이 반영된 것으로 이해된다. 반고 분화를 통해 생성된 만물은 우주의 기상인 천상天象과 지상에 존재하는 물상들이었다.

분화의 요소와 생성물 간에는 엄밀한 유관성을 발견하기 어렵지만 대체로 고유한 속성이나 기능적인 유사성을 갖고 있는 것으로 해석된다. 예를 들면, 반고의 숨이 바람과 구름이 되었고 목소리는 우레가 되었다. 왼쪽 눈은 태양이 되고 오른쪽 눈은 달이 되었다. 머리털은 별이 되었으며 땀은 비가 되었다. 반고의 신체 각 부분과 연결되어 있는 우주와 지상의 만물은 결국 반고의 분화를 통해 온갖 물상이 창조되는 이른바 화생적 생장化生的生長의 특징을 이루고 있다.

　이렇듯 풍우뇌전의 생성은 천지의 형성과 동시에 진행된 것으로, 그 기원이 동일하게 반고의 신체에서 화생한 것이 한족계통 신화에서 본 천상기원의 양상이었다. 이와 유사한 유형은 다른 민족들의 신화에서도 발견된다.

　이彛족의 신화 중에서 사모査姆에 의하면, 창조대신인 흑애나파새黑埃羅波賽가 죽은 후에 그 신체가 변화하여 만물과 여러 신이 되었다. 그러한 변화들에는 다음과 같이 반고의 분화와 같은 현상이 나타난다. 흑애나파새가 죽자 눈이 변해서 해와 달이 되고, 이빨이 변해서 별이 되었는가 하면 유방이 변해서 대산大山·소산小山이 되었다. 그리고 호흡이 변해서 풍우와 구름이 되었다.

　하니哈呢족의 창세에 관한 역사시인 「오색밀색奧色密色」에도 이와 유사한 내용이 있다고 한다. 천지개벽의 와중에 천신은 용우龍牛의 신체를 가지고 천지와 세상만물을 만들었는데, 그 결과 소가죽[牛皮]은 하늘로 변했고 소의 살[牛肉]은 땅으로 변했다. 소의 눈[牛眼]은 해와 달로 변했으며 소의 이빨[牛牙]은 별이 되었다. 또한 소의 뼈[牛骨]는 돌[石頭]로 변했고 소의 털[牛毛]은 초목으로, 그리고 소의 눈물[牛泪]은 비로 변했다. 그 밖에 소의 혀[牛舌]는 무지개가 되었고 소의 피[牛血]은 강물[江河]이 되었다. 소는 죽을 때 소리를 질렀는데 그 소리가 천둥[雷]이 되었고, 숨은 바람이 되었다.

　풍우뇌전에 관한 신화는 그 자체로 개별적인 형태를 띠고 있는 독립형이 존재한다. 이들 독립형 신화의 기술상의 특징은 대체적으로 독립형으로 나타나고 있다. 바람신인 풍신風神은 사풍司風의 직능을 수행하며 그는 바람을 가지고 사람에게 복을 내리거나[造福] 혹은 사람에게 화를 내린다[降禍於人]고 한다. 『은계습철殷契拾掇』에 의하면, 바람은 각 방향에 따라 그 명칭도 달라져

협劦 · 올矶 · 이彝 · 전殿이라고 불렀다.

합니(哈呢)족의 신화에서 소가 죽어서 생성된 천상만물

분화 요소	생성물
소가죽[牛皮]	하 늘
소의 눈[牛眼]	태양과 달
소의 이빨[牛牙]	별
소의 눈물[牛泪]	비
소의 혀[牛舌]	무지개
소의 소리	천 둥

굴원屈原의 『초사楚辭』에 실려 있는 「천문天問」에서 풍신은 비렴飛廉으로 나오는데, 『산해경』에서는 동풍을 관장하는 절단折丹과 남풍을 관장하는 인因이 바람의 신으로 등장한다. 바람의 신인 비렴은 송대의 자료인 『태평광기太平廣記』에서 사해신四海神과 함께 노닌 하백河伯 및 우사雨師와 더불어 등장한다. 『삼보황도三輔黃圖』라는 문헌에는 비렴신의 위상과 형상에 대한 기록이 나타난다. 비렴은 풍신의 수장으로 신령한 새인 신조神鳥로 바람을 일으킨다. 신체의 형상은 사슴[鹿]이요 머리는 공작새 모양으로 뿔이 있으며, 뱀의 긴 꼬리에 표범무늬[豹紋]를 하고 있다. 그 밖에도 『회남자淮南子』와 『논형論衡』에 실려 있는 신화적인 기록에서도 해와 달, 뇌성 등과 같은 천체와 기상에 관한 이야기가 간헐적으로 나타난다.

비를 관장하는 우신雨神은 오로지 비로써 인간에게 화복을 내리는데, 조형화된 우신의 형상은 민간사회와 긴밀하게 관련되었다. 우신의 수장은 첩嵲이라고 하는데, 전신이 흑색으로 칠해져 있으며 양 손에는 한 마리의 뱀[蛇]이 들려 있다. 왼쪽 귀에는 청사靑蛇가 그리고 오른쪽 귀에는 적사赤蛇가 걸쳐져 있다. 다른 형태는 전신이 흑색으로 칠해져 있고 길다란 얼굴에

응룡(應龍)

양 손에는 한 마리의 거북[龜]이 쥐어져 있다.

구름의 신은 신화의 주인공으로서 직권도 간단하다. 『초사』「구가」에서 볼 수 있는 운신雲神은 높이 날아다니는 모습이다. 정지하면 섬광이 일어나는데 극히 찬란하다. 신궁神宮 가운데 안주하는 그녀는 해와 달과 같이 한결같이 빛난다. 용이 끄는 마차를 타고 다니며 천제의 의복을 입고서 각지를 오르내린다. 운신의 수장은 운장雲將이라고 불렀다.

뇌전의 신으로는 뇌신雷神과 전신電神으로 나뉘거나 혹은 하나의 신으로서 뇌전이나 비와 물로써 인간을 돕거나 해를 끼치는 역할을 담당한다. 이러한 뇌전에 관한 신화적인 이야기는 앞에서 언급한 바 있는 반고신화와 관련이 있다. 반고의 신화 외에 별도의 신화로 『논형』에 있는 기록은 역시 앞에서 살펴본 대로다.

우신雨神인 응룡應龍 또한 비를 내리게 하였다. 비와 동시에 등장하는 바람을 주관하는 것은 사방의 신이었다. 『산해경』「대황동경」에 실려 있는 응룡은 대황의 동북쪽 구석에 있는 흉리토구凶犁土邱라는 산의 남쪽 끝에 살았다. 응룡은 치우蚩尤와 과보夸父를 죽이고 다시 하늘에 오르지 못했다. 그래서 세상에서 자주 가뭄이 들었다고 하는데, 그때에 응룡의 모습을 만들면 큰 비가 내렸다는 것이다. 비는 바로 그렇게 하늘에 오르지 못한 응룡을 달래서 얻은 결과였다.

뇌신이 우레를 발하는 모습[雷神布雷]

존재와 두려움의 근원 또 다른 중국인들에게 비친 천둥과 우레

여黎족의 민간고사 가운데 등장하는 뇌전雷電의 기원에 관한 이야기는 대부분 뇌신雷神이 북을 쳐서 천둥소리를 만들어냈다는 것이다. 그러나 상이한 이야기도 전하는데, 뇌공은 인간의 행복을 파괴하여 인간 삼형제의 다리가 잘렸다. 그리하여 비가 내릴 때마다 상처에 비가 침투하여 통증을 유발시키면 큰 소리로 외쳐대니 이 소리가 천둥소리가 되었다고 한다.

또 다른 여족의 신화인 「뇌공근雷公根」에서는, 뇌공이 청년시절에 점술가의 집에 투숙해 있을 때 점치는 데 쓰는 금빛 찬란한 등나무 가지와 표범 꼬리를 훔쳤다고 한다. 그러자 점술가가 뇌공을 붙잡으려다 다리를 잘라버렸다. 그 후 점을 칠 때마다 도둑맞은 등나무 가지와 표범 꼬리가 생각나 그 때마다 잘라두었던 뇌공의 왼쪽 다리에다 저주를 했다. 이때 뇌공은 통증을 참기 어려워 북을 때리고 등가지를 휘둘렀는데, 이것이 바로 천둥과 번개가 되었다.

혁철赫哲족의 전설에서는, 뇌공이 맷돌을 때려치자 천둥소리가 되어 마귀를 물리쳤는데, 번개신은 그 옆에서 천둥에 맞추어서 번개를 번쩍여서 요괴를 물리쳤다는 이야기가 있다. 그 밖에 합살극哈薩克족에서도 마귀를 물리치는 화살과 화살에서 뿜어져 나오는 불빛이 천둥과 번개가 되었다는 전설이 있다.

널리 알려진 고산高山족의 신화전설에서는 우레나 번개와 같은 자연적인 현상에 대한 인간의 공포를 설명해주고 있다. 고사에 의하면, 사냥을 갔던 아버지가 집으로 되돌아가버린 아들을 찾아 고함을 질렀는데 그 소리가 하늘까지 닿아 승천해서 뇌신이 되었다. 어머니는 그의 남편을 찾느라고 송진에 불을 밝혀 다니다가 하늘로 올라 뇌파雷婆가 되었다. 그 이후 아들은 천둥번개가 칠 때마다 부모를 속인 자신을 후회하면서 두려워했다는 이야기다. 이러한 고산족의 이야기는 자연현상인 천둥과 번개가 인간사회에서 발생한 사건과 연결되어 인간의 심연 깊은 곳에 내재한 공포를 설명하는 신화심리를 반영하고 있다고 여겨진다.

제2장 물과 불의 이미지

물은 조건에 따라 생사를 가르는 극단의 존재가
되기도 한다. 그러나 물이 항상 정화와 생명을
지향하고 있음 또한 그 존재의 특성이다.

물, 미지의 공간과 생명의 시작

신화나 선화仙話에서 '물-모티프'의 양상은 다른 민족의 신화와 마찬가지로 후대의 문화양식과 결합하면서 풍부한 이미지와 의미를 지니게 되었다. 흔히 신화에서 물의 보편적인 의미는 '생명과 징벌', 곧 새로운 질서의 창조를 함의하고 있다. 한편으로 생명수로 다른 한편으로 심판의 수단으로 등장하는 물의 신화적인 의미는 본질상 그 속성과도 깊은 연관을 이루고 있는 것으로 이해되었다.

『성경』「창세기」에서 물은 '노아의 방주사건'을 통해 홍수에 의한 심판을 거쳐 정화와 새로운 질서를 창조하는 원인자로서 나타났다. 또한 물은 생명의 원천으로서 영원한 생명수로 비유됐는데, 인간에게 구원으로 다가온 말씀 곧 예수가 영원한 생명수였다.

중국신화에서 물이 신화의 중심 성분이 되고 있거나 이야기의 구조 속에서 주요한 기능과 역할을 담당하고 있음은 다른 민족의 신화와 크게 다르지 않다. 홍수신화나 이윤의 탄생고사 같은 유형이 대표적이다. 중국의 신화문학에서 물은 역시 생명의 탄생과 결부되었는가 하면 반대로 생명의 파괴로 연결되는 심판과 징벌, 그리고 새로운 질서의 회복이라는 일련의

'파괴-복구'의 과정으로 이어진 매개였다.

생명의 갈림, 곧 생명의 단초로서 물의 속성은 신화에서 물의 강력한 이미지로 중국인들의 심성 안에 자리잡고 있었다. 중국신화문학을 통해서 중국인의 심성 안에 자리하고 있는 물의 이미지나 의미의 구체적인 존재는 세계적인 물신화의 이미지와 결코 크게 다르지 않다.

중국신화 가운데 물이 차지하는 위치는 시원의 공간적 형태인 '한 처음 그곳'에 존재하는 필수적 요소다. 모든 것이 그곳으로 연결되고 그곳을 통해서 또한 모든 것으로 향하게 된다. 그곳의 장소적인 명칭은 나타나지만, 그렇다고 그곳이 어떤 곳인지는 뚜렷하게 그 성격을 규정할 수 없는 것이 중국신화의 시원적 공간의 특성이다. 이예수셴葉舒憲은 자신의 글 「신화사유에서 공간관념의 기원神話思惟的空間觀念的起源」을 통해 중국신화 가운데 시원적 '공간'의 대표적인 예를 혼돈과 결합되어 있는 『회남자』「천문」에 나오는 태소太昭라든지 또는 낙원으로 간주되는 곤륜崑崙으로 여겼다.

『열자』「탕문」에는 다음과 같은 내용이 보인다.

> 발해의 동쪽, 몇 억만 리인지 알 수 없는 곳에 큰 골짜기[大壑]가 있다. 실로 끝없는 골이 있을 뿐, 그 바닥은 보이지 않으니 그 이름을 귀허歸墟라 한다. 천지 사방팔방[八紘九野]의 물과 천상 은하의 물이 이곳으로 흘러들지 않은 것이 없으며 늘어나지도 줄지도 않는다. 『열자列子』「탕문湯問」

헤아릴 수 없는 머나먼 길에 있는 곳. 끝도 다함도 없는 곳. 천상 은하의 물이 흐르는 곳. 그러나 늘지도 줄지도 않는 그곳에 있는 물. '그곳'은 바로 한 우주의 시원적인 공간, 바로 거기다. 무한의 거리에 있는 큰 골짜기인 대학大壑이라고도 불렸다. 귀허歸墟의 한 중심부인 대학은 영원히 마르지 않는 생명의 원천인 '활수活水'를 의미한다. 활수는 불사의 곡신谷神이다.

그래서 '활수-불사의 곡신-생명' 간에는 상호 병렬적 상관관계가 형성된다.

대학大壑은 『산해경』이나 『초사』에서도 같은 '동해 밖'의 한 장소로 소호국少昊國을 지칭한다. 소호국은 삼황오제 중의 하나인 전욱과 관련이 있는 곳이며 금슬을 버린 신령한 장소이기도 하다. 골짜기의 한없는 나락의 중심부인 귀허. 귀허는 모든 것이 처음으로 돌아가고 또 돌아가야 할 장소다. 그 귀허의 한 복판으로 몰려왔다가 몰려나가는 물을 발견한다.

귀허는 어디쯤에 있는 것일까. '이야기의 구술자'들은 발해의 동쪽이라고 전했고, 기록자들 역시 그렇게 발해라고 썼다. 그러나 발해가 정작 어디인지 알 수 없다. 『산해경』이나 『사기』에서도 발해라는 명칭은 나타난다. 이들 자료에 의하면, 삼신산三神山이 발해 가운데 있는데 그리 멀지 않는 곳이라 했다. 병환이 들어 바람 부는 대로 가서 먹으면 죽지 않는 불사약을 구했다는 기사도 보인다.

요하의 물인 하수河水는 서남쪽으로 흘러들어 발해에 이른다고 했다. 그렇다고 발해가 지리적, 역사적으로 특정한 공간으로 한정되었다는 의미는 아니다. 사실 그렇게 한정할지라도 이는 진실일 수 없다. 다만 중요한 것은 발해는 시원적 공간을 지시하고 불특정한 어떤 곳을 암시하는 곳으로 이 역시 미지의 공간이나 다름없다 할 것이다.

팔굉구야八紘九野란 사방팔방과 중앙의 방위를 통틀어 지칭한다. 이곳의 물과 천상 은하의 물이 흘러 들어와서 자연적으로 조절되는 곳, 그래서 물의 양이 차지도 넘치지도 않은 채 항상 일정하고 신비한 곳의 물. 귀허의 물은 신비의 공간 안에 담긴 신기한 물이라 할 수 있다. 사방천지로부터 모여 들어와서 또한 온 천지로 흘러나가는 '귀허의 물'은 신선들이 살고 있는 오대산五大山을 넉넉히 담아내는 거대한 우주적인 물이라고 할 수 있다.

다시 『회남자淮南子』 천문天文에 실려 있는 다음의 내용은 하늘과 땅이 동남으로 쏠리어 모여들게 되는 현상에 대해 기록하고 있다.

> 하늘이 서북쪽으로 기울어져 있으니, 반짝이는 별들은 (모두) 그 방향으로 옮겨간다. 땅은 동남쪽을 가득 메우지 않았으니, 물도랑의 물과 흙덩이가 몰려든다. 『회남자淮南子』「천문天文」

여기에 등장하는 물은 매우 부분적이고 보조적인 자료일 뿐이다. 하늘과 땅은 기울거나 메워져 있지 않고 별들과 물도랑의 물과 흙이 그 곳으로 향하는 현상을 이야기한다. 물이나 별은 흐르거나 움직여서 공간적인 이동을 하고 있다는 점에서 동일한 성격을 지닌다. 달리 말하면, 땅의 물이 흘러가듯이 하늘의 별도 그 자리를 옮겨가고 있는 것이다. 이처럼 별과 물 사이에는 외견상 일치점이 있는 것은 사실이지만 그 이상의 어떤 상관성이 있어 보이지는 않는다.

다음으로 『산해경』의 자료를 보도록 한다.

> 대황大荒의 한가운데에 얼요군저孼搖頵羝라는 산이 있다. 그 위에 부목扶木이 있는데 높이가 300리고 잎은 겨자와 같다. 골짜기가 있어 이름은 온원곡溫源谷이다. 탕곡湯谷에 부목이 있는데, 하나의 해가 도달하면 또 하나의 해가 바로 떠오른다. 모든 해가 까마귀를 싣고 있다. 『산해경』「대황동경大荒東經」

위의 두 인용문은 전형적인 자연현상을 신화에 적용한 경우를 보여준다. 먼저 '부목-탕곡-해-까마귀' 등 자연과 동물(조류)의 존재 자체가 만든 신비한 현상을 이야기하고 있는 위의 자료부터 보도록 한다. 탕곡이란 공간, 부목이라는 신목神木, 그리고 해와 까마귀가 등장한다. 이야기에서는 대황의 한가운데에 얼요군저라는 산이 나타난다. 이 산 위에는 높이가 300리고 겨자 같은 잎의 형상을 한 부목이 있다.『산해경』에 주석을 단 곽박郭璞이라든지『설문해자』혹은 이선李善의 주석으로 보면 탕곡에 존재하는 부목扶木은 부상扶桑과 상통한다. 또한 이곳에 골짜기가 있어 그 이름을 온원곡溫源谷이라고 했다. 온원곡이 곧 탕곡湯谷인 것이다.

이 자료는 대황의 한가운데에 있는 미지의 공간인 얼요군저를 무대로 하고 있다. 이는 기이한 장소와 형상, 그리고 현상이 나열식으로 엮어지는 신화 이야기다. 서로 간에는 긴밀한 연계성이나 계기적인 전개 등은 찾아보기 어렵다. 그래서 단절되거나 혹은 불완전한 연결로 나타나는 것이다. 정확하게 말한다면 이야기라기보다 모티프에 가깝다.

이제 신화에서 파생한 선화계통의 고사에서 이 같은 미지의 공간과 물이 결합된 완전한 이야기 형태를 살펴보기로 한다.

진 태원(동진 효무제의 연호 : 376~396) 연간에 무릉(호남성 상덕현의 지명)인으로서 고기잡이로 생업을 삼고 있는 사람이 있었다. (어느 날) 계곡을 따라 가다가 길을 잃게 되었는데 갑자기 복숭아꽃 숲이 나타났다. 골짜기를 끼고 수백 보를 갔지만 그 가운데 잡목이 없었고 향기로운 풀꽃들이 산뜻하게 아름다웠고, 꽃잎이 펄펄 날리며 떨어지고 있었다. 고기잡이는 몹시 이상하게 여기면서 또 앞으로 나아가며 그 숲의 끝까지 가려고 했다. 숲이 끝나는 곳에 물이 솟는 곳(수원)이 있었다. 문득 산이 눈에 들어왔는데 산에 작은 입구가 있었다. 마치 무슨 빛이 나오는 것 같기에 배를 버려두고 입구를 쫓아 들어갔다. 처음에는 몹시 좁아서 간신히 사람이 다닐 정도였으나 확 트이면서 넓어졌다. 땅은 고르고 넓었으며 집칸은 우뚝우뚝 솟아 있었다. 좋은 전답과 넉넉한 못과 뽕나무 대나무 등이 있었다. 전답의 경계가 서로 사방으로 잘 통하고 닭 울음 개 짖는 소리가 서로 들리고 그 가운데 사람이 오가며 농사를 짓고 있었다. 남녀의 의복은 모두 다른 곳의 사람 같았다. 노인과 아이들은 더벅머리를 내려뜨리고 있었고, 그러면서도 기쁘고 즐거운 모습이었다.… 그 마을을 나와서 배를 타고 이전의 길을 따라서 곳곳에다 표시를 해두었다. 마을에 이르러 태수에게 이와 같은 말을 아뢰었다. 태수는 즉시로 사람을 보내어 그 길을 따르게 했다. 이전에 표시해 둔 곳을 찾아보았으나 끝내는 길을 잃고 다시는 찾을 수 없었다. 『도화원기桃花園記』

『도화원기』에 실린 낙원에 관한 이 유명한 선화仙話는 한 폭의 그림을 보는 것과 같이 회화적 이미지가 뚜렷하다. 여기서 물이 차지하는 의미나 그 이미지 역시 그러하다. 전체 이야기 중에는 계곡, 복숭아꽃 숲, 향기로운 풀꽃, 숲이 끝나는 곳에 물이 솟는 곳(수원), 산 입구, 그리고 새로운 공간 즉 미지의 이상향으로 연결된다.

도화림桃花林이 끝나는 곳에서 물의 근원, 수원水源이 시작된다. 이 수원은 결국 하나의 세계가 끝나고 또 다른 세계가 열리는 경계지역에 해당한다. 물이 솟는 이 수원은 마치 산에 있는 작은 입구를 통해 새로운 세계를 지시하는 암시와 같다. 아마 수원은 어부가 배를 타고 들어갔던 계곡의 물줄기로 이어질 것이다. 이러한 『도화원기』에 이상향과 연결하는 수원은 『성경』「창세기」에서 낙원 에덴과 연결된 네 갈래로 이루어진 물줄기를 연상시켜 준다.

『도화원기』의 이야기나 『성경』의 기록에서 수원은 분명하게 피안의 세계인 낙원과 차안의 세계인 현실 간에 존재하는 경계를 의미한다. 아마 낙원 이야기에서 물이 하나의 새로운 세계, 즉 영원한 생명을 누리는

세계로 넘어가는 경계로 등장하고 있음은 거의 보편적 유형이라고 여겨진
다.

심판과 정화에서 새로운 세계로

홍수, 물의 극단적 양상

중국신화에서 물의 의미는 사뭇 극단적인 양상을 보여준다. 물은 한편으
로 생명의 탄생과 결부되는가 하면 다른 한편으로는 생명과 질서의 파괴를
가져오는 심판과 징벌의 상징이다. 심판과 징벌은 새로운 질서를 형성하는
과정으로서 궁극적으로 생명의 잉태를 위한 고통과 정화의 단계였다.

이러한 심판과 징벌의 의미를 담고 있는 중국의 홍수신화는 그 계통이
매우 다양하게 나타난다. 중국신화의 홍수고사를 전해주는 전적들은 여러
계통을 망라하고 있다. 예컨대『맹자』「등문공」편을 비롯하여『여씨춘추』
나『회남자』, 그리고『산해경』또한 홍수와 관련된 기록들이 적지 않다.
이러한 홍수와 관련된 고사는 종족상으로 보면 한족계통 외에 소수민족의
신화계통에도 널리 분포되어 있다.

홍수신화는 공공共工과 전욱顓頊이 제위를 놓고 벌인 싸움으로 우주의
질서가 붕괴되어 온 천지가 홍수로 뒤덮이는 장면은 전형적인 심판 과정을
연상시킨다. 여와나 복희의 일정한 역할이 없었다면 전 인류가 멸절 위기로
치달을 수밖에 없었을 홍수신화와 관련된 사건은 정착된 농경문화의 생활
상과 밀착되어 있다. 원시시대에 농경사회의 생활근거지를 황폐화시키고
때로는 종족의 멸절을 가져왔던 홍수야말로 원시인들에게는 하나의 신이
한 현상이었을 것임에 틀림없다. 홍수에 의한 위협을 그들이 어떻게 느꼈는

가는 『서경書經』「요전堯典」에 있는 표현에 잘 드러나 있다.

이처럼 홍수신화가 위협과 공포의 대상, 곧 심판의 수단으로 등장하고 있는 점은 세계신화의 보편적 양상인데, 중국의 신화도 예외가 아니다. 공공은 일찍이 천하의 지배신의 위치에 있었으나 전욱과 함께 제위를 다투게 되었고, 그 싸움에서 패하게 되자 천주지유天柱地維를 꺾어 기울도록 하였다. 『회남자』「천문」에서 볼 수 있는 이 고사는 결국 지구의 기울기에 관한 신화적 설명이라고 할 수 있겠지만 원시인들의 신화사유를 보여주는 흥미로운 대목이다. 『초사楚辭』「천문天問」에 역시 강회康回를 등장시켜 땅을 무너뜨려 동남쪽으로 기울게 만들고 있는 장면이 나타난다. 우리는 공공과 강회가 동일한 성격의 주인공임을 알 수 있는데, 공공은 신화자료에서와 마찬가지로 홍수를 유발시키는 존재로 나타나며 여와·복희 혹은 여와·반고와 밀접한 관련성을 갖는 것으로 등장한다.

남창지역南昌地域에서 채록한 민간고사에 따르면, 복희와 여와는 오누이고 뇌공과 연결된다. 한족계열의 신화에서 공공과 강회는 뇌공과 동일한 주인공이다. 그런데 한족계열의 홍수신화에서는 주체가 다른 주인공으로 대치되는 것에 반해 소수민족계열 신화에서는 뇌공으로 일원화되어 있다. 그러나 '천주지유'의 파괴라든지 돌을 갈아서 하늘을 메운 연석보천煉石補天과 같은 홍수 극복과 관련된 계기적 사건은 소수민족계열의 신화에서도 분산적으로 혼재되어 나타난다.

소수민족계열의 신화에서는 홍수신화의 기본적인 모티프가 되었던 전욱과 공공의 제위투쟁에 의한 우주질서의 파괴나 또는 그러한 사건으로 인한 우주질서의 붕괴로부터 다시 새로운 질서를 만들어내는 과정이 생략되어 있다. 그러나 소수민족계열의 홍수신화는 홍수발생을 기정 사실화시켜 놓고 이야기를 전개해 나가는 것이 특징이다. 즉 공공과 전욱이 제위

투쟁과 같은 사건 없이 바로 홍수를 극복하고서 새 출발점에 서 있는 주인공들이 반고형매盤古兄妹로 등장하고 있다. 물론 제위투쟁의 유형이 전혀 없는 것은 아니지만, 홍수의 발생과 살아남은 유일한 존재로서 오누이가 설정되는 이야기의 구조가 주종을 이루고 있는 것이다.

그 밖에 형매결혼兄妹結婚을 승인받기 위한 수수께끼의 과정을 통과함으로써 마침내 혼인이 성립되는 과정을 그리고 있다. 수수께끼를 풀어나가는 과정은 오누이 양자간의 문화적 유습이나 관념을 극복하고 혼인행위를 상호 인정하게 되는 심리적 수용 단계가 되고 있다.

이러한 의미에서 소수민족계열의 홍수신화는 한족계열에서 보여주는 홍수와 그 극복을 위한 적극적인 주인공의 행위보다는, 사전에 홍수로 인한 멸절 위기에 대비하여 생존함으로써 새 세계의 신인류의 시조가 되는 형태로 설명되고 있다. 다시 말하면, 한족계열의 신화에서처럼 주인공과 홍수사건을 정면으로 대립시켜 적극적인 갈등관계로 설정하지 않고, 하나의 사건과 주인공과의 갈등을 소극적으로 처리하여 단지 인류의 지속만을 설명하고자 할 뿐이다. 따라서 소수민족계열의 홍수신화에서 '심판과 정화의 모티프'는 위기에 대한 현명한 대응을 통해 전혀 새로운 공간의 시작으로 전환됨으로써 아무런 문제가 되지 않는다.

원형의 재생, 새로운 질서의 형성

신화의 물 모티프 중 징벌과 심판 나아가 새로운 질서의 형성을 잘 보여주고 있는 것이 이른바 홍수신화다. 징벌과 심판은 모순된 현실에 관한 정화이며, 그 결과로 이루진 질서는 곧 새로운 시작을 의미한다. 이러한 점에서 홍수신화는 그 자체가 '죽음[死] – 다시 살아남[再生]'이라는 '재생적 신화 모티프'를 내적인 구조로 하고 있다.

상고시대 중국사회에서 가장 심각한 문제 가운데 하나인 치수治水에 관한 신화사유적 관점은 홍수신화에서 종합적으로 결속되었다. 사실 중국 신화에서 홍수신화는 여러 종류가 있으며, 그 계통도 다양하다. 대표적인 유형을 시사하는 주인공들은 우禹, 공공共工, 복희伏羲와 여와女媧, 이윤伊尹 등이다. 대체로 홍수신화는 하남 서부의 홍수지대에서 형성되었다. 신화의 내적 의미가 갈등의 연결고리, 즉 공공의 치수 실패-우의 치수 성공-복희·여와의 보천이라는 구조를 이루고 있다는 점에서 각 종족간 투쟁의 반영으로 해석되기도 한다.

그러면 홍수신화의 전형이라고 할 수 있는 '여와보천'과 '공공과 부주산不周山'의 고사를 살펴보자. 『회남자』「남명」에 실려 있는 '여와보천'의 이야기를 보면 다음과 같다.

옛날 네 개의 큰 기둥이 파괴되어 구주九州가 조각나고 하늘은 두루 덮지를 못하고 땅은 만물을 받치지를 못했다. 화염은 꺼지지 않고 맹위를 떨쳤으며, 물은 큰 바다처럼 쉬지 않고 흘러내렸다. 맹수는 사람을 마구 잡아먹었으며 맹금은 노약자를 마구 잡아낚았다. 이에 여와는 오색五色의 돌을 녹여 창천의 구멍을 메웠고 자라의 발을 잘라 네 기둥을 세웠다. 흑룡黑龍을 죽여 기주冀州를 구하고 갈대의 재를 모아 멋대로 흐르는 물이 마르게 되었고 기주가 평탄해졌으며, 맹수와 벌레들이 죽고 인간이 살 수 있게 된 것이다.

이 이야기는 원인과 이유를 알 수 없는 네 개의 기둥 [四極]과 구주九州의 파열, 하늘과 땅이 만물을 덮거나 떠받치지 못하는 자연현상이 일어난 것을 배경으로 삼고 있다. 『회남자』「천문」에 의하면, 공공과 전욱이나 공공과 고신高辛의 제위 다툼이 원인이었다고 유추할 수 있는 부분이 있지만 정확하게 이것과 연결시킬 수 있을지는 의문이다.

고사변학파의 인물인 뤼쓰몐呂思勉은『회남자』의 홍수신화가 각각 개별성을 갖는다고 보았지만, 천지파열을 동반한 홍수는 화염과 물, 곧 불과 물로써 온 천지를 뒤덮었다. 게다가 맹수는 백성을 잡아먹고 사나운 맹금이 노약자를 잡아먹는 등 아비규환의 상황이 전개된다. 무엇보다 물은 불과 함께 심판의 수단이요 지상의 인간과 만물을 멸절시키는 직접적인 방법이었다.

이때 이 절망적인 상황에서 구원자로서 여와가 등장하고 있다. 여와는 오색의 돌을 녹여 푸른 하늘蒼天의 구멍을 메워 인류를 홍수의 심판으로부터 보호하였다. 엄청나게 흘러내리는 물에 의해 멸절해 가던 인간과 지상의 만물을 다시 소생시키는 결정적인 역할을 담당한 것이다.

또한 '공공과 부주산'의 고사를 보면,

> 공공의 힘은 부주산을 들이받아 땅을 동남으로 기울어지게 하였다. 고신씨와 제위를 다투다가 마침내 연못으로 빠져들어 버렸다. 그 종족이 멸절되고 후사가 끊어지고 제사가 폐지되었다. 『회남자』「원도」

라고 공공과 고신과의 제위 다툼을 묘사하고 있다. 여기에서는 싸운 이유가 명백하게 드러나 있지 않지만, 공공은 패배하고 그 결과 그는 연못 속에 빠져 죽고 말았다. 이야기에서 등장하는 '연못'은 공공의 투쟁성을 정화하고 갈무리하는 장소로서 활용되고 있다. 왜 공공이 패하고 멸절하게 되는가에 대해서는 '공공'의 존재적 성질, 즉 '자격요건의 부재'에도 불구하고 제위 대결을 지속함으로써 스스로의 타락과 파괴로 연결된 것이라고 해석할 수도 있을 것이다. 다시 말하면, '탐욕과 과잉'이라는 내적인 결함이 결국 공공 종족의 궁극적인 멸절 원인이었다고 보는 것이다.

이러한 이해는 '악의 존재'에 관한 근원적 질문에 대해 해답을 찾아가는 입장에서 이루어진 해석이고, 반대로 토템의 차원에서 종족간의 투쟁관계로 본다면 결국 공공[族]의 힘이 고신[族]에게 밀려서 정복당한 것을 상징한다고 이해된다. 나아가 제위나 권위에 도전하는 세력에 대한 권력의 응징으로도 볼 수 있다. 여하튼 공공과 연관된 부주산 신화에서 연못은 악이나 부정적 대상에 관한 정화, 심판 혹은 멸절의 공간으로 등장하고 있음이 분명하다.

이제 다시 『산해경』 「해내경」의 다음 이야기에 주목해 본다.

> 홍수가 나서 하늘에까지 넘쳐흐르자 곤이 천제의 식양(저절로 불어나는 흙)을 훔쳐 홍수를 막았다. 천제의 명령을 기다리지 않았다 하여 천제는 축융에게 명하여 우산 교외에서 곤을 죽이게 했다. 곤의 배에서 우가 태어났다. 천제는 이에 우에게 명하여 땅을 갈라 구주를 정하는 일을 끝마치게 했다. 『산해경』 「해내경」

위의 고사는 곤鯀이 식양息壤을 훔쳐서 홍수를 막았으나, 천제의 명을 지키지 않았기 때문에 축융祝融에 의해 죽임을 당하였다는 이야기다. 여기에 나타나는 물 또한 홍수로서, 정화와 심판의 수단에 해당된다. 그러나 식양이라는 매개물을 통해 심판의 현상으로 제기된 홍수가 억제되었다. 따라서 홍수와 식양의 상충성은 곤의 희생을 불러오고, 결과적으로 홍수의 방지는 곤의 죽음으로 대치되었다.

이렇듯 『회남자』 「남명」에 실려 있는 '여와보천'의 고사, 『회남자』 「원도」의 '공공과 부주산'의 고사, 그리고 『산해경』 「해내경」의 고사 등은 모두 정화와 심판의 수단으로서 물의 기능 즉 홍수에 의한 결과가 설명되고 있다. 다만, 홍수가 직접적으로 심판의 결과를 야기하거나 혹은 다른 수단을 통해서 홍수가 방지되거나 한다는 점에서 차이가 있을 뿐이다. 이야기 안에서 홍수현상이 나타나든 그렇지 않든 간에 홍수신화의 물은 '죽음－재생'의 재생적 신화모티프로서 의미를 분명하게 드러낸다. 홍수신화에서 물은 중국신화에서 심판과 정화의 의미를 강렬하게 발산하는 이야기의 유형으로 표현되었다.

물의 신화적 의미

중국신화 안에서 나타나는 물은 긍정·부정성을 동시에 지닌다. 첫 번째 물의 의미는 '미지의 공간과 함께 등장하는 물'의 유형이었다. 그것은 중국신화에서 시원의 공간적 형태인 '한 처음 그곳'에 존재하는 필수적 요소로서의 물이다. 예컨대, 『열자列子』「탕문湯問」에는 무한의 거리에 있는 큰 골짜기인 대학大壑의 중심부인 귀허歸墟에 흐르고 있는 물이 그것이다. 사방천지로부터 모여 들어와서 또한 온 천지로 흘러나가는 '귀허의 물'은 신선들의 제향帝鄉을 싣고 있는 거대한 우주적인 물이다. 또한 『회남자淮南子』「천문天文」이나 『산해경』「대황동경大荒東經」에 실려 있는 이야기는 전형적인 자연현상을 신화에 적용한 경우다. 그리고 『도화원기桃花園記』에 실린 낙원에 관한 유명한 이야기는 도화림桃花林이 끝나는 곳에서 샘[水源]이 시작됨으로써 수원水源은 결국 하나의 세계가 끝나고 또 다른 세계가 열리는 경계지역에 해당한다. 이 수원은 마치 산에 있는 작은 입구를 통해 새로운 세계를 지시하는 암시와 같다.

두 번째 물의 의미는 '심판과 새로운 질서를 창조하는 매개인 물'의 유형이었다. 이러한 징벌과 심판, 그리고 새로운 질서의 형성을 잘 보여주는 물의 모티프를 담고 있는 신화는 이른바 홍수신화다. 중국신화에서 홍수신화는 여러 종류가 있고 그 계통도 다양하지만, 대체로 하남 서부의 홍수지대에서 형성된 것으로 내적 의미는 갈등의 연결고리, 즉 공공의 치수 실패─우禹의 치수 성공─복희·여왜의 보천補天이라는 구조를 이루고 있다. 홍수신화의 전형은 『회남자』「남명」에 실려 있는 '여와보천'의 고사, 『회남자』「원도」의 '공공과 부주산' 고사, 그리고 『산해경』「해내경」의 고사 등등이다. 이들은 모두 정화와 심판의 수단으로서 물의 기능 즉 홍수 현상을 설명하고 있다.

이와 같이 중국신화의 물-모티프는 분명히 물의 양가적 속성을 잘 보여준다. 신화시대에 물은 인간에게 생명의 근원이기도 하였지만, 그 양의 다과에 의해 확실히 재앙과 심판의 수단이 되기도 하였다. 이는 문명시대를 살아가는 지금도 마찬가지다. 물이 넘칠 때 인간은 기청제祈晴祭를 지내지만, 물이 부족할 때는 기우제祈雨祭를 지내야 하는 이중적인 심리기제 속에 놓여있다. 이러한 인간의 이중적인 심리기제는 본질적으로 물의 양가적 속성과 결부된 일종의 아이러니이기도 하다.

홍수, 물의 극단적 양상 : 전승의 유형별 분석

한족계열(1) : 반고형매의 전설

주인공이 반고형매로 나타나기 때문에 '반고형매'의 유형이라 할 수 있는 신화 전설류다. 이 고사는 하남성河南省 동백현桐柏縣에서 유전되고 있는데, 이야기에서는 반고가 창세의 신으로 등장하고 있으며, 형매는 옥제玉帝의 삼녀로서 하강한 존재로 설명되어 있다. 그들은 지상생활에서 각종

맹수들에 침입을 막고자 동백산桐柏山 위에 거대한 돌사자 석상을 만들어
세운다.

어느 날 돌사자의 지시대로 49일 동안 돌사자의 입에 떡을 하나씩
넣자 돌사자의 눈이 붉어진다. 이윽고 반고형매가 돌사자의 뱃속으로
들어간다. 세상에는 49일 동안 큰 비가 내리고 그들은 돌사자의 뱃속에서
준비된 떡을 먹고 지냈다. 돌사자는 남매에게 홍수의 원인을 들려주었다.
그가 들려준 이야기에 따르면, 홍수는 천녀였던 매妹를 없애기 위해 천장天將
이 뇌공·양공兩公·풍파와 작당하여 비를 내렸기 때문에 난 것이었다.

이제 홍수사건은 보천의 단계로 전환된다. 보천작업은 돌사자가 시킨
대로 천지개벽에 사용했던 도끼자루를 바늘로 삼고 칡덩굴을 실로 삼아
하늘을 기우는 것이었다. 이 작업의 주인공이 반고형매인데, 그들이 기운
자리는 보천의 흔적으로 밤하늘의 수많은 별자리가 되었다. 또한 홍수가
물러간 뒤 돌사자는 형매가 부부로서 세상의 인류를 계승시킬 것을 전한다.

이것(형매의 결혼)에 반대하던 반고는 수치심으로 가득차 지나가던 거북
에게 돌을 던져 거북의 등껍질을 깨버린다. 놀란 반고는 마음 속으로
거북이가 다시 살아난다면 누이와 결혼할 것이라고 결심하는데, 바로
그 순간에 거북이의 등껍질이 서로 붙으면서 다시 살아났다. 그러나 반고는
여전히 주저하였고 각자 동서의 산으로 맷돌의 몸체와 공이를 들고 각각
나뉘어져 올라 맷돌을 굴러 떨어뜨렸다.

산 아래로 굴러 떨어진 맷돌과 공이는 결국 하나로 합쳐진다. 이로써
형매는 피할 수 없는 것으로 보고 결혼을 하게 된다. 결혼한 지 3년 만에
그들은 동·서·남·북, 동남, 서남, 서북, 동북 등 여덟 자녀를 낳아 사방팔
방으로 보냈다. 이들은 얼마 지나지 않아 죽었다. 반고는 이들을 모아다
무덤을 썼는데, 이를 '팔자산八子山'이라 한다. 그 뒤에 반고 부부는 진흙으로

사람을 만들었고, 이들이 사방 팔방에 퍼져나가 인류를 이루게 되었다.

이러한 고사는 신화라기보다 확실하게 민간전설이 되어 가고 있는 이야기 형태를 보여준다. 반고와 같은 주인공이라든지 홍수 모티프를 제외하면 거의 모든 요소가 이미 설화구조로 발전되고 있기 때문이다. 이 이야기에서 홍수를 막아주는 돌사자[石獅子]의 역할은 매우 특징적인데, 돌사자는 홍수신화의 형매결혼 모티프를 보여주는 이야기에 등장하는 동물로서 정령精靈으로 이해된다.

뇌신(雷神)

한족계열(2) : 뇌공전설

한족계열의 다른 신화유형인 뇌공전설에서는 홍수 모티프를 통한 천지만물이 탄생하는 이야기가 나온다. 이는 강서성江西省 남창南昌지역에서 유전되는데, 뇌공전설 이야기는 바로 홍수사건이 제기되지 않고 사건이 몇 단계의 과정을 거친 후 비로소 홍수 이야기가 전개되는 복합적인 구조를 지니고 있다.

동생 뇌공이 하늘을 관장하고 형 고비高比는 지상을 다스렸다. 지상의 어떤 사람이 잘못된 제물로 제사를 올렸다가 뇌공의 노여움을 사서 땅에 비가 내리지 않았다. 고비는 몰래 신통력을 부려 비를 내렸고 싸움을 걸어온 뇌공을 잡아가둔다. 고비의 아들인 복희와 딸인 여와는 아버지의 당부를 잊고서 뇌공에게 물을 주었다.

힘을 얻은 뇌공은 다시 하늘로 승천하면서 아들에게 이빨을 하나 뽑아 주고 떠난다. 뇌공이 시킨 대로 이빨을 심으니 박 덩굴이 자라났고 박을 따서 속을 파내고 말렸다. 박이 다 마를 때쯤 홍수가 내렸는데 그 박을 배로 삼아 무사히 홍수를 넘길 수 있었다. 이들은 결국 조각조각 자른 대나무가 다시 연결되어 살아났고 또 두 쪽 방향의 연기가 하나로 합쳐진 것을 보고는 결혼을 하게 된다.

1년이 지나서 여와는 숯돌 하나를 낳았다. 두 사람은 이를 부수어 곤륜산 정상에서 뿌려버렸다. 산 속에 떨어진 돌들은 금수가 되고 마을에 떨어진 돌들은 사람으로 변했으며 물 속으로 떨어진 돌들은 물고기나 새우가 되었다. 이로써 세상에는 생물들이 있게 되었다.

반고형매전설에서는 맷돌과 공이의 결합에 의한 혼인의 상징성과 정당 성이 설명된다. 여기서는 대나무 조각의 연결과 두 방향의 연기가 합쳐지는 것이 혼인의 타당성을 상징해준다. 이처럼 현실적으로 인류멸절의 위기와 유일한 생존자로서 형매관계에 놓인 주인공들에게 가해진 모순 상황은 근친상간이라는 사회적 관습에 의한 금기의식을 극복하기 위한 장치로서 이야기의 전환요소가 되고 있다고 하겠다.

한족계열(3) : 복희형매

한족계열의 반고형매 전설의 이야기 구조에서는 49일간의 준비와 49일 간의 홍수 기간이 있었다. 그런가 하면 모남족의 전설에서는 60일간 홍수가 계속되고 360일이 지난 후에야 박 속에서 나올 수 있었다고 하여 60과 그 다섯 곱의 수자가 등장한다. 홍수사건과 연관된 이 숫자는 인간 탄생에 필요한 장애극복의 시간이다. 다음의 복희 형매혼兄妹婚을 매개로 하는 신화 역시 홍수신화를 모티프로 한 인간의 출현과 번성 과정을 그리고 있는데, 이는 남방계열의 신화가 갖는 공통적인 특성과 일치되는 점이기도 하다.

복희 형매제兄妹制 인연의 전설 역시 홍수의 위기와 이를 극복하는 과정이 이야기의 발단을 이루고 있음을 볼 수 있다. 이 고사는 사천四川지역에서 유전되고 있는데, 주요한 전개 요소를 중심으로 이야기로 정리해 보면 다음과 같다.

오랜 옛날 정확한 원인은 알 수 없지만 하늘에 옥황상제가 징벌을 내려 풍백風伯과 우사雨師를 시켜 태풍과 홍수를 일으키게 하였다. 이때 복희와 그의 누이 여와는 신선의 도움을 받아 유일하게 살아남게 된다. 그들은 사람(걸인)으로 변신한 신선으로부터 받은 대바구니를 타고 홍수를 통과하였다. 이들이 진흙으로 사람을 만들려고 하자 지모랑랑地母娘娘(대지의 여신)은 두 사람에게 결혼하라는 충고를 한다. 형매는 7일 밤낮을 의논하다가 마침내 여와매가 의견을 내기를, 동생이 달리고 형이 뒤에서 달리다 동생을 붙잡으면 결혼하기로 하였다. 큰 산을 일곱 번 돌 때까지 달려도 동생을 잡을 수가 없었다. 그때 거북의 조언을 듣고 돌아서서 마침내 여와를 붙잡을 수 있었다. 여와는 화가 나 거북을 밟아 깨어버렸는데 복희가 이를 조각조각을 다시 붙여 살아나게 했다. 그러나 이 승부는 정당하게 이루어진 것이 아니어서, 마침내 두 번째 징표인 맷돌과 공이가 합체되는 것을 보고 둘은 결혼해서 부부가 된다. 둘이 결혼하여 100일 지난 후 여와는 살덩이를 낳는다. 복희가 이것을 칼로 토막토막을 내자 토막들이 모두 사람이 되어 사방으로 퍼지게 되었다.

이 전설은 한편으로는 우화 같지만 홍수를 모티프로 삼아 몇 단계의 전개과정을 통해 구성의 복합성을 보여주고 있다. 다시 말하면, 복희 여와 오누이의 혼인 이야기는 홍수신화가 발전되어 보다 풍부한 이야기 구조를 갖게 되면서 민간전설이 되었음을 말해준다.

소수민족계열(1) : 모남족 반고

모남족의 반고전설은 광서성廣西省 환강현環江縣에서 유전되고 있는데, 전설에서는 천지만물의 기원자로서 극적인 전환과 비약을 수반하였던 반고신화의 반고와 달리 더 이상 신이나 신비한 존재는 아니다. 그 존재의 성격은 명백하게 땅 위에 있는 인간 군상의 한 유형에 지나지 않는다. 다시 말하면, 창조자나 조화자는 물론이고 천지개벽의 유일자도 아닌 단지 홍수의 위기를 겪어야만 하는 한 어린 오누이[兄妹]였던 것이다.

반고전설에서는 토지를 관리하는 '토지'와 천상을 관장하는 '뇌공'의 지혜·세력 다툼에서 번번이 토지신이 승리를 거두고 끝내 뇌공은 사로잡히고 만다. 그때 반盤과 고古라는 형매에게 애걸하여 물을 조금 얻어 다시 하늘로 승천하여 탈출한다. 남매에게는 두 개의 이빨이 남겨지게 되는데 이 이빨을 심자마자 호박葫芦이 자라나 두 개의 커다란 박이 열렸다.

이 무렵 홍수가 일어나 남매는 박 속으로 피신했다. 홍수에서 살아난 유일한 생존자인 반고형매는 토지신에게 형매혼을 권유받지만 둘다 이 권유를 받아들이지 않았다. 소나무와 자라의 예언에도 역시 응하지 않았지만, 산 위에서 굴러내린 절구와 공이가 합쳐지자 비로소 형매는 혼인을 승낙하게 된다. 이러한 전설로 인해 모남족의 결혼풍습에는 오늘날까지 '동방부동상同房不同床'이라는 풍습이 남아 있어 신방에는 반드시 두 개의 침상을 두고 있다.

여하튼 '반'과 '고'는 결혼하였으나 아이가 없어 진흙으로 빚어 아이를 만들었다. 이 아이들을 까마귀[烏鵲]가 각처로 물어다 날랐고 인간은 지금까지 각지로 퍼져나가 살게 되었다.

뇌공이 주고 간 이빨을 심자 거기에서 커다란 박이 자라나 이것으로 결국 홍수를 극복한다는 이야기는 앞서 본 한족계열의 뇌공전설과 매우 흡사하다. 홍수에서 박은 생명을 구해주는 도구[救生工具]로서 인류의 생존과 관련된 매우 중요한 소재가 되고 있음을 볼 수 있다.

모남족의 반고형매 전설은 진흙으로 인간을 만든 니토조인형泥土造人型이라는 소수민족계열의 신화 모티프가 반영되어 있다. 소수민족계열의 창조 신화에서 인간창조는 '니토조인형' 외에 날짐승으로 사람을 만든 비금조인형飛禽造人型, 벌로 사람을 만든 봉자조인형蜂仔造人型, 식물로 사람을 만든 식물조인형植物造人型 등의 유형으로 이루어져 있다는 사실은 이미 널리 알려져 있다. 그런데 모남족의 홍수전설에 등장하는 반盤과 고古는 남방계열의 홍수신화로서 『주역』「계사」에 나오는 복희로, 곧 홍수를 피해 오누이가 박 속으로 몸을 숨겼다는 이야기와 흡사할 뿐 아니라 오누이가 결혼해서 부부가 되었다는 구성과도 내적 연계성을 갖고 있다.

소수민족계열(2) : 여족 형매혼인

중국의 해남海南지역에 유전되고 있는 여족의 형매혼인에 관한 전설은 홍수사건을 포함한 민간전승으로서, 홍수신화와 관련된 비교적 복잡한 구성을 보여주고 있다.

오랜 옛날 땅 위에 호박씨가 하나 싹을 틔워 자라났는데 크기가 산보다 높이 자랐다. 여느 해 큰물이 지자 한 신선이 그 박을 이용하여 사람과 동물들을 구하고자 했다. 천산갑穿山甲이라는 동물에게 박에다 구멍을 뚫게 하였는데 천산갑의 이빨이 다 닳아빠지고서야 겨우 구멍을 하나 뚫을 수 있었다. 신선은 박 속에 형매와 물소[水牛], 황소[黃牛], 돼지[猪], 개[狗], 고양이

[猫], 네 발 달린 뱀[四脚蛇], 사마귀[螳螂] 등의 동물을 암수 한 쌍씩 넣었다. 그러나 양동이로 퍼붓듯 내리는 비가 5일 밤낮 계속 되었다.

비가 그친 뒤 하늘에는 다섯 개의 해와 다섯 개의 달이 출현했다. 박 속에서 나온 사람과 동물들은 타는 듯한 별과 환한 저녁빛 때문에 살 수가 없었다. 신선이 해와 달을 없앨 수 있는 자를 구하자, 산돼지가 이 일을 자청했다. 산돼지는 4개의 해와 4개의 달을 물어왔는데, 네 번째 달은 산돼지에 물려 부서져서 별로 변하였다. 이런 세상에 남은 사람이라고 는 형매밖에 없었다. 황무지 가운데서 고달프고 힘들어 형매는 울고 있었다. 그때 뇌공이 지나다가 그 까닭을 묻고는 형매가 부부가 되면 이러한 어려움 은 해결될 것이라고 말해준다. 그 뒤 형매가 아들을 낳았는데 뇌공이 나타나 이 아이를 빼앗아서는 부수더니 체로 쳐서 내렸다. 체에 쳐진 살덩이는 네 명의 남자와 네 명의 여자로 변했고, 이들이 한족과 여족 등의 조상이 되었다고 한다.

중국의 민족적 기원을 설명하고 있는 위의 전승은 비록 박과 관련된 이야기 구조는 유지하고 있지만 뇌공의 역할이나 성격, 그리고 형매의 혼인과정 등에서 극적인 장애는 보이지 않는다. 모든 사건은 형매혼인과 그 결과를 향해 일사불란하게 진행되고 있다.

소수민족계열(3) : 납서족 전설

운남성雲南省 영랑현寧滇縣에서 유전되고 있는 납서納西족 계열의 소수민족 인 마릉인摩棱人의 전승도 홍수사건을 포함하고 있으나 전체적인 이야기 구조에서 보면 홍수는 어떤 사건의 계기에 불과할 뿐 별다른 의미를 갖고 있지 않다. 그만큼 홍수 모티프는 약화되고 이야기의 구조 속에서 작은 부분에 지나지 않는다.

옛날 3형제를 둔 마릉인이 있었다. 이들 형제는 매일 소를 끌고 나가 밭을 갈았는데 이상하게도 낮에 갈았던 땅이 저녁이면 원래대로 되어 갈지 않은 곳같이 되곤 하였다. 그러다 어느 날 청개구리로부터 곧 홍수가 닥칠 것이라는 경고를 받는다. 이러한 경고에 대해 첫째와 둘째는 반신반의 했으나 셋째는 진지한 태도로 경고를 받아들여 그가 시킨 대로 소가죽으로 자루부대를 만들고는 높은 산의 큰 나무 아래로 갔다.

개구리는 셋째에게 돌추[石錘]와 숫닭, 개, 칼 등 네 가지를 주었다. 이는 홍수 뒤 물이 빠질 때의 상황을 점검할 수 있게 하는 도구로서, 먼저 돌멩이를 던져보아 물소리가 들리면 아직 가죽부대에서 나오지 말 것이며, 닭을 내려보내 울면 홍수가 물러갔다는 뜻이고, 개를 내려보내 짖으면 칼로 부대를 찢고 나와도 된다고 알려주었다. 결국 개구리의 지시를 따른 셋째만이 홍수에서 살아남을 수 있었다. 살아남은 셋째는 한 백발노인을 만나게 되는데, 그 노인의 부탁을 들어준 대가로 노인은 천상의 선녀를 배필로 삼는 방법을 가르쳐주었다.

노인이 준 수레를 타고 천상에 도착한 셋째 추연노일저[錘沿路一苴]는 물가에서 쉬고 있다가 천상의 시녀가 물을 긷기 위해 오는 것을 보았다. 그는 물통을 들어주는 척하면서 그의 팔찌를 물통 속에다 집어넣었다. 시녀가 물을 길어다 물 항아리에 붓는데 팔찌가 부딪히는 소리가 났다. 천상의 큰 딸 채홍증미[彩紅增米]가 이 소리를 듣고 묻다가 결국 추연노일저의 것임을 알게 되고 이를 계기로 추연노일저와 셋째 선녀는 수많은 어려움을 극복하고 마침내 혼인을 하게 되어 이 종족의 조상이 되었다. 위의 마릉인 3형제 이야기는 복합적인 사건의 전개양식을 토대로 하여 발전된 구성을 보여준다 하겠다.

한족 및 소수민족계열의 홍수신화 비교

홍수신화계열의 민간전승에서는 공통적으로 홍수가 일어난 후 인간 세상을 존속시키기 위한 혼인의 과정이 수반된다. 그러나 정상적인 혼인절차를 거치는 것이 아니라 풍속상 근친상간의 금기를 깨뜨리고 일정한 상징적인 과정을 통해 형매간 결혼의 정당성과 타당성을 드러낸다. 이러한 신화에서 상징성의 매개는 형매간의 결혼을 피해야 한다는 의식적 경향과 이에 반하여 종족번식과 인류의 지속이라는 절대절명의 모순적인 현실을 극복하는 극적인 반전을 위한 장치라고 하겠다.

한족계열의 홍수신화로서 대표적인 것은 반고형매盤古兄妹 전설과 뇌공雷公 전설, 복희형매혼인伏羲兄妹婚姻 전설이며, 소수민족계열의 홍수전승으로 대표적인 것으로는 모남족毛南族의 반고전설, 여족黎族의 형매혼인兄妹婚姻 전설, 납서족納西族 추연로일저錘沿路一苴 전설 등을 들 수 있다.

한족계열의 '반고형매' 전설은 확실히 민간 전설화되어 가는 신화이야기를 보여준다. 주인공 반고나 홍수 모티프를 제외한다면 거의 모든 요소가 이미 설화구조로 발전되어 있다. 돌로 만든 사자石獅子는 홍수신화의 형매결혼 모티프를 보여주는 동물로서 정령의 존재다.

'뇌공'전설에서는 신화에서 단순하게 표현되어 왔던 천지만물의 기원을 설명하고 있다. 뇌공전설은 모남족의 반고전설과 마찬가지로 뇌공의 이빨에서 박 덩쿨이 자라나는 것으로 연결되고 있어 홍수신화에서 구생도구인 박의 요소가 공유되고 있음을 볼 수 있다. 그 밖에 근친상간을 정당화하기 위한 몇 단계의 예표적인 절차를 통해 혼인의 타당성이 제기된다. 현실적으로 인류멸절의 위기와 유일한 생존자로서 형매관계에 놓인 주인공들에게 가해진 모순된 상황이 근친상간이라는 금기의식을 극복하기 위한 장치로 작용한 것이라고 볼 수 있겠다.

'복희형매혼인'전설은 우화 같지만 홍수 모티프를 통한 몇 단계의 전개과정을 통해 구성의 복합성을 드러낸다. 복희여와 형매의 혼인 이야기는 홍수신화가 발전되어 보다 풍부한 이야기 구조를 가진 민간전설화된 양상을 보여준다.

소수민족계열의 전승을 보면, 모남족의 반고전설에는 천상의 신인 뇌공이 등장하여 '반盤'과 '고古'라는 오누이에게 도움을 받고 그 대가로 두 개의 이빨을 주며 이 이빨에서 자라난 박이 홍수를 극복하게 해준다는 이야기 구조로 되어 있다. 이는 한족계열의 뇌공전설과 매우 흡사한 이야기 구조다. 커다란 박이 생명을 구하는 도구로서 인류의 생존과 관련된 소재로 등장하고 있는 것도 상호간에 공통된 내용으로 일치하는 부분이다. 또한 모남족 결혼풍속의 기원이 되는 반고형매전설에서는 '흙으로 인간을 빚어 만드는' 泥土造人型 신화적인 모티프가 반영되어 있어 남방계열 신화의 특징을 드러낸다.

여족 '형매혼인'전설은 천산갑穿山甲의 희생과 박 속으로 들어간 형매와 물소, 황소, 돼지, 개, 고양이, 도마뱀, 사마귀 등이 5일간의 홍수를 겪은 후 세상만물의 새로운 시작을 이룬다는 이야기다. 각 종족의 기원을 설명하는 이 전승은 비록 박[葫芦]과 관련된 이야기 구조는 유지하지만 뇌공의 역할이나 성격, 그리고 형매의 혼인과정 등에서 극적인 장애가 보이지 않는 점이 특징이기도 하다.

납서족 '추연노일저' 전설은 마릉인 3형제의 이야기로 복합적인 사건의 전개양식을 토대로 한 발전된 구성을 확인할 수 있다. 주인공이 홍수를 대비하여 진지하게 준비를 하고 일정한 장애를 극복하고 마침내 천상 선녀와 결합하여 종족의 시조가 된다는 이야기 형태를 취하고 있으나,

홍수를 극복하는 수단으로서 박 대신 소가죽으로 만든 자루부대가 등장하는 점이 이색적이다.

　이러한 소수민족계열의 전승자료에서 홍수사건은 그 자체 하나의 모티프로만 나타날 뿐, 이야기 구조에서는 더 이상 중심에 있지는 않다. 그것은 소수민족계열의 신화가 민간전승을 통해 사실상 전설화되었음을 입증한다고 하겠다. 소수민족계열의 홍수신화만이 전승을 통한 전설화 경향을 뚜렷하게 보여주는 것은 아니다. 오히려 한족계열의 '반고형매'전설이나 '뇌공'전설, '복희형매혼인'전설 등은 신화적인 요소에 이야기의 전개양상이 복합적인 구성을 띠면서 홍수신화는 보다 활발한 이야기 구조를 형성했던 것으로 이해된다.

불, 자연의 현상과 생활문화의 도구 : 전승의 유형별 비교

한족계열의 불 고사

　중국의 신화는 한족계통과 소수민족계통의 두 계보를 통해 불의 기원과 생활수단으로서의 전화과정을 다룬 이른바 불과 관련된 신화전설을 형성하고 있다. 중국의 불 신화에서는 자연현상의 일부였던 불이 문화영웅에 의해 생활영역으로 전달되었을 뿐만 아니라 그 이용방법을 전수함으로써 문화의 찬란한 업적을 이루는 효시가 되었다. 그러나 불을 얻는 '채화採火' 과정에 나타나는 문화영웅들의 역할은 비교적 제한된 성격을 지니고 있다.

　그 같은 중국신화의 특성에도 불구하고 중국의 불 신화전설에서는 영웅적인 역할보다 불과 인간과의 관계에 내재한 원초심리가 잘 드러난다. 즉 불을 바라보는 인간의 '공포'나 생활에 이용하려는 '필요성'을 엿보게 하는 신화적인 사유심리가 강하게 반영되어 있는 것이다. 왜냐하면, 불 신화에 보이는 불과 인간과의 관계에서는 불에 대한 인간의 근원적인 심리를 드러내는 신화적인 표현이 두드러지기 때문이다.

중국신화를 통해 보건대, 상고인들은 불을 자연현상의 일부로서 인지하였던 것 같다. 자연현상의 일부인 불은 우레나 벽력 같은 자연적인 발화發火현상과 결부되어 있다. 육조六朝시기에 나온 시가류에도 '벽력霹靂・열결烈缺・토화吐火' 등과 같은 자연현상의 일부인 불의 양상이 묘사되고 있다. 그러나 시가에서 나오는 표현 양상은 직접적인 신화자료라고 보기 어려운 만큼 단지 자연적인 불을 통해서 신화의 원형을 기상이나 계절과 연결시켜 보았다는 단초라 여겨진다.

신화적인 자료들은 기상이나 계절의 변화에 따른 자연현상으로서 '발화 상태'가 아닌 '작위적인 과정'이 삽입되어 있는 불 현상을 묘사하고 있다. 이러한 생태계의 자연스런 활동을 통해 채화되는 형태의 신화적인 기록은 『습유기拾遺記』에서 보인다.

> 수명국에서는 계절과 밤낮을 구별할 수 없었다. 불나무가 있어 수목遂木이라 불렀는데, 만경이나 뻗쳐 있었다. 새가 있어 호鴞라 하였는데, 나무를 쪼면 환하게 불꽃이 일어나 성인이 감동하였다. 그래서 그 가지를 가져다가 불을 붙였으니 수인燧人이라 불렀다. 『노사路史』

'수명국'의 불 이야기에 나오는 채화 과정은 자연현상을 그대로 관찰한 것에 기초를 두고 있다. 이야기의 주체라고 할 문화영웅은 직접적인 불을 일으키는 원인에 개입하지 않고 단지 불을 옮겨놓는 제한된 활동에 그치고 있다. 즉 불의 기원이 나뭇가지로 마찰시켜 불을 일으키는 방법과 결부되어 문화영웅의 역할은 소극적인 범위에 그치고 있다. 무성한 불나무인 수목에

'호'라는 새가 있는데 이 새가 나무를 쪼아 환한 불꽃이 일어났으며, 이를 발견한 성인이 감동을 받고 가지를 가져다가 불을 붙여 옮겨 놓았던 것이다.

수명국은 계절과 밤낮을 구별할 수 없는 암흑의 세상이었는데, 다행히 불나무가 있어서 새가 이를 쪼아 불꽃을 일으킬 수 있었다. 새의 도움으로 불을 일으킨 수명국은 마침내 낮과 밤, 계절의 순환에 따른 절기의 구별이 생겨 살기 좋은 곳이 되었다. 불의 기원과 관련된 수명국의 불 신화는 불이 자연적으로 발생한 현상이고 이를 발견한 성인이 감동을 받아 가지를 들고 가서 불을 붙임으로써 이루어졌음을 알려주고 있다. 여기에서 성인의 역할은 중요하다고는 할 수 있으나 적극적이라고는 말하기 어렵다. 문화영웅인 성인은 단지 자연의 현상을 발견하고 이를 옮겨놓는 '제한된 역할'만을 하고 있기 때문이다.

신화에서 불은 자연현상과 문화양식이 교차되는 이중성을 지닌 대표적인 소재다. 자연 현상으로서의 불은 생활에 직접적인 필요를 제공하게 되고, 필요에 따라 이루어진 불의 관리와 활용은 곧 바로 문화적인 성격을 반영하게 된다. 불은 번갯불이나 불의의 화재 등과 같은 자연상태로부터 문명이나 문화의 변화에 따라 인간의 필요에 따라 화로라든지 일상적인 연료와 보온재로 바뀌게 되었다.

중국신화에서는 일반 동물과 달리 도구를 사용하는 인간이 생활을 영위해 나가는 과정에서 불이 주요 수단이었다는 점을 제시해주고 있다. 인간은 생존에서 식생활과 직결되는 과일·풀·열매·조개 따위의 날것을 먹고 질병을 얻어 생명을 위협받거나 때로는 집단적인 발병으로 종족의 보존 자체마저 위협당하는 처지에 놓였다. 이러한 상황에서 문화영웅이 나타나서 인간에게 불을 얻어주었을 뿐만 아니라 이를 식생활에 이용하는 화식법火食法까지 전수해주었다.

먼저, 중국신화에서는 재능을 가진 성인이 나타나서 나무를 마찰시켜 인간 생활에 필요한 도구인 불을 일으키는 '찬수鑽燧'의 방법을 발명하게 된다. 다음 인용문은 그러한 불의 신화적 양상을 보여준다.

수인이라 불리는 이는 누구인가? 나무를 비벼 불을 일으키고 백성에게 음식을 익히는 것을 가르쳐 사람을 기르고 이롭게 하며 냄새와 독을 제거했으니 이를 수인燧人이라 한다. 「백호통白虎通」

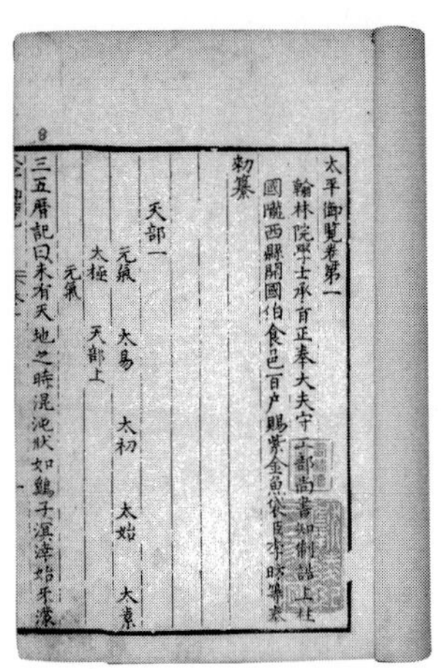

『태평어람(太平御覽)』　북송시대 국가에서 편찬한 '사대서(四大書)' 중의 하나. 『사고전서총목제요(四庫全書總目提要)』에 "송나라 이방 등이 교서를 받들어 편찬했다. 태평흥국 2년에 조칙을 받들어 8년에 책이 완성됐다. 처음에는 태평류편(太平類編)이라 했다가 나중에 개명하여 태평어람이라 했다. 송민구는 춘명퇴조록에서 이르기를 책이 완성된 다음에 태종이 날마다 3권씩 보다가 1년만에 독파했으니, 이런 인연으로 이와 같은 이름을 내렸다("宋李昉等奉敎撰. 以太平興國二年受詔, 至八年書成. 初名 『太平類編』, 後改名爲 『太平御覽』. 宋敏求 『春明退朝錄』謂書成之後, 太宗日覽三卷, 一歲而讀周, 故賜是名也")라고 했다. 전체를 50개 문(門)으로 나누고, 각 문하(門下)는 자목(子目)으로 나누니, 도합 4천 558개 자목이 있다. 태평어람은 자료가 비교적 충실히 보전되어 있고, 인용된 자료가 많아 고대의 복식·음식·기물을 연구하는 데 귀중한 자료가 된다.

위 인용문에서는 수인과 그의 역할이 중점적으로 묘사되어 있다. 여기에서는 수인이 등장하고 그가 행한 불의 발명과 활용에 대한 설명이 보인다. 즉 수인은 나무를 마찰시켜 불을 만들고, 백성에게 음식을 익히는 방법과 냄새와 독을 제거하는 방법을 가르친 문화영웅이었다. 인간생활에 필요한 불을 제공하고 음식을 익혀서 먹는 화식법과 독이나 냄새를 제거하는 방법을 가르쳐준 문화의 전수자였던 것이다. 실제로 수인은 수명국의 이야기에서 본 바와 같이 채화의 주인공인데, 그는 『태평어람』과 『예문유취藝文類聚』에 나오는 유사한 또 다른 이야기에도 등장하고 있다.

　신화의 내용은 처음 시작부터 수의 존재에 대해 궁금해하며 반어법으로 그 존재의 성격을 강조한다. '수'는 의미상 부싯돌을 가리키지만,『설문해자說文解字』에 의하면, 글자의 조형이 하늘에 올라가서 신이 내려오는 신성한 계단의 상형자를 포함하고 있다. 다시 말하면, '수'는 계단을 밟고 위로 올라가서 불을 가지고 온다는 조형상의 의미가 있다는 것이다. 이를 유추한다면 수인은 불을 인간세계에 전해준 신성한 직분을 수행한 은인자라는 성격을 지니고 있었다.

그런데 불의 발명과 관련된 문화영웅으로서는 수인 외에 복희와 황제가 있다.

복희는 백우伯牛에게 자리를 내어주고 나무를 비벼 불을 일으켰다.
『역사繹史』 권3, 인위 「하도정보좌河圖挺輔佐」

위의 인용문에서는 복희가 불을 발명한 주체자로 등장하고 있다. 실상 복희는『세본世本』「제곡편帝繫篇」을 비롯한 관련 자료 등에서는 태호太昊와 연칭되는 존재로서 뇌신의 아들이었다. 그는 채화의 주인공일 뿐만 아니라 '결망結網'이라든지 '천제天梯' 혹은 '건목建木으로 등천登天'한 사실과 관련된다. 그런가 하면, 인류의 기원으로서 복희형매 이야기 등 그 역할이 다양하게 나타나기도 한다.

한편, 황제는 불을 발명하는 주체로 등장하기도 한다.『태평어람』에 실려 있는 복희와 불이 관련있는 것으로 나타나기도 한다. "황제는 나무를 송곳으로 뚫고 불을 일으켜 양념을 넣어 구웠으니 백성들이 이를 먹어도 장과 위에 탈이 없었다."고 한다.

황제가 등장하는 불의 발명에 관한 이야기는 수인의 불의 발명에 관한 이야기와 유사하다. 그러나 황제가 주인공으로 등장하는 불의 발명 이야기에서는 음식의 가공, 첨가물의 삽입, 그리고 그로 인한 인간의 신체적 장애가 극복되었다는 이야기가 포함되어 있다.

황제는 신직神職에 변화가 비교적 많은 신이다. 황제가 차지하는 신화상의 비중이 큰 만큼 기록도 다양한데, 황제는『장자』「제물론」을 비롯하여 『여씨춘추』귀공貴公,『서書』「여형呂刑」,『태평어람』권79인「장자만기론莊子萬機論」,『회남자』「천문훈」,『역사繹史』권5 인「신서新書」,『열자』「황제」,『대대례大戴禮』「오제덕五帝德」 등에서 나타난다.

황제는 최초에 뇌신이었고 치우蚩尤와의 전쟁을 통해 패권을 차지하였으나 후대 자료에서는 주요한 이야기의 주인공으로 정착되었다. 뇌신인 황제는 '용의 몸에다 사람의 머리'를 한 형상이었는데, 배를 두드리면 우르렁거려 마치 우레와 같은 소리를 냈다. 그는 뇌택에 큰 발자국을 남겼고 화서는 이를 밟고서 복희宓犧, 伏羲를 낳았다.

이처럼 불과 관련된 신화에서 수인燧人, 복희伏羲, 황제黃帝는 비록 다른 이야기 구조이기는 하지만 서로 연관되어 나타나고 있다. 황제는 뇌신과 관련이 있고 뇌신은 복희를 낳은 원인자이므로 황제와 복희는 동일 계통에 속하고 있음을 알 수 있다. 이들은 중국문화상의 영웅으로 불리는 이른바 '삼황오제三皇五帝', 즉 복희·여와·신농神農·수인·황제 등이다. 삼황오제가 자연현상의 일부인 우레와 같은 채화 이전 상태에 있는 자연현상의 일부인 불이나 또는 작위적인 과정을 거쳐 불을 만들어내는 불 신화에서 주체로 등장하고 있다는 것은 주요한 문화상의 소재인 불의 기원과 관련하여 이들 문화영웅의 역할을 강조하고 있는 구술적 근거라고 이해된다.

한편,『산해경』「해내남경」에는 동물의 몸통에 사람의 얼굴을 한 남방의 축융祝融이 등장하는데 '축융'을 곽박郭璞의 주에서는 '화신'이라고 하였다. 곽박의 해석은 아마도『좌전』소공이십구년에 보이는 화정火正을 축융이라고 지적한 사실과 연결되는 듯하다. 이러한 기록은 신화의 존재가 오행사상을 통해 계절과 방위와 대응되면서 곧 사회상의 관직으로 전화되었던 흔적을 보여준다.

축융의 존재 외에 불과 관련이 있는 염제炎帝도 주목할 대상이다. 『회남자』나 『논형』의 기록에 따르면 염제는 불을 일으켰는데 죽어서 부뚜막 신[竈神]이 되었다. 『좌전』의 애공哀公 29년 기록에 염제가 불의 신[火師]으로 등장하는데, 이는 화정火正이었던 축융의 기능과 유사한 직제였을 것이다. 불과 관련된 염제의 역할은 『관자』에서도 보인다.

염제는 부싯돌을 마찰시켜 불을 일으켜 비리고 냄새나는 것을 익혀 백성들에게 먹게 하였다. 그렇게 하자 사람들의 위장에 탈이 없어지고, 비로소 세상이 조화롭게 되었다. 염제는 불을 일으켰을 뿐 아니라 비리고 냄새나는 것을 익혀먹는 이른바 화식법을 전수하여 백성들의 위장병을 없애주고 생활의 조화를 추구하게 만든 문화영웅이었던 것이다. 그의 역할은 다양하며 매우 적극적인 성격을 보여준다. 이러한 염제를 주체로 하는 불 신화는 불을 일으키고 화식법과 냄새나 독을 없애는 방법을 전해주었던 수인, 불을 발명했던 복희, 그리고 나무를 송곳으로 뚫어 불을 일으키고 양념을 넣어 구워서 위장에 탈을 없앴던 황제가 등장하는 불 신화와 연결된다.

이러한 신화고사는 화신이 여러 형태로 전화되었음을 암시하는데, 수인, 복희, 황제나 염제 등은 모두 불의 기원과 일정하게 관련을 갖는 문화영웅으로 엇갈려 나타나거나 연결되어 나타난다. 이렇게 불 신화를 둘러싸고 그 주체가 여러 형태의 신이나 신격을 지니고 있다는 것은 결국 신화계통의 차이가 신화 내용에 상이성을 부여하고 있는 것으로 여겨진다.

소수민족계열의 불 고사

소수민족계통의 신화전설에서는 불 이야기를 통해 우레나 번개 같은 자연적인 현상에 대한 인간의 공포를 설명해주고 있다. 고산족의 전설이 그 대표적인 예라 하겠다. 고사에 의하면, 사냥을 갔던 아버지가 집으로 되돌아가버린 아들을 찾아 고함을 치자 그 소리가 하늘까지 닿아 승천하여 뇌신이 되었다. 어머니 역시 손에 송진 알맹이를 가지고 있다가 하늘로 올라 천둥 할멈이 되었다. 그 이후로 천둥번개가 칠 때마다 아들은 자신이 부모를 속인 잘못을 두려워하게 되었다. 고산족의 전설은 천둥과 번개가 칠 때마다 죄의식을 불러일으켜 두려움을 갖게 하는 인간의 마음을 묘사한 것이라고 생각된다.

소수민족계통의 신화에서는 자연현상 자체에 주목한 불 신화에 대한 설명이 얼마 되지 않는데 이 역시 한족계통 신화와 마찬가지다. 한족계통 신화에서는 '수명국燧明國'의 수인이 '호鴞'라는 새가 쪼아 만든 불꽃에 가지로 불을 붙였다는 이야기가 있는데, 이는 인간생활에 비교적 근접해 있는 이야기로 여겨진다. 반면, 소수민족계통의 신화에서는 자연현상의 일부인 우레나 번개처럼 인간생활과는 좀더 거리가 있는 자연 상태를 묘사한 고사다. 그러나 인간생활과 거리감이 있는 소수민족계통 신화는 단지 자연 현상 자체만을 그리고 있는 것 같지는 않다. 오히려 자연 현상 자체에 대한 인간의 공포에 더 깊은 관심을 표현하고 있는 것으로 보인다.

하늘로 승천한 아버지와 어머니. 그 이전에 발생했던 문제 즉 사냥을 나간 부자가 겪었던 오해나 어머니의 송진 알맹이를 통한 감응, 그리고 부부의 승천에 따른 뇌신과 천둥할멈의 존재는 이미 기정사실이 되었다. 이제 중요한 것은 천상에서의 현상과 지상에 남은 아들과의 관계다. 아들은 천둥번개가 칠 때마다 부모를 생각하며 두려워하게 된다. 마치 인간생활을 위협하는 자연현상으로서 천둥번개가 인간에게 항상 두려움의 존재이듯이 말이다.

고산족의 이 전설은 구성에서도 신화적인 형태를 넘어 이야기로서의 구조를 상당하게 갖추고 있다. 그러나 신화적인 사유심리는 전설보다 신화양식에 보다 가까운 것이라 생각된다. 왜냐하면, 자연현상과 인간의 심연 속에서 일어나는 공포의 근원을 다루고 있다는 점에서 생활의 인과관계나 교훈을 다루는 전설과는 차이가 있기 때문이다.

한편, 소수민족의 신화 중에서 불의 기원을 직접적으로 설명하고 있는 것은 포이족, 태족포각인傣族布角人, 고산족, 포농인布農人, 어룬춘족의 신화전설들이다. 이러한 소수민족의 불 신화전설에서는 한족계통의 불 신화에 등장하던 문화영웅과 같은 명확한 주체들이 나타나지 않은 경우가 대부분이다.

포이족의 신화전설을 보면, 불이 없었던의오랜 옛날에 산림 속의 모든 초목과 동물이 화산폭발로 타버려 구워져 먹기에 좋다는 것을 사람들이 알게 되었다. 이제 사람들은 불의 쓰임새를 알게 되었으나 불씨를 전해줄 방도가 없었다. 논의 끝에 '아당阿當'이라는 젊은이를 뽑아 불씨를 구하러 보내기로 했다. 그러나 큰 언덕과 강을 지나 깊은 산림을 두루 돌아보아도 불씨는 찾을 수 없었다. 마침 제비에게 불씨에 대해 물어보니, 제비는 집 대들보에 자기 집을 짓도록 허락해 달라고 하였다.

아당은 그러겠다고 약속을 하고 제비로부터 서쪽 끝의 화염산에 불씨가 있다는 이야기를 들었다. 그러나 서역 끝은 너무 멀어서 아무리 걸어도 도착할 수가 없었다. 그때 야생마를 발견하고는 서쪽으로 가는 자신을 태워줄 것을 부탁한다. 야생마는 인간들이 마굿간을 만들어 키워달라고 하였고 아당은 그렇게 하기로 하였다. 그렇게 하여 화염산에 도착했지만 뜨거운 불강에 가로막혀 건널 수가 없었다. 야생마가 가르쳐준 동굴에서 무서운 용이 지키고 있는 뇌공의 도끼를 가져다가 다리를 내고는 우여곡절 끝에 불씨를 구해 돌아오는 데 성공하였다.

불씨를 얻기 위해 노력하는 '아당'은 한족계통 신화에서 볼 수 있는 문화영웅에 준하는 존재임을 알 수 있으나 그의 존재적 성격은 신이 아닌 인간이다. 그러나 '뜨거운 불강'이라는 장애를 야생마의 도움과 뇌공의 도끼를 가지고 극복해가는 과정에서 보여준 그의 지혜와 의지는 매우 영웅적이었다. 전설화된 흔적이 강한 포이족의 불에 관한 이야기는 신화 자체에 대한 요소는 매우 약화되어 있다. 단지 뇌공과 같은 신화적인 주인공이 등장한다든지 또는 장애를 극복하는 과정에서 초인적이거나 탈자연적인 방식만이 유일하게 신화적 색체에 영향을 받은 것이었다.

태족포각인의 신화전설에는 단지 날 수 없었던 새[飛羅]와 날 수 있었던 인간이 서로 날개와 불씨를 교환했다는 이야기가 전해진다. 오랜 옛날 사람은 새처럼 날 수 있어서 어디든지 날아다닐 수 있었다. 그러나 불이 없었기 때문에 동굴에서 지내거나 날 것을 먹으며 지낼 수밖에 없었다. 깊은 숲 속에 '비라'라는 불을 가진 새가 있었는데, 이 새는 날 줄을 몰랐다. 어느 날 한 사냥꾼이 그 새의 곁을 날아가게 되었는데, 비라가 날개 없는 자신의 처지를 탄식하였다. 사냥꾼은 자신의 날개와 비라의 불씨를 서로 바꾸자고 제안하였다. 이렇게 하여 비라는 날개를 얻고 사람은 불을 얻을 수 있었다.

이 이야기에서는 '비라'라는 새와 불씨가 서로 대칭관계를 이루고 있음을 알 수 있다. 인간과 조류가 각각 부족한 부분을 교환함으로써 균형 상태를 만들어 간다. 태족포각인의 불 신화전설은 포이족에서보다 오히려 더욱 전설화되었음을 알 수 있다. 날개 없는 '비라'라는 새와 불은 없으나 날개를 가진 인간의 부족한 부분의 교환을 통한 공존. 그것은 자연의 조화를 의미하는 것으로 이해된다.

이러한 이야기가 민간전승 차원에서 완전하게 전설화 경향을 보이고 있다고 할지라도 태족포각인의 불 이야기는 이미지나 소재, 이야기의 구성방식 등에서 이성적인 '합리성'이 아직은 약할 뿐 아니라 이야기의 주제 또한 교훈성보다는 존재의 이유 자체에 비중을 두고 있는 것으로 보인다. 태족포각인의 불 이야기는 신화전설의 이중적 성격을 지니고 있는 것으로 이해된다.

또한 고산족, 포농인의 신화전설에는 불이 인간 세상으로 들어오게 된 경위를 다룬 내용이 나온다. 지금의 모습과는 달리 '아리산阿里山'은 원시 산림이었고 사람들은 나뭇잎으로 옷을 만들어 입고 살았다. 그곳에는 '흑비사黑必士'라는 아름다운 새가 있었다. 어느 날 사람들이 아리산 정상까지 사슴을 뒤쫓아 가서 잡으려 했으나 홀연히 사라져버렸다. 사람들이 지치고 배가 고파서 쉬고 있었는데 저 멀리 하늘에서 금빛 찬란한 물체가 다가오는 것을 보고는 누군가 소리쳤다. 펄럭거리며 다가온 금빛 찬란한 물체는 한 마리의 새였다. 새는 빛나는 검은 비단 날개와 붉은 산호 같은 다리, 그리고 입에는 빛나는 물체를 물고 있었다. 새는 아리산을 세 바퀴 돌면서 사람들을 불러모았다. 사람들이 그 앞으로 모여들자 새는 입 속에서 붉고 빛나는 물건을 토해냈다. 그것이 곧 뜨거운 불이었다.

고산족 포농인의 불 신화전설 역시 태족포각인의 불에 관한 이야기가 그러하듯이 인간과 자연의 조화로운 삶을 이야기한다. 전설적인 '아리산'을 무대로 펼쳐지는 사람들이 불을 얻기 위한 여정은 한 편의 시처럼 아름답게 전개되어 있다. 뒤쫓던 사슴이 사라져 버린 후 하늘에서 금빛 찬란한 한 마리의 새가 나타나 입 속에서 인간에게 귀한 불을 토해냈다. 이러한 이야기를 통해 보이는 인간생활에 유익한 생활수단이 되는 불은 투쟁성이나 인간의 불을 획득하기 위한 노력의 결과라기보다는, 자연적인 혜택의 결과요 선물이었다. 그만큼 고산족 포농인의 불에 대한 이미지는 인간을 이롭게 하는 천혜의 선물로서 자연친화적으로 그려지고 있다. 문학적인 표현양식도 신화적 이미지를 풍부하게 전달하는 전설이다.

끝으로 소수민족의 신화전설 가운데서 어룬춘족의 불 신화는 인간세계의 불을 어떻게 보존해야 하는지를 설명해 주는 이야기다. 한 여인이 임시로 거주하는 가옥에서 불을 지피고 있었다. 불의 신인 '화성'이 그 여인의 몸에 떨어져서 그녀의 옷과 살을 태웠다. 그녀는 몹시 놀라고 화가 나서 사냥칼을 꺼내어 불더미를 짓이겨 버렸다. 그런데 그 여인은 주거지를 옮겨다녀야 하는 처지였으므로 새로운 곳으로 가서 화로를 설치한 후 불을 지피고자 했으나 도무지 불이 일어나지 않았다. 그래서 이웃으로 불씨를 구하러 가던 도중에 한 노파가 울고 있는 것을 발견하였다. 노파의 눈에서는 피와 눈물이 흐르고 있었다. 까닭을 묻자 노파는 화를 내며 불을 짓이겨버려 자신이 눈을 다치게 되었다는 이야기를 해주었다. 본래 노파는 화신이었던 것이다. 이에 그녀가 자신의 잘못에 대해 용서를 빌고, 노파가 말한 대로 가서 불을 지피니 그제야 불이 일어났다.

어룬춘족의 불 이야기는 불을 획득하는 과정보다 불을 보존하는 데 치중하는 이야기 구성을 보여준다. 한 여인이 임시로 주거하는 가옥에서 불을 지피고 있었다는 이야기는 정착기 원시인들의 생활상을 반영한다. 불의 신인 '화성'과 노파의 연결고리 속에서 인간들은 불씨를 보존하는 방법이 용서와 화해의 선물이라는 점을 배우게 된다. 이야기에서는 '사냥칼'이나 '불더미를 짓이겨 버리는' 폭력적이거나 불에 대한 외경이 배제된 행위를 부정한다. 그런 것은 불을 보존할 수 없게 하는 것이기 때문이다.

제3장 신화로 본 문화기원과 문학공간

문화의 시작 이야기

고대중국의 기원신화는 문화영웅의 등장을 통해 인문화 경향을 띠게 된다. 인문화란 이야기 구조가 신화적인 형식을 취하고 있다 할지라도 이야기의 근본 목적은 인간의 생활영역이나 기층문화와 관련하여 현실적인 관심과 동기를 해결하려는 사유심리로 변환되었음을 뜻한다. 그러므로 신화의 인문화 경향은 좀더 역사의식과 근접해 가는 양상을 보여준다.

문화의 기원신화에는 보편적인 기원의식이 내포되어 있는가 하면 신화의 주체가 성인이나 간선된 자인 이른바 문화영웅의 반(半)신격화가 엿보인다. 여기에서 말하는 문화는 인간생활에서 기본 요건인 의식주와 긴밀하게 연관된 물질의 발명이나 생활제도나 습관 등의 광범한 기층 생활양식을 포괄한다. 중국의 고대기원신화에서 문화신화의 범주는 불·곡식·도구의 기원, 문자·예술의 기원, 국가·제도의 기원 등에 관한 것이다.

인간의 생활에 없어서는 안 되는 필수적인 재료인 곡식에 대한 기원은 농사와 관련한 신화의 기록에 포함되어 전한다. 이 세상에 곡식을 처음 생겨나게 한 중국의 신화상의 인물은 염제(炎帝)다. 염제는 신농(神農)이라고도 하는데 그는 농사와 의학의 신이었다. 신농은 인간에게 곡식을 제공하고 농구를 제작하거나 농사하는 법 등을 통해 농업의 시작에 큰 도움을 주었다.

신농씨

신농神農 때에 하늘에서 조를 비로 내리자 신농이 처음으로 일구고 파종하였다. 도끼를 갈고 다듬어 쟁기·보습·호미·괭이를 만들어 황무지를 개간하였다. 그런 뒤에 곡식이 자라도록 돕고 온갖 과실이 열매 맺도록 잘 갈무리하였다. 『역사繹史』 권4에 인용된 「주서周書」

옛날 사람들은 모두 짐승 고기를 먹었다. 신농 때 이르러 사람들이 많아지니 짐승이 부족해지게 되었다. 이에 신농은 사람들에게 농사법을 가르쳐 신기하게도 잘 자라게 하여 백성들을 배불리 먹였다. 『백호통白虎通』

　신농은 도끼를 갈고 다듬어 쟁기와 보습, 호미, 괭이 같은 농사도구를 개발하고 황무지를 개간함으로써 인간에게 곡식을 심고 가꿀 수 있는 터전을 마련해주었다. 곡식 낱알을 심어 가꾸고 또한 수렵을 하던 사람들에게 농사의 기술을 가르쳐주어 사람들의 생활은 점차적으로 안정되었다.

　역사적으로 농사기술은 신석기시대에 들어와 전파된 것이다. 농삿일은 인간에게 한 곳에 머물러 사는 정착생활을 가능하게 했는데, 중국에서는 하대夏代에 수렵과 농업이 함께 이루어졌고 은대殷代에 와서는 농업이 주종을 이루었다. 그러나 각종 농기구를 이용하여 농지를 개척하고 풍부한 생산을 독려한 시기는 『한서』 「식화지食貨志」에 의하면 춘추전국시대의 일이었다.

　농경사회에서 우물이나 샘은 생산을 위한 중요한 시설이었다. 신화에서 우물[샘]은 생명을 잉태하고 그것을 키울 뿐 아니라 인간이 공동으로 생활하는 공동체의 심장 같은 공간이었다. 신화는 사람들이 문화영웅을 통해 농업을 시작할 수 있는 곡식과 농기구를 획득하고 나아가 정착을 위한 시설로 샘과 같은 공동체 생활의 시설을 갖추게 되었음을 전해준다.

> 신농은 곡식이 자라자 아홉 개의 샘을 스스로 뚫었다. 한 샘에서
> 물을 길으니 다른 샘들도 물이 솟구쳤다. 『후한서後漢書』「군국지郡國志」

생활이 일정한 공간 내에서 비교적 안정된 상태를 유지하게 되자 인간들은 식생활에서 보다 안전한 조건을 찾고자 했다. 곡식의 생산 외에도 주변에 있는 각종 풀을 살펴 사람을 위협하는 독소가 없는지 식별하여 안전한 식생활을 도모한 흔적을 살필 수 있다. 신화 이야기에서 이 같은 독풀이나 식물의 독소 존재 여부를 감별하는 일은 신농에게 맡겨진 임무였다.

> 신농은 여러 풀의 맛을 감별하였다. 하루에 칠십 가지의 독소를 맛보았
> 다. 『회남자淮南子』「수무修務」

> 신농은 붉은 채찍으로 여러 풀을 쳐서 독성과 냉온의 성질을 두루
> 알아 냄새와 맛으로 감별하여 뭇 곡식을 심었다. 『수신기搜神記』권1

신농은 인간에게 곡식을 가져다주었고 농사법까지 알려주었다. 게다가 그는 인간의 안전한 생활을 도모하기 위해 풀과 같은 식물을 채취할 때 독소를 감별하는 방법을 가르쳐주었다. 실상 이 모든 것은 인간 스스로 터득한 생활의 지혜일 수 있다. 그러나 신화에서는 그러한 방법들이 문화영

웅으로 불리는 신농신神農神의 역할에 힘입은 것이었다고 설명한다. 신농의 독소감별은 한편으로 그가 의학의 시원자였음을 보여주는데, 그의 감별은 일상생활에 쓰이는 곡식에서부터 점차 확대되어 불사를 위한 약초의 발견으로까지 연결되었다.

그러한 과정에서 하나의 믿음이 생겨났다. 오곡五穀은 인명과 생사에 긴요한 요소로서, 천신天神이 주관하는 풍흉의 조절을 통해 영그는 알곡이란 어떤 신비한 영력靈力을 지닌 생명체였다. 오늘날에도 '밥이 보약이다'라는 말이 있지만 신화에서 볼 수 있는 그러한 믿음은 탈 없이 먹는 식생활이 사람에게 주는 이로움이 얼마나 컸는지에 대한 상고인들의 심리를 보여준다. 음식의 재료인 먹거리가 곧 천혜의 약초였다.

> 염제 때 붉은 참새가 아홉의 벼이삭을 물어다 땅에 떨어뜨린 적이 있었다. 염제는 이를 주워 밭에 심었다. 이를 먹는 자는 늙어도 죽지 않았다. 『수신기搜神記』 권1

신농이 곡식·농사법·식물의 감별법과 관련된 활동을 했다면, 그 밖에 생산과 채취를 위한 도구를 제작한 문화영웅도 있었다. 태호太昊는 복희와 동일시되는 존재로, 거미줄을 본떠서 그물을 짜서 인간의 어로활동에 필요한 수단을 마련해주었다. 그물 외에도 복희는 도량형 기구를 제작하는 역할을 수행한 적도 있었다.

> 이 화상畵像에서 복희는 구矩를 갖고 있으며 여와는 규規를 쥐고 있다. 구는 반듯하고 네모진 것을 만들어 팔괘八卦에 사용하였다. 규는 원으로 바꾸어 태극에 이를 사용하였다. 『수신기搜神記』 권1

창힐　최초로 문자를 창제한 사람으로 전해진다. 태어날 때부터 성덕(聖德)이 있었는데, 자라서 새나 짐승의 발자국을 보고 문자를 창안하여 그때까지 새끼의 매듭으로 기호를 만들어 쓰던 것을 문자로 고쳤다고 한다. 그에 대한 이러한 전설은 『설문해자(設文解字)』가 나온 한(漢)나라 때 이미 전해져 있었고, 창힐이란 이름이 붙은 서적명이 『한서(漢書)』「예문지(藝文志)」에 남아 있다.

역사상 도량형의 통일이 진대秦代에 이루어졌다는 사실은 널리 알려져 있다. 규規나 구矩에 관한 기록은 광의적인 의미에서 신화의 이야기로 간주될 수 있지만 실상은 역사적인 제도와 문화로의 이입을 설명하기 위한 기원에 관한 전승적인 기술이다. 원형이나 네모꼴의 일정한 규격과 전범典範을 통해 역사적인 도량형 통일로 나아가는 문화적인 발전의 과정을 설명해준다.

중국신화에서는 타국과 달리 문자와 예술의 기원에 관한 기술이 있어 주목된다. 문자의 발명은 흔히 역사상 권력의 한 수단으로서 일종의 신권정치神權政治의 제도적 기반이었다. 문자는 신과의 대화를 가능케 하여 하늘과 땅을 교통하게 할 뿐 아니라 사회적 통합을 위한 일종의 통제장치였기 때문이다. 중국에서는 '신화'라기보다는 '신화적인' 이야기를 통해 문자의 기원을 설명한다. 신화적인 이야기에서 문자의 출현은 문화영웅인 창힐蒼頡의 발명에 의한다. 창힐은 머리에 네 개의 눈을 갖고 있고 신령한 지혜를 지녔다고 전해졌다.

문자를 발명한 창힐은 특이한 형상을 한 신통력을 지닌 존재여서, 비록 그를 문화영웅이라고 부른다 할지라도 인간의 존재라고 보기는 어렵다. 문자의 발명은 비록 역사적인 사실이라 할지라도 먼 상고의 일이고 보면, 창힐의 문자발명에 대한 이야기는 아주 오랜 인류문명의 기원을 신화적인 가탁으로 설명한 기술이라 하겠다. 문자 출현이라는 대사건은 입에서 입으로 전해져 왔으니, 그것은 반드시 한 가지 유형일 수만은 없었다. 주인공은 창힐이라 해도 또 다른 기록은 문자발명의 양상을 달리하고 있는 것이다.

> 황제黃帝의 사관인 창힐은 새와 짐승의 발자국 흔적을 보고서 그 무늬가 구분된다는 것을 알고 처음으로 글자를 만들었다. 『설문해자說文解字』「서敍」

문자의 이름을 '문文'이라고 한 것은 창힐이 글자를 만들 당시 사물의 형상을 본떠서 만들었기 때문에 무늬文라는 의미로 그렇게 불렀다. 최초의 문자 출현 과정은 문자가 사물의 형상을 비롯한 자연의 재현再現에 가까운 것으로서 인간의 작위와는 거리가 있었음을 말해준다. 작위가 있기 전에 자연이 있었다. 이미 자연 안에 문자는 존재하고 있었다. 인간이 자연을 바라보며 그것을 인지하기 시작했을 때 문자는 인간의 생활영역 안으로 들어왔다. 왕충王充의 저술인 『논형論衡』에서는 "창힐이 글자를 만들 때 사물과 서로 관련을 지었다"라고 갈파한 바 있었다.

> 창힐이 글자를 만들자 하늘은 좁쌀로 비를 내렸고, 귀신은 밤에 울음을 터뜨렸다. 『회남자淮南子』「본경本經」

> 문자를 만들어 …… 군신의 직분이 바로 되고 부자의 예의가 엄정해지며 높고 낮은 자 간의 질서가 바르게 되었다. 법도로써 일을 하고 예악으로써 중흥시키며 형벌을 분명히 하여 정치를 함에 교화가 서고 일의 수행에 관리를 두어 한결같이 이루어짐이 예외가 없었다. 이렇게 천지의 이치가 다 드러났다. 이에 하늘은 좁쌀로 비를 내리고 귀신은 밤에 울을 터뜨렸으며 용이 숨어들었다. 『노사路史』「전기前紀」

문자의 발명과 관련하여 사회적인 질서가 형성되었다거나 그 밖에 문화의 중흥·교화와 행정이 이루어졌다는 것은 모두 역사적인 해석에 속한다. 여기에서 신화적인 부분은 천지의 이치가 드러난 이후 하늘에서 좁쌀로 비를 내렸다거나 귀신이 밤에 울었고 용이 숨어들었다는 부분이다. 문자의 발명과 관련하여 왜 하늘에서 비를 내리고 귀신이 울고 용이 자맥질했는지는 이해하기 어렵다. 단지 그렇게 천지가 놀랄 만큼 문자의 발명은 큰 사건이었다는 점을 시사하는 것이 아닐까 한다.

예술의 기원에 관한 신화 역시 신화라기보다는 전체 이야기의 구조 안에 '신화적인 기술'을 담고 있는 기록이다. 예술이란 생활양식의 일부로 대표적인 유형은 음악·가무·문양을 비롯한 미술 등일 것이다.

중국신화에서 음악의 시작은 악기의 제조와 관련이 깊다. 음악은 본래 상고인들의 생활에서 민속가무와 함께 생활의 터전에 뿌리 깊게 유지되었다. 악기의 제조에서는 신화적인 주인공들이 반복되어 제조자로 등장한다. 인간창조에서 중요한 역할을 담당한 여와는 악기로 생황笙簧을 만들었다. 여와와 짝을 이룬 복희 또한 거문고[琴]를 만들어 가변곡駕辯曲을 지었다. 복희는 악기 제조에 머물지 않고 노래도 지었다.

이들 외에 제준帝俊의 계보에 문화영웅인 안룡晏龍을 비롯하여 무구無句·폭신공暴新公·소성공蘇成公·수隨 등도 악기 제조에 참여하였다. 상희常義의 대우적인 대상(짝)으로 등장하는 안룡은 거문고를 만들었다. 무구는 경쇠[磬]를 만들었고 폭신공은 훈[塤]을 만들었다. 소성공은 호箎를 만들었으며 수는 생笙을 만들었다.

이러한 악기와 더불어 신화적인 기술에 의하면 북의 일종인 고鼓라든지 연鼛 같은 악기의 제작도 이루어졌다. 신화적인 기술에서는 농사의 신인

신농과 같은 존재인 염제炎帝의 계보에 속하는 손자들이 과녁과 악기를
처음으로 만들었다.

염제의 손자인 백능伯陵은 오권吳權의 아내 아녀연부阿女緣婦와 정을
통해 연부가 잉태한 지 3년에 고鼓·연延·수殳를 낳았다. 수는 처음으
로 과녁을 만들었고 고와 연은 처음으로 종을 만들고 악풍을 지었다.
『산해경』「해내경」

종산신(鍾山神)의 아들인 고(鼓)

염제 계보의 손자들이 과녁과 악
기를 처음으로 만들었다는 이야기
인데, 오늘날의 악기분류법에서 보
면 그들이 만든 악기인 고鼓·종鐘
등은 타악기에 해당된다.『세본世本』
에서는 종의 종류가 경磬과 종鐘으로
구분되는데 이들은 각각 무구無句와
수殳에 의해 제작되었다. 이렇듯 중
국신화에서는 생笙이나 거문고 등의
제작에서도 그러했지만 악기 제조
에 다수의 신화적인 존재들이 참여
하고 있다는 것을 볼 수 있다.

그러한 신화의 이야기 가운데는 최초에는 짐승이었지만 이것을 재료로
해서 만든 기䕫라고 불리는 북은 오백 리나 되는 먼 거리까지 울려 퍼졌다는
흥미로운 이야기가 전해진다.

동해 가운데 …… 그 위에 소처럼 생긴 짐승이 있는데 푸른 빛깔의

기(夔)

몸에 뿔이 없는 외발이다. (그가) 물 속을 드나들면 반드시 비바람이 일고 그 빛이 마치 해와 달과 같으며, 그 소리는 우레와 같았다. 그 이름을 기夔라고 하였다. 황제가 이를 잡아 그 가죽으로 북을 만들어 뇌신의 뼈로 두들기니 그 소리가 오백 리까지 들려 천하를 놀라게 하였다. 『산해경』「대황동경大荒東經」

신비로운 동물인 기夔는 죽어서 북으로 변했고 그 악기는 출중한 성능으로 세상에 알려지게 되었다. 다른 기록에서는 노라는 악기가 음악을 주관하는 악사로 나타난다. 『세본世本』에 보면 노가 음악을 지었는가 하면 경磬을 만들기도 했다. 그 후 『풍속통의風俗通義』에 와서 기는 민간음악의 정통한 악사인 악정樂正이 되었고, 그로 인해 새와 짐승들이 따랐다. 『여씨춘추』 또한 이와 마찬가지의 이야기를 전해주고 있다.

노는 산림과 계곡의 소리를 본떠 노래로 삼고, 순록의 가죽 끈으로 질장구를 치며 돌과 돌을 부딪혀 상제 옥성玉磬의 소리를 본떠서 뭇짐승들이 춤을 추게 하였다. 『여씨춘추呂氏春秋』「중하기仲夏紀」 고악古樂

동물로서 후에 악정이 되었던 노는 소리로써 뭇짐승을 다스려 자연의 질서를 유지시키는 공로자가 되었다. 이러한 대자연에서 이루어진 조화로운 광경은 마침내 봉황까지 참여함으로써 절정에 달하였다. 한 악정이 지은 악곡에 따라 자연의 온갖 물상들이 순응하여 춤추는 장면은 마치 한편의 오페라를 연출하고 있는 듯한 느낌을 자아낸다.

요堯는 노를 전악典樂으로 삼아 돌과 돌을 부딪혀 뭇짐승이 따라 춤을 추게 하고 퉁소로 구소九韶를 아홉 번씩 연주하자 봉황이 우아하게 날아왔다. 『열자列子』「황제黃帝」

기夔는 순 임금의 악정으로서 음악으로써 세상을 다스리는 정리情理를 다하는 역할을 수행하였다. 순 임금으로 연결되는 기는 악사로서 정통성과 권위를 부여받고 있다. 그러기에 순 임금의 통치는, 악정인 기가 만물의 질서를 음악으로 조화롭게 만들어 감으로써 자연계와 인간계를 연결짓는 이상적인 통치를 구현할 수 있는 예악禮樂의 기반을 마

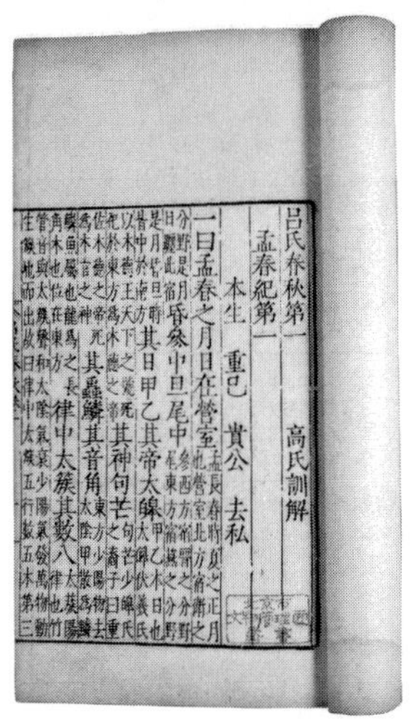

『여씨춘추(呂氏春秋)』 중국 전진(前秦)의 여불위(呂不韋)가 편찬한 일종의 백과전서. 여불위가 자신의 수하에 있던 3천 명의 식객에게 견문을 쓰게 하여 여러 학설과 설화를 모은 것이다. 처음에는 8람(覽)·6론(論)·12기(紀) 순으로 구성되어 「여람(呂覽)」이라고도 했다. 「서의편(序意篇)」에 "사람들을 통해서 자연의 이치를 알고, 인륜 실천의 규범을 깨닫도록 하기 위해" 책을 편찬했다고 적고 있다.

련할 수 있었다. 이것이 신화적인 이야기의 주인공인 기를 통해 알려주는 신화의 내적 의미다.

또 다른 기록들은 악기의 제조를 넘어 음악과 가요를 창작하고 보급하는 과정을 전해준다. 일종의 음악신의 계보를 알려주는 기록은 『산해경』에서 찾아볼 수 있다. 「대황서경大荒西經」에 의하면 요산㟍山에 태자장금太子長琴이라는 사람이 살고 있었다. 그의 조상은 전욱 계보의 후예들로 노동老童과 축융祝融으로 이어지는 문화영웅들이었다. 풍風의 음악을 선호한 전욱은 천상의 악사인 비룡飛龍에게 명하여 곡을 짓게 한 다음 이를 '승운承雲'이라 명하여 상제에게 제를 지냈다. 전욱의 아들인 노동은 그 음성이 종경鐘磬과

같았다.

그 밖에 제곡帝嚳은 함흑咸黑에게 명하여 구초九招·육열六列·육영六英 등을 짓도록 했다. 이렇게 음악은 그 자체에 머물지 않고 점차 여러 가무와 결합되면서 종합적인 행위예술로 발전되어 갔다. 『산해경』에는 8명이나 되는 제준의 아들들이 가무를 행했다는 기록이 있는가 하면, 제강신帝江神을 거론하며 가무의 기원을 전하는 이야기도 보인다.

> 천산天山에는 …… 어떤 신은 그 형상이 누런 자루와 같고 불꽃처럼 빨갛고 다리는 여섯에 날개는 넷이지만 얼굴을 분간할 수 없다. 이 신이 가무를 이해할 줄 아는 제강이다. 『산해경』「서산경西山經」

제강신帝江神은 그 형상이 혼돈과 같았다. 그런데, 『좌전左傳』에서는 그가 제홍帝鴻이라는 이름으로 불리며 역사적인 인물로 등장한다. 제홍의 이야기에서는 음악과 가무를 결합하여 신화적인 이야기를 더욱 아름답게 묘사했다. 하후개夏后開가 얻은 구변九辯과 구가九歌에 얽힌 이야기는 그러한 양상을 잘 보여준다.

> 서남해의 바깥에 …… 어떤 사람이 두 마리의 뱀을 귀에 걸고 두 마리의 용을 타고 있는데, 이름을 하후개夏后開라고 하였다. 개는 세 차례 하늘에 올라 구변과 구가를 얻어서 내려왔다. 천목天穆의 들판은 높이가 이천 길인데 개가 이곳에서 처음으로 구초九招를 노래하였다. 『산해경』「대황서경大荒西經」

앞서 보았던 음악의 기원에 관한 이야기와는 다르게 하후계夏后啓는 하늘에서 구변과 구가를 얻어 내려왔다. 들판에서 노래하고 춤추는 하후계.

그러한 이야기는 샤만(shaman)적인 신화이미지로 가득찬 구성이다. 세 겹으로 드리워진 구름 위에서 두 마리의 용을 탄 하후계는 왼손에 깃일산이 있었고 오른손에는 옥피를, 그리고 황옥을 허리춤에 찬 상태였다.

제강　고대의 신화전설 속에서 가무를 할 줄 알았던 날개를 가진 새 형상의 신. 『산해경』에 보면 다음과 같은 글이 있다. "서쪽 350리에 천산이라는 곳이 있다. …… 그곳에 신조가 있는데, 그 모양은 황낭(黃囊)과 같다. 불꽃럼 붉으며, 여섯 개의 다리에 네 개의 날개를 가지고 있으며, 얼굴의 모양이 없다. 가무를 할 줄 알았다."

대악大樂의 들판, 하후계夏后啓는 이곳에서 구대九代를 추었다. 두 마리의 용을 탔는데 구름이 세 겹으로 드리워져 있었다. 왼손에 깃부채를 들고 오른손에는 옥고리를 쥐고 황옥을 허리춤에 찼다.

『산해경』「해외서경海外西經」

이제 미술과 회화의 기원에 관한 신화적인 이야기에 대해 언급할 차례다. 중국에서는 주로 은殷과 서주西周 초기에 제작된 청동기 가운데 동물문양이 새겨져 있는 유물이 출토되었다. 그러한 동물문양에서 소·거북이·곰 등과 같은 문양은 실존하는 동물을 본뜬 것이고, 도철饕餮·기夔·비유肥遺· 용龍·규虯 등과 같은 동물은 추상적인 존재로서 자연계에 실존하지 않는 비현실적인 동물이었다.

고고학적인 연구결과에서는 그러한 동물문양을 새긴 유물을 제기祭器로 보고 있는데, 제기에 새겨진 문양인 동물의 형상은 희생犧牲을 상징한다고 이해되었다. 귀신과 사람을 교통시키는 것이 제기인 청동기였기 때문에 제기에 새겨진 동물은 한 세계를 다른 세계로 잇는 매개였다.

도철　상상의 신비로운 동물. 청동기 문양에서 나타난다. 몸은 없고 얼굴과 큰 입만 형상화되어 있다. 무엇이든지 먹어치워 자신의 몸까지 먹어치웠고 전한다. 일설에는 치우(蚩尤)의 잘린 머리를 형상화한 것이라고도 한다. 지금은 탐식가라는 뜻으로 쓰인다.

이러한 제기의 문양을 제외하면 중국 신화에서 회화와 같은 그림의 기원에 대한 이야기를 전해주는 기록은 단편적이다. 단편적인 몇몇 기록들은 그림의 창시자들에 관해 이야기해 준다. 『세본世本』이나 『사물기원事物紀原』 또는 『서사회요書史會要』에서는 과수夥首가 그림을 그렸다든지 봉막封膜이 그림을 그렸다는 기록을 비롯하여 묘룡苗龍이 회화의 시조라는 등과 같은 짧은 구절이 나타난다. 철

그러한 기록 중에는 회화의 시조로 나타나는 화루畵嫘가 있다. 그녀는 순舜의 여동생이었다. 화루가 순 임금 계보에 연결시킨 이야기라면 사황史皇은 황제黃帝의 계보에 연결된 그림의 기원에 관한 신화적인 이야기다. 중국에서는 문화의 기원을 둘러싸고 각 문화의 출발을, 잘 알려진 문화영웅과 연결시키거나 혹은 그러한 이야기를 빌어서 문화의 각 요소의 처음을 신화적으로 설명함으로써 기록은 없으나 '있었던 한 처음을 알려주는 사실'로 삼아 역사와 연결시켜 나갔던 것이다.

기이한 『산해경』의 세계

고대신화에서는 기이한 동식물과 날짐승을 비롯한 신령한 새 등이 자주 등장한다. 이러한 동식물이 지니고 있는 의미는 무엇일까? 신화의 구술자였던 상고인들이 만든 이야기인 신화에 나타나는 이 같은 대상물들은 어떤 관련성이 있는 것일까?

이런 질문은 신화를 대하면서 떠올릴 수 있는 소박한 의문 가운데 하나다. 해답은 결코 간단하게 얻어질 수 있는 것은 아니겠지만, 신화 자체의 본질과 직접 관련이 있는 문제인 것만은 분명하다. 신화의 본질적인 성질이 '정신적 현실'을 구축하는 의식이라는 점에서, 신화를 신화로서 존재케 하는 소재나 대상물은 가장 일차적인 조건이다. 그 같은 소재나 대상물은 신화(이야기)의 구조를 형성하는 요소로서 그것들이 지시하는 상징성과 함께 신화의 내적 구성과 긴밀한 상관성을 갖는다. 그들의 의미를 보다 충분하게 이해하고 해석할 수 있을 때 신화의 본질적 의미에 좀더 접근해 가고 있다고 하겠다.

상고인들은 그들 정신 안에 포착된 어떤 의식을 표현하기 위해 애써 독특하고 비일상적인 소재를 동원했던 것일까? 비일상적인 대상은 그 자체가 경험과 경험 이전의 심리상태를 이미지화한 것이고, 결과적으로 경험과 상상의 조합물로 이해할 수 있다. 따라서 신화에 등장하는 소재·대상의 형상에 대한 경향을 분석하고 나아가 그 의미를 파악하는 것은 신화 자체를 둘러싼 상고인들의 내적 지향성을 이해하는 작업이 되는 셈이다. 상고인들의 시·공간에 대한 표상은 그들 의식과 심리 속에 반영된 '대상의 형상화'를 통해 오늘 우리에게 전해지고 있기 때문이다.

중국고대의 지리서로 분류되어 왔던 『산해경』에는 오늘날 우리의 시각으로 볼 때에는 매우 기이한 이야기들로 가득하다. 그러한 고사들은 다양한 지역의 풍물과 관습, 그리고 특산품 등 일정한 지리적 공간에 존재하는 자연물들을 망라하고 있다.

체재體裁 상으로 보면, 『산해경』은 전체 18권으로서 「산경山經」과 「해경海經」의 두 부분으로 나뉜다. 전자는 중국과 그 주변지역을 남南·서西·북北·동東·중中의 다섯 지역으로 구분하고 그곳에 소재한 산을 중심으로 기술하면서 그 위치와 각종 산물과 동식물 및 특이한 괴물이나 신령에 대해 언급하고 있다. 후자는 이국의 풍속과 변형된 유형의 인간이나 동물 등 괴물의 일종으로 간주할 수 있는 기이한 존재들을 묘사하고 있다. 이러한 「산경」과 「해경」에 나타나는 특이하고 기이한 존재양식은 신화의식과 만나고 있는 소재와 그것들에 대한 이야기의 한 유형으로 간주된다. 거기에는 오랜 동안 상고인들의 의식 가운데 머물고 있었던 그들의 특이한 경험, 소망, 그리고 새로운 곳에 대한 동경(현재로부터의 탈출)이나 호기심·공포 등이 응축, 내재되어 있음을 짐작하기 어렵지 않다.

『산해경』에 보이는 특이한 동식물의 존재는 두 가지 현상과 연결된다. 하나는 그러한 존재들이 나타날 때에 이상현상異常現象이 수반되는 것이고, 다른 하나는 그것을 복용했을 경우에 나타나는 효과들이다. 그 같은 특이한 동식물이 출현하거나 그것을 복용할 경우, 좋은 효과가 나타날 수도 있고 나쁜 결과를 초래할 개연성은 존재한다. 예컨대, 홍수·가뭄·전쟁·화재·두려운 일이 생겨나는 부정적인 측면과 병을 다스리고 흉사를 막고 나쁜 기운을 물리치고 전쟁을 방지하고 해독을 시켜주는 기이한 효과가 있을 뿐만 아니라 근심이 없어지고 가위에 눌리지 않거나 교만하지 않게 되고 질투하지 않게 되며 미인이 되거나 다른 이로부터 사랑을 받게 되는 신비한 결과가 온다고 믿었다.

존재와 욕망

『산해경』 가운데 「남산경」에 나타나는 고사를 중심으로 분석해 본다. 자료의 성격상 『산해경』은 단편성(fragmentation)이 심하기 때문에 고사 자체가 반드시 완결된 어떤 이야기를 들려주는 것이 아니다. 단지 단편적인 고사지만, 그 안에 내포된 제한된 공간성을 뛰어넘는 상상과 자유로움에 대한 묘사에 주목하게 된다. 그러한 묘사 가운데는 사물에 관한 것 중에서 짐승을 소재로 한 것이 많다. 예컨대, 「남산경」에 보면 "이곳의 어떤 짐승은 생김새는 긴꼬리원숭이지만 흰 귀가 달려있고, 기어다니는 것이 사람처럼 달린다. 이름을 성성이라고 하며 이것을 먹으면 잘 달리게 된다."라는 표현이나 "이곳 신들의 형상은 모두 새의 몸에 용의 머리를 하고 있다."라고 한 것과 같이 일반적인 상식으로는 이해가 되지 않는 형상들이 나타난다.

여기에서 언급한 짧은 두 고사들을 좀더 자세하게 살펴보면, 고사에서는 짐승의 형상을 '꼬리가 길고 흰 색의 귀를 가진'禺而白耳이라 하여 꼬리긴 긴 원숭이와 흰 귀를 결합시켜 이형화異形化시켜 놓고 있다. 그 속성은 '엎드려 걷는 모습이 사람이 달리듯 한다'伏行人走라고 하였으니 사람과 원숭이의 유사한 동작, 곧 사물간의 공통된 요소를 매개로 한 관계성으로 감정을 이입시킨 표현이다. 다시 말하면, 인간의 공간이동에 대한 심리적인 동기를 꼬리 긴 원숭이에 대입시킨 유사類似(analogy)에 해당하는 것이다.

반면에 두 번째의 경우는 신을 호칭하면서 조류와 용의 머리가 결합된 기형을 취하고 있다. 이러한 모습은 신화의 주체라고 할 신의 형상으로 이해되는데 용을 조류와 연결시킨 이원적 결합의 유형이다. 사실 원이뚸聞一多가 지적하고 있는 바와 같이, 중국문화에서 용은 그 자체가 완성된 신화적 소재였다.

다음은 위의 두 유형보다 기형적인 양상이 더욱 복잡해진 고사다.

이곳의 어떤 물고기는 생김새가 소 같은데 높은 언덕에 살고 있다. 뱀 꼬리에 날개가 있으며, 그 깃털은 겨드랑이 밑에 있다. 소리는 유우와 같으며 이름을 육이라 한다. 겨울이면 죽었다가 여름이면 살아난다. 이것을 먹으면 종기가 없어진다. 「남산경南山經」

이곳에 새가 있는데 그 모습은 교청새 같고, 머리가 희며 세 개의 발에 사람 얼굴이다. 「남차삼경南次三經」

위의 두 고사 가운데 앞의 고사에 나타나는 물고기 형상을 한 것은 '소'와 '뱀의 꼬리와 날개' 등 세 가지 요소가 복합적으로 묘사된 세 요소의 결합체다. 기본형상은 소의 모습을 하고 있지만, 여기에 다시 뱀의 꼬리에 날개를 결합시켜 기이한 동물의 형상으로 변모되었다. 그리고 두 번째 고사에서는 새의 형상을 흰 머리와 세 발을 가진 사람의 얼굴로 묘사하였다. 새를 사람의 얼굴과 동일시한 묘사 형태를 취하면서도 동시에 흰 머리와 세 발을 연결시켜 기묘한 형상의 제3의 존재로 탈바꿈시킨 것이다.

「남산경」의 또 다른 인용문에서 "남쪽으로 …… 흘러든다. 그 속에는 적유가 많이 사는데 생김새는 물고기 같지만 사람 얼굴이다. 소리는 원앙새와 같고 이를 먹으면 옴에 걸리지 않는다."라고 하여 적유를 어류와 사람의 얼굴이 결합된 형상으로 묘사하는가 하면, 그 소리는 조류와 연결시킴으로써 전체적으로 세 가지 요소를 결합시킨 양상을 보여준다. 이야기 구조라는 측면에서 보면 앞의 고사보다 '기이한 형상'奇形의 형성 과정이 좀더 복잡해졌다.

그러한 양상은 이야기 구조를 소-뱀의 꼬리와 새의 날개를 결합시킨 어류의 기형, 사람 얼굴을 한 새-흰 머리-세 개의 발, 그리고 어류와 사람의 얼굴과 새의 소리로 연결된 적유의 형상과 같이 몇 가지의 이질적인 요소가 결합되어 제3의 기이한 형상으로 나타나는 것이다. 이 밖에도 「남산경」에서는 새의 몸에 사람의 얼굴鳥身人面, 용의 몸에 사람의 얼굴龍身人面을 한 기형적인 존재에 대한 고사도 보인다. 「남산경」에 실려 있는 고사들 가운데 조류와 신, 그리고 용 등의 소재가 부분적으로는 공간적인 제약을 받는 어류·짐승·새와 같은 존재이나 몇 가지 요소가 결합된 이형적 존재로 변모하면서 그들의 성격이 공간을 초월하는 보다 자유로운 성격의 존재로 전화되었다는 점은 특이하다.

그러한 양상은 『산해경』의 다른 편에서도 확인된다.

> 다시 서북쪽으로 420리에 종산鍾山이라는 곳이 있다. 그 (산신의) 아들을 고鼓라 한다. 형상은 사람의 얼굴에 용의 몸을 하고 있다. 이는 흠비와 함께 곤륜의 남쪽에서 보강을 죽이니 제帝가 종산의 동쪽 요애에서 그들을 쳐죽였다. 흠비는 큰 독수리로 변화하였는데 모습은 수리 같고 검은 무늬에 머리는 하얗다. 이것이 나타나면 큰 전쟁이 일어난다. 고鼓 또한 준조로 변하였는데 모습은 솔개 같고 붉은 발에 곧은 부리, 노란 털에 머리는 희었다. 소리는 고니 같으며 이것이 나타나면 고을이 크게 가문다. 『산해경』「서산경西山經」

위의 자료에서는 산신山神의 아들 고鼓의 형상이 변모하는 과정을 보여준다. 주인공 고는 '사람의 얼굴에다 용의 몸' 人面龍身이라는 형상을 하고 있었는데, 삽입된 별도의 이야기가 말해주듯이 그는 몇 차례의 갈등과 죽음을 거쳐 준조駿鳥)로 변화되었다. 준조는 다시 솔개와 붉은 발, 그리고 부리와 노란 털 등 조류의 기형적 특징을 갖춘 새로운 형상을 지니게 된다.

> 여기에는 문료어가 많다. 그 형상은 마치 리어와 같다. 몸은 물고기인데 새의 날개가 달려 있다. 푸른 무늬에 머리는 하얗게 되어 있으며, 붉은 색 부리로 되어 있다. 항상 서해로 날아다니다가 동해로 돌아다니기도 하는데, 밤에 날아다닌다. 『산해경』「서산경西山經」

물고기 몸에 새의 날개가 덧붙여져서 자유롭게 서해나 동해를 밤에 날아다니는 동물로 변화된 것이다. 그런가 하면 '말의 몸에 사람의 얼굴' 馬身人面에 호랑이 무늬[虎文]와 새의 날개가 결합되어 사해를 자유롭게 다닐 수 있는 동물로 탈바꿈된다.

> 바로 여기가 천제의 평포平圃로서, 신 영소가 맡아보고 있다. 그 형상은
> 말의 몸에 사람 얼굴을 하고, 호랑이 무늬에 새의 날개를 갖고 있다.
> 온 세상을 두루 다니며 그 소리는 유榴와 같다. 남쪽으로 곤륜이 아름다
> 운 빛과 가득한 기운 가운데 바라보이고 서쪽으로 큰 못이 바라보이는
> 데 그곳은 후직이 죽어 신이 된 곳이다. 『산해경』 「서산경西山經」

이러한 고사들은 모두 중간에 다른 이야기가 삽입되면서 이야기가 보다 세련되고 발전된 구조를 띠고 있음을 알 수 있는데, 무엇보다도 공간적 제약성을 극복할 수 있는 조류적 특징과 기능이 적극적으로 표현되고 있다. 또한, 산신의 아들 고의 형상이 변화됨에 따라 신화의 공간인 곤륜이 동시에 등장하는가 하면 공간적 이동을 서해 및 동해, 그리고 야행으로 압축하여 묘사한다. 이제 공간적인 제약을 극복하고 사해를 자유롭게 여행하게 된다. 이러한 이야기들에서는 사람의 얼굴과 용의 몸, 준조, 어류와 새의 날개의 결합, 말의 몸과 사람의 얼굴, 호랑이 무늬와 새의 날개의 결합 등 이형의 합체화가 이루어지면서 공간적인 한계를 극복하고 자유로운 이동성을 보장받는 능력 있는 동물로 변모했던 것이다.

이렇게 볼 때, 「남산경」의 고사에서는 조류와 신, 그리고 용 등의 소재들 이 모두 공통적으로 공간적 제약을 받는 일정한 공간 내에 존재하는 온갖 집짐승과 길짐승과 날짐승이 이형적인 결합을 통해 그 제한적 성격을 탈피하여 초현실적인 존재로 변모되었다고 이해된다. 「서산경」의 고사 역시 이야기 구성이 단순한 구조에서 복잡한 구조로 전환하면서 이야기의

정위가 바다를 메우다[精衛塡海]

체계를 갖추어 나갈 뿐만 아니라 공간적 제약성은 고사 주체가 갖는 조류의 특징과 기능을 통해 적극 극복되어 간다.

형상 또한 신화의 공간인 곤륜과 결합되어 서해·동해·야행夜行·사해 등으로 공간 이동이 자유로워지며 심지어 시간적인 제약도 극복할 수 있는 것으로 묘사된다. 게다가 주체의 형상은 여러 존재의 요소들이 결합되는 이형적 합체화가 현저하게 나타나고 있다.

이처럼 『산해경』 여러 편의 고사들에 등장하는 기이한 형상을 한 존재들은 공간의 제약을 '이형적 합체화'를 통해 뛰어넘어 서해와 동해, 그리고 사해를 넘나드는 '능력 있는 존재로' 변모되었을 뿐 아니라 「서차사경西次四經」「북산경北山經」이나 그 밖에 「북차이경北次二經」과 「북차삼경北次三經」 등에서도 그러한 양상은 널리 나타나고 있다. 말의 몸에 새의 날개, 사람의 얼굴에 뱀의 꼬리, 새의 모습에 사람의 얼굴, 원숭이 몸에 개의 꼬리, 사람의 얼굴에 말의 발, 양의 몸에 사람의 얼굴, 뱀의 몸에 사람의 얼굴, 흰 개의 몸에다 검은 머리, 새의 형상에 무늬 있는 머리와 흰 색의 부리와 붉은 색 발, 말의 몸에 사람의 얼굴 등 갖가지 형상이 그것이다. 그러한 형상들은 예외 없이 복합적인 결합 즉 이원적 결합 내지는 삼원적 결합이라는 유형을 지닌다.

이들의 명칭은 숙호孰湖, 알유窫窳, 표효, 천마天馬, 정위精衛, 여왜女娃라 하여 다른 신화고사의 주인공들과 연결될 수 있음을 시사한다. 숙호, 정위나 여왜 같은 경우가 대표적이다. 특히, 여왜에 관한 고사는 정위와 여왜의 상관관계를 통해서 이야기가 전개된다. 또한 주체 자체가 신화고사의 주인공과 연결되지 않을지라도 곤륜, 남망곤륜南望昆侖 및 후직소잠后稷所潛 등과 같이 신화적인 소재와 연결되는 장소가 등장한다.

그러나 정위와 관련되는 위의 고사는 결코 좌절하거나 포기하지 않는 우공이산愚公移山과 같은 불요불굴의 승리를 보여주지만, 사실상 많은 부분이 명확치 않다. 따라서 정위신화는 변화신화의 하나로서 인물의 상호 변형의 전형적인 신화로 이해되기도 한다.

「중산경中山經」에 나오는 이야기 중에서 공간의 제약성을 극복하는 고사도 우리의 눈길을 끌기에 충분하다. 첫째, 이형적 존재로 등장하는 주체의 모습은 인간의 형상에다 짐승의 형상이 결합되어 이루어졌다. 예를 들면, 화사化蛇의 존재는 일차적으로 인면시신人面豺身으로 인간과 짐승인 승냥이가 결합된 형체다. 여기에 다시 새의 날개가 덧붙여져 역시 삼원적 결합 유형을 취하고 있다. 그런데 행위의 결과는 사행으로 나타나 능력 있는 존재로의 변모는 이루어지지 않고 있다. 화사는 결국 존재적 전환에서 실패한 대상으로서 다만 뱀의 본래 모습과 존재의 성격을 그대로 유지해야 하는 대상으로 묘사되고 있는 게 아닌가 한다.

또 다른 예를 보면, 신神이 등장하고 그의 모습이 인면조신人面鳥身 혹은 인면용수人面龍首라는 존재의 형상을 설명적으로 처리하고 있다. 그런가 하면, 인면수신人面獸身으로도 나타나 인간과 짐승의 결합이 대표적인 유형으로 되고 있다. 신의 등장과 동시에 그 형상 또한 조신인면鳥神人面이라든지 혹은 마신용수馬身龍首 등 이류합체異類合體의 형태가 점차 보편화되었다. 그런가 하면 이형의 존재는 신으로 인식되면서 더욱 신비적으로 묘사되었다.

하후계 하나라 우(禹)왕의 아들로 이름은 계(啓)다. 우왕은 생전에 익(益)을 후계자로 정했는데, 우가 죽자 계(啓)와 후계다툼이 일어나 계가 익을 죽이고 왕위에 올랐다. 계가 부자세습제를 확립함으로써 하나라는 계가 세웠다는 설도 있다.

타워나 우아(于兒)와 같은 신이 그러한 존재로서, 인면과 양각호조羊角虎爪의 결합을 통해 광채를 발하는 신비스러운 대상으로 된 것이다.

그런데 주체는 단수가 아닌 복수로 적어도 두 가지 이상의 존재가 등장하고 있다. 이에 따라 이야기의 구성은 그만큼 복잡해지고 길어지는 양상을 보이게 된다. 우왕禹王의 아버지 곤鯀과 연계된 고사를 보면 신 무라가 주체로 등장한다. 그는 사람의 얼굴에 표범 무늬[人面豹文], 흰 이빨과 구멍뚫린 귀, 옥소리가 나는 듯한 우는 소리를 갖고 있었다. 형상뿐만 아니라 소리에 이르기까지 그 변화의 모습도 폭이 넓어진다. 다음으로는 열여섯 신이 등장하는데 그들은 돼지의 몸에 인간의 얼굴을 한 형상으로 나타난다.

앞서 본 것처럼 죽음을 수반하면서 주체적 성격이 변모되는 경우도 나타난다. 고요산姑媱山을 무대로 전개된 여시 고사女尸故事가 대표적이다. 제녀帝女였던 그녀는 죽어서 '아름다운 초원의 풀'化爲瑤草이 된다. 요초瑤草는 그 잎이 무성하고 화려하며 그 열매가 새삼[菟丘]과 같았는데, 그 요초를 먹으면 사람들에게서 귀염을 받는다고 하였다.

이형異形 존재에 의한 하늘로의 비상飛天

이제 「해외경」 「해내경」 및 「대황경」을 통해서 주인공의 이형의 실태를 살펴보면, 이형 그 자체로 국한된 묘사를 기반으로 해서 점차 하늘로의 비상이 가능해져 공간적인 이동이 이루어지는 것은 물론이고 오래도록 살 수 있는 능력을 부여받는 이야기로 발전된다.

우민국羽民國에 있는 긴 머리를 가진 인간은 몸에 날개가 달린 기형적인 존재로서 날개달린 새인 익조翼鳥에 비교된다. 이러한 이야기는 '사람의 얼굴에다 다리 하나' 人面一脚인 필방조畢方鳥에 대한 묘사나 '사람의 얼굴에 날개가 달린' 人面有翼 환두국 사람에 대한 묘사로 이어지면서 대체로 유사한 기형을 가진 존재들이 나타난다.

그런가 하면 직접적인 공간이동을 묘사한 내용도 있다. 하후계夏后啓를 주체로 한 비천飛天－비상飛翔과 관련되는 다음의 자료가 있다.

> 대악의 벌판, 하후계는 이곳에서 구대를 추었다. 두 마리 용을 탔는데, 구름이 세 겹으로 드리워져 있었다. 왼손에는 깃부채를 들고, 오른손에는 옥고리를 쥐고, 황옥을 허리춤에 찼다. 『산해경』 「해외서경海外西經」

위의 이야기에서는 하후계가 대락의 벌판에서 구대九代를 추는 모습이 그려지고 있다. 하후계는 두 마리의 용을 타고 세 겹의 구름을 덮개 삼아 왼손에는 깃부채를 쥐고 하늘을 날고 있다. 이러한 유형은 주체의 이형에서 조류와 결합시킨 방식과는 달리, 신화의 주체가 일정한 행동양식을 통해 자신의 성격을 적극적으로 드러낸 경우다. 그 같은 행동양식을 특징짓는 가장 결정적인 묘사는 구대－승乘－조예操翳 등이었다. 다시 말하면, 그것은 공간적 제한을 뛰어넘어 무한한 우주적 공간을 향한 비천과 비상의 이미지를 제공한다.

또한, 무함국巫咸國과 관련된 자료에 보이는 등보산登葆山은 군무羣巫들의 특별한 활동인 비상을 위한 장소다. 고사는 신화적 이미지를 풍기는 청사靑蛇

와 적사赤蛇가 군무를 장식한다. 등보산에 사는 군무들의 행동에서는 하늘을 오르내리는 공간적 이동이 매우 자유롭다.

> 용어가 언덕에 살며 그 북쪽에 있는데 잉어와 같고 하라고도 한다.
> 신성한 자만이 이것을 타고 천하를 다닐 수 있다. 『산해경』「해외서경」

> 백민국은 용어의 북쪽에 있다. 몸은 흰데 털로 덮여 있다. 승황이
> 있는데 여우같이 생겼고 등에 뿔이 있다. 이것을 타면 이천 살까지
> 살 수 있다. 『산해경』「해내서경海外西經」

위의 두 자료는 신성한 자가 천하를 비행할 수 있다거나 이형적 존재를 타고서 수명을 연장한다는 이야기다. 앞의 자료에서는 신성한 자가 용어龍魚를 타게 될 경우 '구야를 갈 수 있는'行九野 능력을 부여받게 된다. 뒤의 자료는 백민국白民國의 승황乘黃이라는 존재가 이형화되어 있는데, 그것을 타면 오래 살 수 있다는 내용을 담고 있다.

이렇게 볼 때, 「해외경」의 고사에서는 다음과 같은 점에 주목하게 된다. 하후계는 대락의 벌판에서 구대를 추면서 두 용을 타고 왼손에 깃부채를 쥔 채 세 겹의 구름 위 하늘을 날았다. 또한 하후계는 용어를 타고 구야를 갈 수 있었고 백민국의 이형적 존재인 승황을 타면 장수하는 능력을 얻게 되는 것이다.

다음으로 「해내경」의 자료를 보면, 「해외경」에서 볼 수 있었던 이형적 존재를 통한 장수나 신속한 공간이동에 관한 내용이 나타난다.

> 견봉국은 견융국이라 한다. (사람의) 생김새가 개를 닮았다. ……
> 무늬 있는 말이 있는데, 흰 몸에 붉은 갈기를 갖고 있다. 길량이라

하며 이것을 타면 천 년을 살 수 있다. 『산해경』「해내북경海內北經」

임씨국에 진귀한 동물이 있다. 크기는 호랑이만 하고 다섯 색을 다 갖고 있으며, 꼬리가 몸보다 길다. 추오라고 하며 이것을 타면 하루에 천리를 갈 수 있다. 『산해경』「해내북경海內北經」

종극연은 깊이가 삼백 길인데 빙이가 항상 그곳에 있다. 빙이는 사람의 얼굴을 하고 두 마리의 용을 타고 있다. 『산해경』「해내북경海內北經」

위의 세 인용문은 '타는 것'을 매개로 하여 죽지 않고 장수하거나 초인적인 능력을 갖게 되었다는 사실을 알려준다. 그 밖에도 매개물에 올라타는 것에 관한 기록들이 있다.

첫 번째 매개물은 길량吉量이라고 부르는 생명체인데, 이것을 타면 천년을 살 수 있다. 길량이 시간을 연장하고 생명을 연장하는 도구가 되고 있는 셈이다. 두 번째는 추오騶吾라는 매개물로서, 이것을 타면 천 리를 갈수 있다. 모두 이형적 존재를 매개로 하여 생명을 연장시키거나 매우 빠르게 걸을 수 있는 능력을 갖게 되는 변화를 경험하게 된다. 세 번째로 빙이冰夷가 사람의 얼굴을 하고 두 마리의 용을 타고 다님으로써 삼백 길이 넘는 깊이를 가진 종극연從極淵에서 살 수 있다. 여기에서는 이형적 존재 자체 아니면 장소가 매개물로 등장한다. 대체로 이형적 존재가 매개물이지만 조산肇山 같은 산도 해당된다.

실제로 이런 고사는 인간에게는 불가능한 일로서, 인간을 결합시킨 이형적 존재에 인간의 내적 욕망을 이입시킨 경우라고 이해된다. 어떠한 능력을 갖춘 존재를 상정하여, 어떤 특별한 경험이 가능하며, 또한 사실임을 믿고자 하는 일종의 소망과 욕망의 소산이라 하겠다.

하후계가 사방을 순시하다

영산이 있는데 열 명의 무당이 여기로부터 오르내리고, 온갖 약초가 이곳에 있다. 『산해경』「대황서경大荒西經」

사람이 있는데 두 마리의 푸른 뱀을 걸고 두 마리 용을 타고 있다. 이름을 하후개라 한다. 개는 세 번 하늘에 손님으로 올랐고 구변과 구가를 얻어가지고 내려왔다. 『산해경』「대황서경大荒西經」

위의 두 자료는 앞서 보았던 「해외경」의 경우와 같이 무巫와 영산靈山이 결합되면서 승강하거나 하후개夏后開가 세 번씩이나 하늘에 오르는 비상이 이루어진다. 이러한 비상의 결과는 백약이라든지 구변九辯·구가九歌 등 약이나 문화 등의 요소와 관련이 있었다.

이렇게 볼 때, 「해내경」이나 「대황경」에서는 어떤 매개물(이형적 존재나 신이한 장소)을 근거로 하여 죽지 않고 장수하거나 초월적인 능력을 획득하는 이야기로 나타난다. 초인적인 능력이란 시간을 연장함으로써 생명을 지속하거나 먼 거리를 빠르게 이동할 수 있거나 아니면 깊은 곳에서 오래도록 머물 수 있는 것 등이었다. 이러한 능력 있는 상태나 경험은 대체로 불사不死나 불사를 위한 조건인 백약 또는 구변·구가 등과 같은 문화적 요소들과 결부된다.

신화와 문학의 교차로에서

긍정의 부호 : 견우와 직녀

신화는 점차 후대에 들어오면서 신선에 관한 이야기인 선화仙話나 민간사회에 정착한 기층문화의 일부인 민담이나 전설로 바뀌면서 문학적인 수사가 더욱 강화되었던 것으로 보인다. 우리나라의 견우와 직녀에 얽힌 전설과 유사한 이야기가 중국에서도 신화전설로 민간사회에 널리 유포되었다. 『박물지博物志』에 실려 있는 중국판 견우와 직녀 이야기는 하늘가의 은하수를 배경으로 펼쳐진다.

> 옛날에 은하수와 바다는 통했다고 한다. 근래에 바닷가에 사는 이가 있어 해마다 팔월이면 뗏목을 띄웠다. 뗏목은 항상 오가는 것이 한결같아 그 사람은 기발한 생각을 갖기에 이르렀다. 그리하여 뗏목 위에 누각을 짓고 가득 양식을 실어 떠났다. 십여 일이 지나자 마치 일월성신이 보이는 듯했으나 그 뒤로도 망망하기가 또한 낮과 밤을 분간할 수조차 없이 십여 일이나 지났다. 문득 한 곳에 이르렀는데, 성곽이 잘 정비되어 있었고 멀리 궁중에서 베 짜는 여인네들이 보였다. 한 남자가 소를 끌어 물가로 와서 이를 마시게 하는 것이 보였다. 『박물지博物志』 권10

이야기는 우리나라에서 전해지고 있는 견우와 직녀에 관한 전설을 연상시킨다. 자유로운 의식과 낭만적인 감정이 마치 한 폭의 동양화를 보듯이 드러난다. 어떤 사람이 바닷가에서 뗏목을 타고 푸른 하늘의 은하수에 도달하리라는 희망을 품고서 집을 떠났다. 십여 일이 지나자 가까이 보는 것 같았던 일월성신이 망망하고 분간할 수 없을 정도로 그는 아득하고 먼 지경에 도달했다. 그러다가 문득 발견한 성곽에는 베 짜는 여인과 소를 모는 남자가 있었다. 이러한 이야기의 전개방식은 어떤 한 사람의 여행으로 견우와 직녀를 만나게 되는 체험담 형식을 사용하고 있지만 신화 모티프를 원시적이나마 소설적 구성에 연결시킨 발전된 이야기 구조를 갖추고 있다.

금지된 부호 : 반표, 잠마, 금지된 욕망의 표출

전형적인 신화기록인 『수신기搜神記』는 서문을 쓴 간보干寶가 지적한 바와 같이 그의 주변에서 일어난 두 가지의 괴이한 일을 체험하고 나서 고금의 신지인물神祇人物에 관한 진기한 기록을 모아 펴낸 것이었다. 원본은 이미 산실되었고 현존하는 것은 명대의 호응린胡應麟이 『법원주림法苑珠林』과 『태평광기太平廣記』 등과 같은 유형의 전적에 집록하였다. 20권으로 이루어진 책의 내용은 도·불가적인 영향을 반영하는 고사가 많은데, 산천山川·진인眞人·뇌신雷神·보살菩薩·용신龍神·여성적 신인·온역신瘟疫神 등이 등장한다.

한편, 『수신기』에서 주목할 만한 것은 반표와 잠마의 신화적인 이야기로 인간 내면에 존재하는 심리적인 욕망을 들추어냄으로써 사회문화적으로 금지된 부호를 암시하고 있다. 이야기에서 딸과 말, 말과 누에 사이는 상호간에 상관성이 존재한다.

옛날 한 어른이 먼 길을 떠났다. 집에는 아무도 없었고 다만 딸 하나와 숫말 한 필뿐이었다. 그 딸은 말을 길렀다. …… 말은 가축이지만 남다른 정이 있어 더욱 꼴을 많이 주려 하자 말이 먹으려 하지 않았다. 말은 여자가 왔다갔다 하는 것을 보면 갑자기 기뻐하거나 성을 내면서 날뛰었다. 이렇게 하기 여러 차례가 되자 아버지가 이를 이상히 여겨 살며시 딸에게 물었다. 딸은 아버지에게 모든 것을 알려주면서 반드시 그 때문일 것이라고 말했다. 아버지가 말하길 아무에게도 말하지 말라. 가문의 수치가 될 것이다. 너 또한 출입하지 말라. 그렇게 말하고 서는 궁수弓手를 잠복시켜 말을 쏘아 죽였다. 뜰에 말의 가죽을 말려놓 고 아버지가 나간 후 딸과 이웃 여자가 그 앞에서 노닐었다. 발로 차며 말하길, 너는 가축으로서 사람을 아내로 맞이하려 했느냐. 이렇듯 껍질마저 벗겨졌으니 그 맛이 어떤고. 말이 끝나기도 전에 그 가죽이 벌떡 일어나 딸을 둘둘 말아서 사라져버렸다. 이웃 여자가 놀라서 감히 구하지도 못한 채, 그 아버지에게 알렸다. 아버지가 돌아와 찾아보았으나 이미 찾을 길이 없었다. 며칠 후, 큰 나뭇가지 사이에 있는 딸과 말가죽을 찾았지만, 둘은 함께 누에가 되어 나뭇가지에 실을 토하고 있었다. 『수신기搜神記』 권14

먼 길 떠난 아버지가 돌아오지 않은 상황에서 딸은 무심결에 아버지를 데려다 준다면 말에게 시집가겠다는 이야기를 중얼거렸다. 말은 그 일을 성공적으로 수행하였다. 그러나 약속을 잊혀졌고 말은 딸만 보면 울부짖었 다. 딸이 말에게 정을 쏟아 꼴을 더 준다 해도 말은 먹지도 않고 오히려 왔다갔다하며 성내면서 날뛰었다.

이러한 상황을 이상히 여긴 아버지가 딸에게 자초지종을 물어보고는 마침내 궁수를 시켜 말을 살해해 버렸다. 가죽까지 벗겨진 말은 발로 채이며 조롱감이 되었다. 그런데 갑자기 말가죽이 벌떡 일어나 딸을 둘둘 말아가지고 사라졌다. 며칠 후 딸을 찾아나선 아버지는 큰 나뭇가지 사이에서 그들을 찾아냈다. 그들은 나뭇가지에 실을 토하고 있는 누에가 되어 있었던 것이다.

이 잠마 이야기는 동물과 인간의 결합이라는 자연적으로 불가능할 뿐만 아니라 사회문화적으로도 용인될 수 없는 금지된 욕망의 실현과 결과를 다룬 이야기다.

기이한 『박물지』의 세계

『박물지』의 원본은 위魏나라의 장화張華가 지었다고 알려져 있으나 오늘날 전해지고 있는 것은 그 원본은 아니다. 『박물지』는 일반적으로 지리서나 지괴소설집의 성격을 띠고 있다고 이해된다. 『박물지』에서는 장화 자신이 책을 쓰게 된 이유를 설명하고 있는데, 그는 「서문」을 통해서 『산해경』·『상서』·『설문해자』 등에 실린 내용을 보충한다는 점을 분명하게 밝혔다. 오늘날 전해지는 판본에는 「서문」은 없지만, 책의 성격을 말해주는 대목인 것은 틀림없다.

위진남북조 시대는 문인들의 저술활동이 활발했던 시기다. 당시 문인들은 정통학술에서 다루지 않던 주제를 취급하여 이목을 집중시켰는데, 그러한 주제에는 기이한 이야기라든지 신화, 전설, 민담, 야사 등 다양한 지괴류志怪類가 포함되었다. 저 유명한 간보干寶의 『수신기搜神記』가 그렇게 저술되었고, 『박물지』 역시 예외가 아니다. 『박물지』는 전체 39개의 조목으로 되어 있으며, 그 가운데 기이한 사람[異人]·풍속[異俗]·생산물[異産]·짐승[異獸]·새[異鳥]·벌레[異蟲]·물고기[異魚]·풀과 나무[異草木]·소문[異聞] 등이 있어 기이한 동식물뿐만 아니라 신화와 전설 등을 전해주고 있다. 예컨대, 『산해경』의 다음 기록은 기이한 새인 정위精衛에 관한 신화적인 이미지를 전해준다.

> 모양이 까마귀와 같은 새가 있다. 새의 머리에는 무늬가 있고, 부리가
> 희며 다리는 붉은 색인데, 이름은 정위라고 한다. 옛날에 여요女娃라고
> 하는 적제赤帝의 딸이 동해에 가서 놀다가 물에 빠져 죽어 돌아오지
> 못했다. 그녀의 신령이 변해서 정위새가 되었다. 정위새는 항상 서산의
> 나뭇가지나 돌맹이를 물어다 동해를 메웠다. 『박물지博物志』 권3

『박물지』에는 여와가 하늘의 구멍을 때웠든지 과보가 태양과 달리기를
했다든지 또는 정위가 바다를 메웠다든지 하는 등의 신화적인 이야기가
수록되어 있다. 신화로부터 전설로 변형되는 과정을 보여주는 신화전설도
보인다. 앞서 보았던 팔월에 뗏목을 띄운다는 견우와 직녀에 관한 이야기가
대표적 예다. 이러한 이야기들은 환상적인 이미지를 담은 생동감 넘치는
신화적인 기술과 연결되는데, 중국문학사 측면에서 소설로의 발전 가능성
을 엿보게 하는 문학적 상상력의 일품이라고 할 만하다.

『열선전』의 세계

『열선전』에 수록된 신선고사는 70여 조다. 그런가 하면 갈홍葛洪의『신선
전』10권에는 84조의 신선고사가 수록되어 있다.『열선전』에 비한다면
수적으로도 증가했을 뿐 아니라 내용면에서도 편폭이 길어지고 단순고사
의 면모를 벗어나 있다. 기록에 보이는 신선은 모두 신령한 식물을 복용하고
있다.

『열선전』에 수록되어 있는 70조의 신선고사에 등장하는 신선은 모두
불로장생의 초월적인 능력을 갖추고 있다. 봉황・백학白鶴・적룡赤龍・적리

赤鯉 등의 신령한 존재를 불러들이거나 탈 수 있는 능력, 미래의 일을 예언할 수 있는 능력, 하늘을 비상하거나 비와 바람이나 연기 등을 타고 비행할 수 있는 비천술, 특이한 형체로 변화시킬 수 있는 변형술 따위의 능력을 소지하고 있었다.

사실 신선은 신화고사와는 직접적인 관련이 없고 다만 신화에서 발전한 형태의 민간전승으로 형성된 신선고사의 주인공들이다. 그러나 신선은 신화에 등장하는 신들보다 비천에 관한 능력이 훨씬 자유롭고 친밀한 존재로 부각되어 있다. 신선과 그들에게 부여된 비천 능력에 대한 기술은 신선고사를 형성하는 일반적인 유형으로서 긴밀한 관계를 갖고 있다.

> 주주는 어느 곳 사람인지 모른다. 도사와 함께 탕산에 올랐는데, 이곳에 단사가 있어 여러 근을 얻을 수 있다고 말했다. 탕산의 관리가 그 사실을 알고 산에 올라 길을 봉인하니, 단사가 흘러내리고 불꽃처럼 날렸다. 이에 주주의 말을 들어 단약을 취하여 만들게 했다. 현령 장군명은 3년 동안 단사를 먹고 신묘한 단사 비설을 얻어, 그것을 5년 동안 복용한 뒤, 능히 날 수 있었다. 마침내 주주와 함께 날아갔다.
> 『열선전列仙傳』 46조

앞서 살펴보았던 신화고사와 달리 이야기의 구성을 갖춘 신선고사는 인간의 내적 기원이나 소망을 초월적 능력을 갖춘 신선으로 전화시킨 경우에 해당한다. 미지의 주체인 주주가 도사와 함께 탕산宕山에서 단사를 통해 단약을 만드는 비법을 전수한다. 탕산의 관리는 단약을 제조한 연금사와 같은 존재다. 그는 단약을 만들었고 이 단약을 현령인 장군명章君明이 3년 동안 복용하여 신사비설神砂飛雪을 얻고 마침내 5년 동안 복용하여 날 수 있었다. 결국 장군명은 신사비설을 통해서 하늘을 날 수 있는 능력을 획득한 것이다. 탕산을 무대로 하여 주주와 도사가 단약의 비법을 전수한 것을 모티프로 한 이 고사에서는 그 같은 비법을 체현하여 단약을 만들어 일정 기간 복용함으로써 하늘을 날 수 있는 능력을 얻게 되는 연단술과 관련된 전형적인 신선고사를 보여주는 것이다.

적장자여

적장자여는 황제 때 사람이다. 오곡을 먹지 않고 온갖 풀꽃을 씹어 먹었다. 요임금 때에 목관이 되었다. 바람과 비를 따라 오르내릴 수 있었다. 때때로 시장에서 활줄을 팔았기에, 화살 줄을 파는 노인이라고도 불렀다. 『열선전列仙傳』

위의 신선이야기는 등장하는 주체들의 성격으로 말미암아 신화적인 색채가 농후하다. 신농을 비롯하여 서왕모, 그리고 염제에 이르기까지 모두 신화에 등장하는 인물이다. 곤륜산 또한 신화의 신성성을 띤 미지의 장소다. 여기에서 적송자는 수정을 복용함으로써 더 이상 우사로 머물지 않고 마침내 신선으로 탈바꿈하게 된다. 염제의 소녀 또한 그와 동행하였다.

이야기 전개과정에서 풍우를 따라 상하로 비천한다는 모티프는 역시 신화자료에서부터 제시해 온 비천과 관련한 모티프로 간주된다. 이 밖에

적송자 신농 때의 우사(雨師)로 비를 주관하는 신이다. 수정을 복용했으며 이를 신농에게 가르쳤다. 능히 불 속에 들어가 스스로를 태울 수 있었고, 때로는 곤륜산 위에 올라 그때마다 서왕모의 석실에 머물렀으며, 바람과 비를 따라 오르내렸다. 염제의 소녀가 이를 좇아 역시 신선이 되어 함께 떠나갔다.

영봉자가 오색 연기를 매개로 자신을 불태워 연기로써 상하로 비천하는 것을 체험한다는 고사나 또 적장자여가 온갖 풀꽃을 씹어 먹고 풍우를 따라 비천하였다는 고사와도 같은 모티프로 이해된다.

다음의 고사에서도 연기를 매개로 한 비천이 이루어지고 있어서 이러한 모티프가 보편적인 경향을 띠고 있음을 알 수 있다.

영봉자는 황제 때의 사람이다. 집안 대대로 황제의 도정이었다. 어떤 사람이 그의 집에 머물면서 불을 맡아 관리했는데 오색연기를 나게 할 수 있었다. 오래되자 그것을 봉자에게 가르쳐 주었다. 봉자는 불을 모아다가 스스로를 태워 연기를 따라 오르내렸다. 타고 남은 재를 보니 오히려 뼈가 있었다. 그때 사람들이 영땅의 북쪽 산속에 묻어 주었다. 그래서 그를 영봉자라고 부른다. 『열선자列仙傳』

반면, 매개가 연기나 풍우 같은 무생물이 아닌 생물로서 신화적 존재인 용을 도입한 경우도 있다. 다음 황제와 관련된 고사와 마사황과 관련된 고사가 그것이다.

마사황

황제는 호를 헌원이라고 하였는데 온갖 신을 다스리고, 신하로 부릴 수 있었다. 어려서 말을 잘했고, 신령하여 앞일을 미리 알았으며, 사물의 법칙에 통달했다. 스스로 운사가 되었으며 용의 형상을 지니고 있었다. 스스로 죽을 날을 택하여, 신하들과 작별을 하고 죽었다가 다시 돌아왔다. 그 후 교산에 장사지냈는데 산이 무너지는 일이 있었고, 관이 비고 시신이 없어졌다. 다만 칼과 신발만이 그곳에 남아 있었다. 신선서에 이르기를 황제는 수산의 동을 캐서 형산 아래에서 큰 솥을 만들었다. 솥이 완성되었을 때, 용이 수염을 늘어뜨리고 내려와 마중하였다. 황제는 이에 (타고서) 승천하였다. 많은 신하들이 용의 수염을 붙잡고 황제를 따라 올라가다가 황제의 활을 끌어 잡았는데, 용의 수염이 뽑히고 활이 떨어졌다. 여러 신하들은 따라갈 수가 없게 되어 황제를 바라보며 슬피 울었다. 그리하여 후세에 그 장소를 정호라 하고 그 활을 오호라 이름 했다. 『열선전列仙傳』

마사황은 황제 때의 말 의사였다. 말의 모습에서 생사의 진단을 내릴 줄 알았고, 치료를 하면 곧 나았다. 후에 어떤 용이 내려와 그를 향해 귀를 늘어뜨리고 입을 벌렸다. 마사황은 이 용이 병들었는데, 자신이 치료를 해줄 수 있음을 알고 있구나 하면서 입술 아래와 입 속에 침을 놓고, 감초탕을 먹여 낫게 하였다. 후에도 여러 차례 병든 용이 물에서 나와 그에게 치료해줄 것을 청했다. 어느날 아침 용이 마사황을 태우고 갔다. 『열선전列仙傳』

위의 두 고사는 모두 용의 신통한 능력으로 비천하는 이야기를 담고 있다. 앞의 이야기는 구성이 보다 복잡하게 전개됨으로써 이해하기 어려운 점이 있지만, 용에 의해서 승천을 하게 된 것은 틀림없다. 뒤의 이야기 역시 용이 황제를 태우고 하늘로 날아가 비천이 이루어지고 있다. 두 고사는 모두 신비한 신화적인 존재인 용의 능력을 통해서 비천飛天이 이루어졌다. 그 같은 신화적 이미지가 신선고사로 옮겨가 실감나는 이야기로서 인간의 일상사에 가깝게 접근하고 있었다.

이제는 『열선전』에 보이는 신선들이 제한된 공간을 뛰어넘어 초월적인 능력을 발휘하는 양상이 어떻게 드러나는지 보자. 신선고사에서는 인간의 모습에 가장 가까운 한 선인이 인간의 일상생활과 흡사한 과정 속에서 몇 가지 음식물을 정련하고 저장한 후 그것을 복용함으로써 일정한 시간이 경과된 후 공간을 자유롭게 이동하면서 살게 되는 모습을 그리고 있다. 이는 인간이 소망하는 새로운 공간, 곧 비천을 통해 제한된 현재의 공간에서 자유로운 미지의 공간으로 여행하게 되는 이야기다.

> 계부는 남군 용현인이다. 산간에 살았는데, 어떤 선인이 항상 그 집에 들러 (그로부터) 오이를 사갔다. 선인은 그에게 오이씨와 계피, 부자, 지실을 정련하는 것을 가르쳐 주었다. 이를 모두 저장해 두었다가 함께 나누어 복용했다. 이십여 년이 지나자 날아다니며 산을 오르고 물 속으로 들어갈 수 있었다. 백여 년 뒤 높은 산꼭대기에 살면서 계곡 아래의 노인들을 불러 옛날 일을 이야기하였다고 한다. 『열선전列仙傳』

결국, 위의 인용고사는 가장 일상적인 방법으로도 마침내 하늘을 나는 능력을 얻어서 제한된 공간을 극복하고 자유롭게 움직이는 상태를 경험하였음을 말해준다. 시간의 변수는 20여 년 혹은 100여 년 후로 명시적으로 나타나며 아울러 보다 길어지고 있다. 일상적인 방식을 통해 공간적 제약을 극복할 수 있는 능력을 얻은 지 20년 후, 날아다니며 산으로 날아올라가고 물로 들어갈 수 있었고, 다시 100년 후에는 높은 산꼭대기에 살 수 있게 되었다. 이제는 더 이상 가까운 산수는 말할 것도 없고 고원한 산정도 전혀 갈 수 없는 곳이 아니었다.

이상에서 살펴보았듯이 『산해경』에는 이야기의 주체가 이형화異形化를 통해 하늘을 날 수 있는 가능성이 내재되거나 이입되고 있다. 그것은 조류와의 이형적 결합을 통해 공간적인 제약성을 극복하고 자유로운 존재로 전화된다. 그들의 형상은 사람의 얼굴에 용의 몸, 어류와 날개달린 조류의 결합, 말의 몸과 사람의 얼굴, 호랑이 무늬와 날개달린 새의 결합을 통한 이형의 조류화다. 여기에서 고사의 주체는 적극적으로 비천이나 이에 가까운 행동으로 공간을 뛰어넘는 양상을 보여주기도 한다. 게다가 주체 이외의 대상도 그 같은 이형적 존재에 몸을 실어 공간의 제약을 극복하거나 심지어 수명을 연장하기도 한다. 이러한 상태나 경험은 대체로 불사(장수)나 불사를 위한 조건인 백약 또는 구변·구가와 같은 문화적 요소들과 결부되어 있다.

한편, 『열선전』과 같은 신화의 영향을 받은 신선고사에서도 비천의 양상은 이야기의 전개에서 주요 모티프가 되고 있다. 신화적 주체가 동시에 등장하는가 하면 곤륜산 같은 신화이미지와 결부된 미지의 장소도 필수적인 무대가 되었다. 주체들은 단약이나 약초의 복용 등과 같은 연단술을 경험하고 풍우나 오색연 등을 매개로 하여 비천하는 초자연적 현상을 경험한다. 그 밖에 연기나 풍우 같은 매개가 아닌 신화적 존재인 용을 매개로 하는 경우도 있다.

　　신선고사에서는 인간의 일상생활에 근접한 양식으로 선인이 몇 가지 음식물의 정련－저장－복용 과정을 거쳐 일정 시간이 경과한 후 공간적 제한을 극복하는 능력을 경험한다. 그리하여 소망하던 공간 곧 미지의 세계였던 고원한 산정도 자유롭게 갈 수 있는 새로운 공간으로 다가오게 된다.

제3부 현대 작가와 고대신화와의 만남

신화는 역사에 빛을 전하며,
작가는 신화의 빛을 통해
역사에 생명력을 불어넣는다.
문학공간은
신화와 역사가 화해하는 접점이다.

장부민. 은의 황제 태무太戊가 왕영王英으로 하여금
서왕모로부터 약을 가져오도록 하였다.
이곳에 이르러 양식은 떨어져 더 갈 수 없었다.
이에 나무 열매를 먹고 그 껍질을 옷 삼았다.
평생 아내가 없었으나 두 아들이 등갈비 사이로부터 나왔다.
아비가 죽자 이들이 (남자만 사는 나라의) 장부민이 되었다.
옥문玉門으로부터 이만 리쯤 떨어져 있는 곳이었다.

'장부민'에 관한 이야기 중에서

제1장 루쉰, '희망과 절망'의 표징 인식

루쉰(魯迅)
Lu Xun, 1881~1936

루쉰은 작가·비평가·문학사가로 본명은 저우수런周樹人이며, 루쉰은 필명이다. 절강성浙江省 소흥의 사대부 집안 출신이었다. 둘째 동생 저우쭈어런周作人은 문학자, 셋째 동생 저우지엔런周建人은 생물학자로 유명하다. 소년 시절, 루쉰은 아버지의 병사로 집안이 기울자 가장 노릇을 하면서 몰락한 관료집안에 가해진 모진 박대와 냉소를 체험하며 자랐다.

1898년 남경南京에 있는 지금의 해군학교에 해당하는 강남수사학당江南水師學堂에 입학했으나 얼마 되지 않아 강남육사학당江南陸師學堂 부설 철도학교礦路學堂로 옮겨 1902년까지 수학하였다. 이곳에서 루쉰은 근대 서구사상을 담은 번역물과 변법파들의 출판물을 접하면서 차츰 진보적인 생각을 키워나갔다. 당시 옌푸嚴復·린쉬林紓·리앙치챠오梁啓超의 영향을 크게 받았다.

1902년 관비 유학생으로 일본에 파견되어 1909년까지 도쿄에서 머물면서 처음에는 홍문학원에 입학하여 일본어를 학습하였다. 1904년 지망을 변경하여 지금의 도호쿠 대학東北大學 의학부인 센타이 의학전문학교仙台醫學

專門學校에 입학했지만 중도에 문학으로 뜻을 돌려 주로 독학으로 근대서구 사상을 섭렵하였다. 문학도로서의 생활 속에서 루쉰은 절강성 출신들이 결성한 반청反淸 혁명단체인 광복회光復會에 가입하여 활동하기도 했다.

그 무렵 『신생新生』이란 잡지를 발간하고자 했으나 주위의 무관심으로 실패하고 작품 활동에 주력하여 「과학사교편科學史敎篇」, 「문화편지론文化偏至論」, 「마라시력설魔羅詩力說」, 「파악성론破惡聲論」 등을 『하남河南』이라는 잡지에 발표하였다. 동생 저우쭈어런과는 러시아와 동유럽의 소설을 번역하여 『역외소설집域外小說集』을 출판했으나 기대했던 반응을 얻지 못했다.

1909년 일본에서 귀국한 후 고향인 절강에서 교편을 잡고 있다가 1911년 신해혁명을 겪었다. 1912년 중화민국 임시정부가 수립되자 당시 교육총장으로 있던 차이웬페이蔡元培의 추천으로 임정의 교육부원이 되었다. 그러나 신해혁명의 결과에 실망한 루쉰은 정치에 대한 관심을 접고 금석과 묘지탁본의 수집에 열중하였다. 그 결과 중국의 문학혁명 기간 중에 최초의 근대소설이라고 할 「광인일기狂人日記」를 『신청년新靑年』에 발표하였다. 「공을기孔乙己」, 「고향故鄕」, 「아큐정전阿Q正傳」 등도 이때 발표된 소설이다.

1924년과 1925년에 루쉰은 두 번째 창작집인 『방황彷徨』과 산문시집 『야초野草』에 실릴 작품들을 창작·발표하였다. 그리고 북경대 등에서 강의하던 초안을 근거로 『중국소설사中國小說史』를 집필하기도 하였다. 1925년 북경여사대의 교장배척운동을 둘러싸고 전개된 논쟁의 와중에서 당시 학생이었던 쉬광핑許廣平을 알게 되어 그 후 결혼을 하였다. 루쉰과 쉬광핑 간에 오갔던 편지들은 『양지서兩地書』로 묶여서 나왔다.

1928년 문예잡지 『어사語絲』를 창간했으며 1930년에는 혁명문학파에 협조하여 좌련의 결성에도 참가하였다. 루쉰은 어용문학파인 민족주의 문학파 등에 맞서 싸웠으며 대내적으로는 제3종인 논쟁, 국방문학논쟁에 가담하여 공산당원 문학가를 대표하는 저우양周陽(1908~)에 맞서 '민족혁명전쟁의 대중문학'이라는 구호를 제기하였다. 그 밖에 루쉰은 미술 분야에도 간여하여 소련과 독일의 혁명적 미술가들이 목판화 등을 소개하고 젊은 목판 작가들을 육성하는 일에도 힘을 기울여 중국의 근대판화운동에 적지 않은 공헌을 하였다. 루쉰은 1936년 10월 결핵으로 사망하였다.

중국의 미래, 신화의 재발견

루쉰과 중국신화

루쉰은 중국문학사 상 근대문학의 길을 열어놓은 인물 중 한 사람으로 평가되어 왔다. 최근 들어와서는 그의 문학의 세계문학사적인 위치와 의의가 강조되고 있다. 그는 단 한편의 장편문학도 남긴 바 없지만 그를 중국문학사에서 높이 평가하는 까닭은 무엇보다도 그의 문학 전체를 관통하는 새로운 세계로의 지향 때문일 것이다.

루쉰에게 있어 '신세계에 대한 지향'은 '미래성未來性'이라는 주제의식과 깊이 관련되어 있다. 격동하는 근대로의 길목에서 불확실한 상황에 내던져진 중국의 운명을 온 몸으로 체험하면서 이루어진 그의 창작은 희망과 절망 사이에서 잉태된 '적막寂寞'의 결정체 그것이었다. 본래 중국에서 근대문학 양식은 작품의 외연뿐만 아니라 작품의 내적인 구성에서 새로운 실험으로도 이루어졌다. 루쉰 역시 마찬가지로 작품의 형식과 소재의 선택이라는 측면에서 뚜렷한 특질을 드러내었다.

루쉰이 일찍부터 전통 속에서 새로운 정신의 원천을 발견하고자 몰두했던 것은 바로 신화神話 연구였다. 신화 연구는 1920년대 중국에서 문학운동이 본격화되면서 전통적인 유산의 하나로 자연스레 관심의 대상이 되었다. 명저로 선꼽히는『중국소설사략中國小說史略』에서 그는 중국문학의 원류로서 신화 전설을 언급하고 그 가치를 인식하고 있었음을 보여준다. 그가 전적을 찾아 수집·정리한 자료들은『고소설구침古小說鉤沈』이라는 책으로 묶어졌다.

신화에 대한 루쉰의 열정은 호고적인 차원을 넘어서 새로운 문학적인 재창작 단계로 나아가고 있었다. 당시 마오뚠, 원이뚸 등도 중국의 고대신화에서 자신들의 꿈과 정신세계를 탐색하고 있었지만 루쉰만큼 중국신화 자체로부터 '근대성'을 발견하기 위해 노력한 경우는 드물었다. 이 같은 노력으로 루쉰은『고사신편故事新編』에서 보듯이 신화전설에서 소재를 채용하여 독자적인 소설 이미지를 형상화했는가 하면 문학세계와 '중국적'인 사상을 결합시키고자 하였다.

중국신화에 대한 루쉰의 입장은 대체로 '불만족스런 마음'으로 집약되었다. 그러한 마음은 아마도 신화 자료에 존재하는 본질적인 문제와 관련 있을 것이다. 그는 중국의 신화자료가 단편적이고 소략하다는 점을 인정하고 그 이유를 추정하여 설명하였다. 루쉰은 중국신화가 안고 있는 문제를 다음과 같이 이해하였다.

우선 일반적인 통설과 마찬가지로 중국인들은 주된 삶의 무대였던 황하黃河 유역에 살면서 부족한 천혜의 자원과 생활의 영세성 때문에 실제적인 문제에 함몰되고 말았다. 먹고 살기에 급급한 생존적인 삶의 현실 속에서 신화가 존재할 공간은 더 이상 있을 수 없었다는 것이다.

또한 공자가 유가사상을 널리 전파시킨 이후 유가儒家의 영향으로 귀신에 관한 관심이 배격되었고 실제로 오랜 전승古傳마저 황당한 이야기로 치부되면서 쇠퇴하였다. 이 때문에 중국신화에서의 고대의 천신天神 · 지지地祇 · 인귀人鬼에 대한 차별관념은 변화되어 후대에 들면 인귀는 천신이나 지지와 동일시되었다. 그런가 하면 사람과 신의 혼재라는 원시신앙화로 전락하였으며 그나마 남아 있던 전설류도 시간이 지나면서 퇴색하거나 소멸되었다.

그러나 루쉰의 중국신화에 대한 탐색과 접근은 대담하고 의욕적인 것이었다. 중국신화의 현실적인 제한점이 오히려 그로 하여금 새로운 시도를 모색하게 만들었다고 할 수 있다. 루쉰은 당시 20세기 초반을 널리 풍미했던 문화인류학파로부터 크게 영향을 받았다. 그의 생각으로는, 신화란 원시인들의 자연환경에 대한 나름대로의 해석이었다. 그에 따르면, 신화란 시대에 따라 변화하게 마련이고 '신화에서 신선전神仙傳으로' 옮겨져 간다. 이러한 신화의 변화로 말미암아 신의 성격에는 인격이 부여되고 점차 반신半神으로, 다시 고대의 영웅으로 변신하게 되었다.

이렇게 신화에서 신의 인격화 양상이 뚜렷해지면서 마침내 역사적 상황이 결부되었다. 그것이 루쉰에게는 신화가 시대마다 재해석될 수 있다는 근거로 비쳐졌을 것이다. 루쉰은 신화를 근대적인 의미로 재구성하여 하나의 '근대문학'으로서 자리매김할 수 있는 가능성을 발견했다고 해도 좋을 것이다. 루쉰은 젊은 시절 신화 연구에 몰두하였던 자신을 다음과 같이 회고한 바 있다.

제1편 「보천補天」은 1922년 겨울에 썼던 것이다. 그때 생각으로는 고대와 현대 모두로부터 제재를 취하여 단편소설을 쓰려고 했다. 「부주산不周山」은 바로 "여와가 돌을 달구어 하늘을 보수했다"는 신화를 취하여 착수한 시작의 한 편이다.

그의 회고로 미루어 보건대 루쉰은 신화 이야기의 주체가 그 성격에 변화를 일으켜 새로운 의미를 지닌 존재로 재현된다면, 그 오랜 해묵은 '이야기의 탈을' 벗어버리고 새 옷을 입은 이야기로 부활할 수 있으리라는 믿고 있었다. 자신의 창작을 돌아보는 글에서 "다시 소설을 썼을 때는 어떻게 된 것이 옛 의관을 갖춘 작은 남자를 여와의 두 다리 사이에 출현시키고 말았다"라고 술회한 바와 같이, 애당초 그는 신화를 소설의 원류로 보았듯이 그의 문학인생에서 신화 연구란 소설로 가는 중간 여정에 불과하였다. 그에게 신화는 근대소설로 전화할 수 있는 새로운 소재요 매개였음이 틀림없었다.

젊은 루쉰의 신화 연구

1920년대 들어 루쉰은 자신의 신화 연구의 결과를 내놓았다. 이로 미루어 보아도 이미 1910년대 이전에 그가 신화 연구에 몰두했으리라는 점은 의심의 여지가 없다. 1912년 『고소설구침』이 출간되었으니, 실제 신화에 대한 루쉰의 관심은 이보다 더 앞서는 것이 당연하다. 신화와 관련된 그의 소설이 수록되어 있는 『고사신편』은 1922년에 시작되어 13년이란 세월을 거쳐 1935년에 편찬되었다. 신화를 둘러싼 왕성한 저작 활동이 루쉰의 나이 32세 되던 해로부터 45세가 되던 해까지 오랜 동안 지속되었다.

1922년, 루쉰은 나이 42세에 「부주산不周山」이란 소설을 발표하였다. 부주산은 그가 신화와 관련시켜 집필한 최초의 신화소설로서 후에 「보천補天」이란 제목으로 바뀌어 『고사신편』에 실렸다. 「주검鑄劍」이란 작품도 1926년에 잡지 『망원莽原』에 실릴 당시에는 「미간척眉間尺」이었지만 후일 본편에 수록할 때 제목이 바뀌었다. 1922년부터 1935년 사이에 집필된

총 8편의 작품이 『고사신편』에 실렸는데, 1922년과 1926년 사이에는 북경北京과 하문廈門에서, 1927년 이후의 작품은 상해上海에 머물면서 집필한 것들이었다. 흔히 『고사신편』을 신화소설神話小說의 집대성이라고 평하는 것도 다 그러한 이유에 기인한 것이라고 이해된다.

루쉰의 신화소설에 대해서는, 신화나 전설도 소재로 이용하고 있지만 고대사 자료도 많이 활용하고 있으므로 그것 역시 역사소설이 아니냐는 의문을 제기하는 분도 있다. 그러나 루쉰의 신화소설은 역사소설로 보기에는 풍격風格을 달리하고 있을 뿐 아니라 신화나 전설적인 이미지에 중점이 두어져 있다. 루쉰이 활용하고 있는 고대사 영역은 말할 것 없고 신화전설도 단지 신화, 전설, 고대사의 환경을 빌어 현대사의 인물·배경에 투영함으로써 새로운 이미지를 창출하고 있는 것이다. 정작 비중을 두고 있는 것은 새로운 작품세계 안에 수용된 '이미지'였다.

실상 중국인들에게 '고대는 이상적인 사회였다'는 역사적인 믿음이 존재해 왔다. 역사학에서 이른바 '삼대관三代觀'이라고 하는 선대인 하夏·은殷·주周 세 왕조의 문화를 중국문화의 전범으로 보는 역사의식이라고 하겠는데, 중국인들에게 삼대를 이상적인 시대로 간주하는 태도가 있었던 것과 마찬가지로 루쉰에게도 그것이 존재하는 흔적일 수도 있겠다.

굳이 신화나 전설 혹은 역사성을 빌어 창작작업을 한 것은 루쉰의 주관적인 소설관에 영향받은 것이었다. 그는 소설이 내적으로 갖추어야 할 요소로서 '유활油滑' 즉 풍자성을 들었다. 그러나 『루쉰 전집魯迅全集』 2권에 실려 있는 「서언序言」에서 그는 당시를 '영혼의 모험'의 깃발 아래에서 도끼를 휘둘렀다고 자책하였다. 루쉰은 자신의 처녀 신화문학에 결코 만족하지 않았다. 비평가 청팡우成仿吾가 자신의 작품인 「부주산」을 '가작佳作'이라고 치켜세운 것에 대해서도 "자기 병은 자기가 아는 것이다"라며

일축해버렸다.

젊은 작가 루쉰이 신화나 전설을 통해 추구했던 것은, 당시 비평가들이 그의 작품을 낭만주의라든지 유미주의唯美主義로 이해하려 했던 것과는 다른 것이었다. 왕징즈汪靜之(1902~1993)의 「난초의 바람[蕙的風]」에 대한 비판 글을 읽고서 일시적으로 「부주산」의 집필을 중단한 것도 그의 심경을 엿보게 하는 의미심장한 사건이다. 루쉰이 신화나 전설을 통해 추구한 문학세계는 확실히 예술지상주의가 아니라, 그러한 신비로운 소재를 매개로 하여 현실적인 생명력 있는 정신을 포착하는 것이었다. 그는 여와의 보천補天과 같이 단지 신화적인 환상성과 드라마틱한 낭만성을 소설화해 보려 했던 당초의 의도를 버리고, 신화의 소재에 기초한 신화문학을 현실문제와 결부시켜 새로운 생명력을 부여해야 한다는 자각에 이르고 있었다.

루쉰의 신화문학

여와 이야기 「보천補天」

루쉰의 신화문학은 『고사신편』에 실려 있는 네 편의 소설로 집약되는데, 신화적인 이미지를 살린 근대적인 문학 양상을 잘 보여주고 있다. 근대문학의 형식을 통해 작품화된 소설은 보천補天·분월奔月·주검鑄劍·이수理水 등이다.

「보천補天」은 고대기원신화의 천지창조신화 가운데 여와에 의한 인류창조 이야기를 다룬 소재를 활용한 작품이다. 루쉰은 여와를 다룬 여러 전적의 기록들을 종합해서 새로운 여와신화를 탄생시켰다. 루쉰에 의해 이루어진 여와신화는 3단계 이야기로 구성되어 있다. 첫 장면은 태고의 적막 속에서 여와가 흙으로 인간을 빚어내는 광경과 등나무 줄기로 진흙을 휘둘러서 인간을 만드는 광경이다.

루쉰이 묘사한 두 광경은 모두 『태평어람太平御覽』에 전해지는 인간창조 신화에 기초하고 있다. 특히, 두 번째 광경은 무너진 산이라는 뜻을 가진 부주산이 붕괴되어 하늘을 떠받치고 있던 기둥인 천주[天柱]가 부러지고 땅을 매고 있던 줄인 지유地維가 끊어지자 갈대에 불을 놓아 오색돌五色石을 녹여서 이를 보수하는 이야기다. 이는 『회남자』의 「남명覽冥」이나 「천문天文」 등에 보이는 신화의 종합적인 유형에 해당한다. 세 번째 광경은 여와의 죽음과 재생을 암시하는 이야기의 구도로서 『산해경』 「대황서경」 등에 근거를 두고 있어 세 광경은 모두 서로 인과성을 부여받게 된다.

루쉰은 신화의 전적문제를 둘러싸고 어떤 것이 신화의 원형인가 하는 문제에 구애받지 않고 모든 자료를 결합시켜 이야기 소재로 채용하였다. 대체적으로 「보천」은 신화의 소재가 새로운 소설 양식으로 전화되었다고 할 수 있으나 주제의식의 포착이라든가 상징화는 뚜렷하지 않았다. 「보천」 에서 작가는 현실적 상황과의 긴장성을 제한하고 있었다. 「부주산」 역시 그러하지만, 성性을 주제로 한 남녀평등이나 구습타파 등의 근대지향적인 시대적 관념과 가치를 시사하는 점은 공통적으로 드러나는 특징이다. 「보천」의 작품 말미에 보이는 다음과 같은 구절은 근대적인 신화문학을 통해 전하고자 했던 루쉰의 외침을 간접적으로 표현하고 있는 듯하다.

금군禁軍은 갑자기 말투를 바꾸어 자기들만이 여와의 적장자파嫡長子派 라고 주장하고 동시에 깃발의 과두문자科斗文字를 여와의 창자라고 고쳐 썼다.

상아가 달로 도망가다

신화 속에 존재하는 과거의 여와는 죽었고 여와의 후신인 적장자파들이야말로 전통을 딛고 근대를 지향하는 정통론자들이며 과두문자를 고쳐 썼다고 한 것 또한 새로운 문자인 백화白話의 출현을 가리키는 것은 아니었을까. 이제 여와의 죽음은 봉건적인 중국의 사망을, 여와의 재생은 중국의 새로운 탄생을 의미하였다. 여와의 죽음과 재생은 마치 역사의 전환기인 근대의 문턱에서 몸부림치는 중국이 겪는 한 시대의 종말과 한 시대의 개막을 상징하는 듯하다. 그러나 루쉰 자신이 스스로 실토했듯이 「보천」은 문학적으로 '엉성한 구성'이었고, 그것은 단지 신화문학 역시 현실과 밀착됨으로써 문학적 생명력을 갖게 된다는 인식의 과정이었을 뿐이다.

상아의 이야기 「분월奔月」

「분월奔月」은 1926년 12월에 탈고하여 『망원莽原』 제2권 2기에 발표한 소설로, 활로 태양을 쏘았다는 사일신화射日神話와 서왕모로부터 받은 선약인 불사약不死藥을 훔쳐먹고 도망친 상아嫦娥 이야기를 소재로 한 작품이다. 상아와 관련된 신화자료는 『회남자』「본경」이나 『회남자』「남명」 또는 『초사』「천문」 또는 『산해경』「해내경」과 「해외남경」 등에서 찾아볼 수 있다.

루쉰은 신화자료를 바탕으로 이를 극화시켜 주인공의 성격을 완전하게 변화시켰다. 고대 신화에 등장하는 예는 태양을 쏘고 인간에게 재해를 가져오는 짐승들을 처단하는 영웅이었지만 이제 그는 까마귀나 참새 따위밖에는 아무것도 잡지 못하는 무능하고 우직한 남성에 지나지 않는다. 상아 역시 마찬가지다. 고대의 전적에서 상아는 12개의 달을 낳아 목욕시키는 등 풍요한 생산을 담당하는 여신이었다. 그러나 이제 그녀는 현실에 불만족한 채 예가 구해놓은 불사약을 몰래 훔쳐먹음으로써, 혼자서만 영원을 즐기려는 이기적인 인물로 바뀌었다.

「분월」에서 예가 과거의 명사수로서 화려한 영광을 누렸던 것에 걸맞지 않게 왜소해졌는가 하면 부인의 눈치만 살피는 연약한 노병으로 전락되었다는 사실은 참으로 재미있는 인물의 성격 변화다.

그래 너희들 마님은 영원히 혼자 즐기게 되었다. 그녀가 결국 나를 버리고 혼자 날아올라 가다니. 나를 늙었다고 보는 건가? 그녀는 지난달까지도 "결코 늙었다고 여기지 않아요. 스스로 늙었다고 여기는 것은 사상의 타락이예요"라고 말했는데……

평범한 남성인 예를 떠나버린 상아를, 원망과 분노 속에서 바라보며 상아의 선택과 결정이 당연하다는 듯 간주하는 현실적인 비애가 엿보인다. 자신이 현실적으로 왜소하다 할지라도 여전히 전사戰士로 생각해주었던 상아를 떠올리며 위로의 한 자락을 부여잡는 예의 모습. 그러나 이야기는 극적으로 반전된 양상을 보여준다. 예는 여기서 그치지 않고 상아를 끝까지 추격하겠다는 마음을 굳혔다.

그건 서두를 것 없어. 나는 매우 배가 고파. 빨리 가서 고추닭찜 한 접시에다 떡 다섯 근을 구워오너라. 먹고 잠을 자두어야겠어.

내일 다시 그 도시를 찾아가 선약을 얻어먹고 쫓아가야겠어. 여경아!
가서 왕승에게 흰 콩 넉 되를 말에게 먹이도록 일러라.

왜소한 자신이지만 예는 현실적인 패배에도 굴하지 않는 불굴의 의지를
보여준다. 루쉰은 「분월」에서 시대 상황에 적합한 새로운 인물유형으로서
예를 제기하고 있었다. 신화적인 능력의 소지자는 아닐지라도 불요불굴不
撓不屈의 정신으로 현실에 대응하는 존재로서 한 인간을 발견하게 되었던
것이다.

우의 이야기 「이수理水」

「이수理水」라는 작품은 우禹의 치수와 관련된 신화전설을 토대로 한
소설로 1935년 11월에 완성되었다. 루쉰은 신문이나 잡지에 발표를 하지
않고 『고사신편』에 이 작품을 집어넣었다. 우의 이야기는 『사기』「하본기
夏本紀」, 『열자列子』, 『장자莊子』 「소요유逍遙遊」, 『고악독경古嶽讀經』 『여씨춘추呂
氏春秋』 「애류愛類」를 비롯하여 『서경書經』 「요전堯典」, 『회남자』의 「본경」과
「수형」 등에서 채용된 소재를 바탕으로 하였다.

소설에서 우는 실천적인 정치가로서 탁상공론으로 일관하는 학자나
관료 또는 노예근성에 젖은 백성 등이 혼재한 사회에 존재하는 실존적
인물이다. 이야기 전개는 신화와 현실 공간이 교차되면서 중층적 의미를
지니고 있었다. 실천적인 정치가인 우가 치수를 위해 동분서주하고 있을
무렵, 학자들은 우의 존재를 놓고 토론을 벌이는 등 우활한 행동을 한다.
고사변파古史辨派들의 의고논쟁疑古論爭이나 일부 지식인들 사이에 일었던
움직임에 대한 풍자도 엿보인다. 가보학家譜學의 대가라고 하는 판꽝딴潘光旦
이나 린위탕林語堂이 제창한 소품문운동小品文運動에 대한 풍자 등이 그것이다.

이러한 풍자는 신화적인 배경을 통해 현실공간의 문제를 자유롭게 접근해 가는 시도였다.

> 수해가 오래되자 대학원은 벌써 해산되었고 유치원조차 연 곳이 없게 되었다. 백성들은 얼마만큼은 혼란에 빠져 있었다. 문화산文化山 에만은 많은 학자들이 모여 있었는데, 그들은 식량을 모두 기굉국奇肱國 으로부터 날아다니는 비차로 운반해 왔으므로 양식 떨어지는 것을 걱정하지 않고 학문을 연구할 수 있었다. 그들 중 대부분은 우를 반대하거나 혹자는 세상에 정말 우라는 사람이 있다는 것을 전혀 믿지 않았다.

우의 이야기에서는 치수治水의 방법이라든지 우의 존재를 둘러싸고 왈가왈부하였던 일군의 대관들이 숱한 세월이 흐른 뒤 분골쇄신으로 치수에 성공한 우의 업적을 높이 평가하게 된다. 소설은 우의 행동을 전범으로 삼아 태평성대를 누리게 되는 새로운 시대, 즉 이상理想의 재건을 암시하면서 결말을 맺는다. 현실적으로 루쉰은 어떤 탁상공론보다 자신의 희생을 통해 끊임없는 실천으로 세상을 개조해 나가는 실천이 중요하다는 '우공이산愚公移山' 정신을 웅변하고 있었던 것은 아닐까?

미간척의 이야기 「주검鑄劍」

「주검鑄劍」은 1926년 9월에 탈고했다가 그 이듬해 4월과 5월 2회에 걸쳐 『망원』 제2권 8기와 9기에 연재한 소설이다. 신화의 소재는 복수의 이야기인 '미간척고사眉間尺故事'로서 『초왕주검기楚王鑄劍記』, 『열이전列異傳』, 『오월춘추吳越春秋』 「합려내전闔閭內傳」, 『유양잡조酉陽雜俎』, 『수신기搜神記』 등 의 전적을 토대로 한 것이었다.

루쉰은 '미간척의 이야기'를 복수 모티프의 변화과정을 중심으로 3단계로 구성하여 스토리를 전개시켰다. 아버지의 죽음과 수수께끼—3자의 개입과 대리복수—세 사람의 죽음, 이것이 '미간척의 이야기'의 전체적인 전개방식이다. 이야기의 모티프인 복수는 대리복수를 통해 완성되고 다시 미간척의 죽음을 통해 복수 자체가 합리화된다. 이러한 미간척의 이야기는 「주검」에 그대로 수용되었다.

「주검」에서는 아버지와 왕이 각각 자검雌劍·웅검雄劍을 소유함으로써 서로 대결하게 되는 원수관계로 상정됨으로써 복수 모티프의 단초가 열린다. 원수관계에 미지의 제3자로 이른바 '과지오자宴之敖者'라 하는 자가 등장한다. 그는 아버지와 아는 까닭에 아들인 미간척과 복수행위에 참여하게 된다. 이로써 아버지의 원수에 대한 복수는 제3자의 참여로 인해 복수의 주관적인 정당성을 객관적인 수준으로 전환시킴으로써 그 내적인 의미를 형성하게 된다.

그러나 세 사람은 모두 죽게 되며 왕궁에 있는 여러 사람과 백성들은 이들의 죽음을 하나의 익살로 간주한다. 이러한 처리는 루쉰이 「주검」을 통해 그의 문학정신의 한 특징을 이루는 '절망—반항'을 역설적으로 표현한 것이다. 루쉰은 '과지오자'를 『사당전문잡집俟堂磚文雜集』에서 자신의 필명으로 사용하기도 하였다. 복수 행위에 직접 참여한 미간척이나 작가 자신에 합치되는 '과지오자'의 입장은 구제도의 모순과 구습 타파 등 오랜 '봉건중국'의 한계를 극복해야 하는 당대의 현실 상황에 대한 감정이입을 넘어서는 현실참여적인 작가의식을 분출시킨 것이었다.

「주검」에서 루쉰은 확실하게 중국의 현실을 목도하고 있는 자신의 '분노'와 '절망' 그리고 '반항'을 드러내었다. 차라리 그것은 하나의 아픔이었다. 루쉰에게 자신의 내면에 끓어오르는 분노를 어떻게 처리할 것인가

하는 문제는 그 자체가 문학적 긴장(tention)의 중요한 요소가 되어 갔다. 현실적인 중국의 아픔과 어둠은 곧 루쉰 자신의 영혼에 내재하는 질곡이었다.

> 나는 전부터 네 아버지를 알고 있다. 전부터 너를 알고 있는 것과 마찬가지로 말이야. 그러나 내가 원수를 갚으려는 것은 결코 그 때문은 아니야. 영리한 아이야, 말해주마. 너는 아직 모르는가 보구나. 내가 얼마나 복수의 명인인가를. 너의 원수가 바로 나의 원수고, 그가 또한 바로 나인 것이다. 내 영혼에는 그토록 많은 것이 있다. 남과 내가 입힌 상처 말이다. 나는 이미 나 자신을 증오하고 있다.

미간척 신화

본래 미간척 신화는 『수신기搜神記』「열이전列異傳」 등에 실려 있던 것으로 초나라 장인匠人인 간장막야干將莫耶에 관한 이야기다.

초나라의 유명한 검을 만드는 장인인 간장막야가 초나라 임금의 명령으로 검을 만들게 되었다. 검은 3년이란 세월이 걸려서야 완성되었다. 노심초사하며 검을 기다리던 초나라 임금은 화가 나서 그를 죽여버렸다. 간장막야는 죽기 직전에 그의 사랑하는 아내에게 유언을 이런 남긴다. "만일 아들을 낳거든 감추어둔 검을 찾게 하라."

간장막야는 그렇게 칼을 찾으라는 수수께끼를 남기고 죽었다. 막야의 아들 적비赤比가 자라자 어머니는 그 모든 사실을 이야기해주었다. 아들은 남겨진 수수께끼를 해결하고 명검을 찾아내어 초나라 임금에게 복수를 하기로 결심한다. 그 무렵 임금은 꿈을 꾸었는데, 눈썹의 미간이 한 척이나 될 정도로 넓은 미간척자眉間尺者가 복수를 벼르고 있다는 원한서린 말을 들었다. 이에 깜짝 놀란 왕은 깨어나서 꿈에서 본 형상을 토대로 현상금을 내걸고 꿈속의 남자를 수배토록 하였다.

적비는 이 사실을 알고 두려움에 떨면서 산 속으로 들어가 이루지 못할 복수에 슬퍼하고 있었다. 그때 우연히 한 객客이 나타나서 그의 사연을 듣고는 조언을 하였다. "왕이 지금 천금의 현상금으로 그대의 목을 구하고 있으니 내가 그대의 목과 검을 가져가서 대신 복수해주리라."

적비는 이를 듣고 즉시 목을 매어 죽었다. 객은 약속한 대로 적비의 목을 초왕에게 가져가 그 머리를 삶아버리라고 했다. 왕이 그의 말대로 적비의 목을 솥에 넣고 삶았으나 사흘 밤낮을 불을 지펴 삶아도 목이 문드러지지 않았다. 이상히 여긴 왕이 뜨거운 가마솥으로 다가가 고개를 내밀어 솥 안을 들여다보려 한 순간 객이 왕의 머리를 칼로 내리쳤다. 그리고 객은 자신의 머리도 잘라버렸다. 이렇게 세 사람의 머리가 함께 솥에 삶아 문드러져서 누구의 목인지를 분간할 수 없게 되었다. 이에 무덤을 써서 삼왕묘三王墓라고 했는데, 여남汝南 북선춘현北宣春縣 지방에 있다.

문학적 삶의 종결

어쩔 수 없는 절망적인 현실은 평범한 모든 이들에게는 닫힌 공간에 불과하다. 그러한 절망을 넘어서 하나의 해방과 자유의 공간이 있으니 영혼의 공간이 그것이다. 그러나 현실과 이상 사이에는 입을 벌린 간격이 존재하는데 그것이 바로 '인간의 조건'이다. 루쉰 역시 그러한 입 벌림을 자신의 문학공간과 지성을 통해 온 몸으로 토로하였다.

중국 현대사의 용렬한 혁명의 와중에 전개된 프로문학 제창자들의 비난 속에서 루쉰은 "모든 문예는 선전이지만 모든 선전이 문예인 것은 아니다"라고 반박했다. 그러나 자신 또한 결코 현실과 동떨어진 낭만주의라든지 상징주의에 머물고자 하지는 않았다. 루쉰이 죽고 2년이 지난 뒤에 연안延安에는 루쉰 예술학원魯迅藝術學院이 설립되었다.

인생은 짧고 예술은 길다. 중국문학계, 나아가 중국사상계에 루쉰이 미친 영향은 당대에만 그치지 않고 중국의 역사와 더불어 면면히 이어지고 있다. 살아 생전 중국의 현실을 자신의 내면에 투영시켜 절망과 희망을 넘나들며 방황했던 루쉰의 '의식적 방황'은 이제 중국의 정신으로 각인되었다. 마오쩌둥毛澤東은 그를 '위대한 문학가이며 동시에 사상가요 혁명가'라고 추앙하였다.

제2장 마오뚠, 혁명의 꿈

마오뚠(茅盾)
Mao Dun, 1896~1981

마오뚠은 절강성浙江省 동향桐鄕 출신의 현대 문학가다. 본명은 심덕홍沈德鴻이며 어릴 때의 이름인 자字는 안빙雁氷이었다. 소설로 창작생활을 처음 시작할 때 필명으로 마오뚠이라는 이름을 사용하였으나 그 외에 현주玄珠, 지경止敬, 방벽方璧, 형천形天 등 여러 개의 필명을 썼다.

마오뚠은 청말에 의사였던 아버지와 고전문학과 신문학을 두루 섭렵했던 개명 여성인 어머니 밑에서 자라면서 일찍부터 서양의 신학문과 근대사상에 영향을 받았다. 절강성에 있는 중학中學을 거쳐 1913년 북경대학교 예과에 입학하였으나 경제적인 사정으로 인해 학업을 중단하고 상해에 있는 상무인서관商務印書館에서 일하였다. 그곳에서 일하는 동안 체호프, 톨스토이 등과 같은 문호들의 작품을 가까이 접하며 문학적 자질을 키워나갔다.

1920년 초 5·4문학혁명이 한창일 때 마오뚠은 『소설월보小說月報』의 편집장으로 일하면서 「소설신조선언」과 「현대문학가의 책임은 무엇인가」 등의 평론을 발표하였다. 마오뚠은 『소설월보』의 전면적인 개혁을 시도하였는데, 그 결과 1921년 정전뚸鄭振鐸, 왕통쟈오王統照, 이예샤오쥔葉紹

鈞, 저우쭈어런周作人 등과 함께 중국 최초의 현대문학단체인 문학연구회를 결성하고 『소설월보』를 기관지로 삼았다.

1921년 상해에서 중국공산당 소조에 참가하고, 그해 7월에 중국공산당이 결성되자 초기 당원으로 입당하였다. 1925년 5·30운동에 가담했으며 문학적으로도 자연주의에서 사실주의로 전향하고 있었다. 그 해 발표한 「무산계급 예술을 논함」은 그의 문학사상이 마르크스주의적 색채를 농후하고 띠었음을 보여준다. 1926년에는 무한武漢의 국민당 정부 아래에서 중앙군사정치학교 무한분교 교관으로 활동하고 이듬해 4·12쿠데타로 국공합작이 결렬되자 노산의 고령牯嶺으로 피신하였다.

마오뚠은 이곳에서 최초의 3부작인 『식蝕』이란 제목으로 작품 「환멸」 「동요動搖」 「추구」를 창작하였다. 이 작품은 1925년에서 1927년까지 혁명을 배경으로 하여 주인공 남녀들이 인생을 추구해 가는 과정을 묘사한 것으로 그의 심리상태를 반영해 주고 있다. 그 후 1928년부터는 일본에 체류하면서 장편소설 『무지개虹』를 발표하는가 하면 논평으로 『「고령에서 도쿄까지」와 「예환지倪換之」를 읽고』 등을 집필하였다.

현실과 신화세계의 접목

중국에서는 1920년대로 접어드는 길목에서 신문학운동新文學運動을 통해 근대문학에 대한 다양한 문학적 탐색이 시도되었다. 마오뚠은 그 러한 시대적 상황 속에서 자신과 민족의 진로를 진지하게 고민한 대표적인 문학가 중 한 명이었다.

일생 동안 그는 '문학과 정치' 간의 간격을 좁히면서 문예지의 편집·문예이론 탐구 및 비평 활동·정치 참여·소설 창작·문예정책의 수립 및 집행 등 창작과 현실에 깊이 참여하였다. 1949년 중국혁명이 종결된 이후 정치적인 영역에 보다 밀착하면서 이와 더불어 모순된 문학세계에도 현실적인 이념을 더욱 충실히 담아냈다. 평생을 통해 창작기간은 20여 년 정도에 불과했지만, 그는 장편소설의 개척자로서 혹은 좌익문학의 거장으로서 자신의 위치를 확고하게 다졌다.

젊은 날 마오뚠은 문학이란 시대 현실을 반영해야 한다고 주장했는데, 그러한 생각은 줄곧 변함이 없었다. 그러한 문학관은 1926년경 북벌北伐을 겪는 등의 현실과의 치열한 투쟁을 본격적으로 작품화한 데에서 잘 드러났다. 격동하는 중국의 운명 속에서 젊은 혁명문학가의 '체험과 의식'을 문학공간에 표출시킨 것이다. 동시대의 작가인 루쉰이 추구한 새로운 세계를 향한 '미래성'이 희망과 절망 사이의 '적막寂寞'에서 잉태된 결정이었다면, 마오뚠이 발견한 '시대성'은 혁명의 명랑한 꿈을 상징화한 '무지개虹' 를 분기奮起한 것이었다.

마오뚠은 신화연구에서 서구문학이론을 탐색함과 동시에 중국신화를 그리스－유럽 신화와 비교하여 신화에 내재된 보편적인 심리원형 및 구조를 파악함으로써 자신의 문학적 태도와 정신을 가늠하였다. 왕꽁량王功亮이나 띵판丁帆과 같은 평자들이 지적하고 있듯이 그는 신화의 상징성이나 이미지를 문학적으로 채용하여 자신의 문학세계를 구축했을 뿐 아니라 그것을 현실공간으로 접목시켜 나갔다.

실상 마오뚠은 영국의 워너(E.T.C. Werner)를 비롯한 구미학자들의 중국민간문학에 대한 견해들을 비판하면서 중국신화의 체계적 연구를 시도했는데, 이로 인해 그는 중국신화학 연구의 선구자로 불리게 되었다. 특히, 고대신화를 역사비교학적 관점에서 해석하면서도 창세신화를 세계 신화에 위치시키고 신화에 내재되어 있는 상호유사성을 밝힘으로써 중국

신화의 보편성을 획득하고자 하였다. 이러한 그의 신화연구는 거의 1920년 후반에 집중되었고 1930년대에 마무리되었다.

마오뚠의 문학 일생을 통해서 보면, 초기 단계의 작품이라 할 초기소설에서의 신화연구는 강렬한 실험정신에 의한 복합성과 상징성을 지닌 문학성의 모색 과정이었다. 루쉰이 고대의 신화와 전설을 통해서 근대적 감각을 발견하여 새로운 신화문학의 전망을 제시하였다면, 마오뚠은 첸밍쯔澹明妶가 지적한 바와 같이『신화 연구』를 비롯한 신화관계 저술을 통해 중국신화에 대한 체계성과 완정성을 부여하는 한편, 장편소설이라는 장르를 통해 과감한 문학적인 변용을 구체적으로 실현했다는 점에서 양자는 차별화될 수 있다.

마오뚠 문학에서 신화가 차지하는 비중은, 젊은 나이에 그가 신화연구에서 찾고자 했던 문학의 새로운 양식과 정신의 발견으로 집약된다. 마오뚠은 자신의 작품 안에서 '상징'의 이미지라는 문학적 표현기법으로 신화의식을 전화시켜 사용해 왔다. 일찍이 젊은 청년작가 시절부터 신화를 연구하면서 중국신화 자체에 대한 분석적 연구를 시도하고 독자적인 입론을 전개하였던 그는 작가로 변신한 후에 신화에 대한 관심을 문학화하는 경향을 보여주었다. 기실, 마오뚠이 신화에서 주목한 것은 그것의 '이야기성'이었고 또한 상상력이 만들어낸 아름답고 절묘한 이야기로서의 신화에 대한 가치를 발견하는 일이었다. 그것은 이야기로서의 신화라는 인식적 한계를 넘어서서 신화의 미적·인간적 가치를 옹호하는 것이었고 그 안에서 자신의 고독한 정신을 위로하고 침체된 마음을 정화시켜주는 정신적·심미적 쾌감을 고조시킬 수 있었다. 결국, 신화는 그에게 자유로운 정신과 새로운 활력의 근원이었다.

이렇게 하여 신화를 문학적 양식의 하나로 접목시키는 과정에서 마오뚠은 작가의식으로서 '독립정신'과 '개성'을 강조하게 되었다. 그리고 작가의 창작활동 중에 객관적 현실과 작가의 주관적 이상의 통일을 비롯하여 제재·세부적인 내용의 진실성 및 작가체험에 의해 발생한 철학적 사유·감성·시의 함축미와의 결합, 그리고 관찰과 상상을 결합시켜야 한다고 주장하였다. 그리하여 신화와의 내적 연결에 기초한 마오뚠 문학은 '낭만적 현실주의'의 길을 걷게 된다. 따라서 마오뚠 소설에서 주로 사용하고 있는 상징은 사실상 낭만적 현실주의의 입장에서 채용한 창작기법이었다고 하겠다.

마오뚠이 전개한 문학정신의 공간은, 절망과 혼돈에 빠진 중국의 현실을 뛰어넘어 혁명의 이상을 지향하는 낭만성으로 바라보는 관점을 견지하는 것이었다. 달리 표현하면, 무한한 정신적 공간의 한 형태로서 신화의식의 현재화였고, 아울러 신화적 요소의 문학적 상징성의 작품화라고 할 것이다. 마오뚠의 문학작품에서 찾아지는 '상징'은 세 가지 유형으로 나타난다. 제목, 인물, 그리고 묘사의 측면이 그것이다.

이렇게 볼 때, 근대문학의 양대 산맥이라 할 루쉰의 문학과 마오뚠의 문학은 적어도 신화의식을 둘러싼 문학공간의 형성이라는 측면에서 분명한 갈림길을 보여주었다. 문화산文化山으로 상징화된 중국의 새로운 세계를 현실적으로 확인하지 못한 채 자기 문학세계의 여정을 마칠 수밖에 없었던 루쉰의 문학은 일종의 선지자적 사명을 띤 것이었다. 반면, 마오뚠은 중국의 운명과 그 향방이 혁명이라는 여정을 통해 절망을 극복하고 불확실성의 시대에 종지부를 찍을 수 있는 혁명의 완성을 확인하였고, 그로 인해 결국 문학 전체를 관통하는 힘을 궁극적으로 현실에 대한 일체감과 강한 긍정성에서 구현하려는 찾고자 했던 것이다.

'이념'을 향한 투신

1927년 이후, 작가생활로 들어가기 전에 마오뚠은 정치적으로나 문학적으로 일종의 탐색 과정을 밟고 있었다. 작가생활 이전, 공산당원으로서 겪었던 정치적인 체험이나 서구문학에 대한 접근이나 이론적 탐구를 비롯한 문학적인 정제 과정은 그의 초기소설을 결정지었다. 특히, 서구문학과의 접촉 과정에서 이루어진 서구신화 및 중국신화에 대한 연구는 마오뚠의 문학세계를 형성하는 데 중요한 과정이었다.

청년 마오뚠, 삶의 모색과 발견

마오뚠은 1921년 중국공산당이 창당될 무렵부터 1928년 이후 당과의 관계가 단절될 때까지 분명한 공산당원이었다. 1981년 중국공산당 중앙에 의해서 공식적인 추인을 얻기까지 50여 년 동안 마오뚠은 중국공산당에 가입한 창당 멤버였다. 그러나 그가 조직과의 연대 속에서 활동해 왔다는 사실을 안 사람은 거의 없었다. 그는 『식蝕』을 통해 1928년 혁명문학논쟁의 계기를 마련했고, 1930년대 취치우빠이瞿秋白과 문예대중화논쟁을 벌인 '동반가작가'나 '혁명적인' 문인으로만 알려졌을 뿐이다.

1916년 약관의 나이로 북경대 예과과정을 마친 마오뚠은 상무인서관商務印書館의 번역편집부에 취직하였다. 이때부터 정전뚸鄭振鐸 · 이예성타오葉聖陶 등과 교유하면서 1921년 문학연구를 설립하였으며, 자신이 근무하는 상무인서관에서 펴낸 『소설월보小說月報』를 새롭게 편집하며 인생을 위한 문학을 제창하였다. 그 해 상해에서 중국공산당이 탄생하였는데, 마오뚠은 초기 당원으로 참여하여 당중앙과의 비밀연락책을 담당하였다. 이에 상무인서관의 일을 그만두고 당이 주관하는 상해대학上海大學에서 소설과 그리스신화를 가르쳤다. 이러한 정치적 역정 속에서 마침내 1926년 이후, 문학과의 공식적인 관계를 끊고 혁명가의 삶에 투신하였다. 그러나 혁명가의 삶은 얼마 가지 못하고, 1927년 혁명전선에서 물러나 작가의 길을 걸었다.

이렇게 작가의 길을 걷게 되기까지 1920년대 초반에 마오뚠의 문학적인 관심은 사실상 외국의 새로운 문예사조와 작가들에 대한 번역 및 소개에 집중되었다. 소개 대상은 광범위하였고, 사실주의와 비사실주의 문학을 경계삼지 않고 폭넓게 수렴하였다. 1920년대를 거치면서 마오뚠의 문학적 입장은 사실주의에서 자연주의로, 상징주의를 거쳐 신낭만주의로 다시 사실주의로, 그리고 자연주의로 선회하고 있었다.

마오뚠은 여러 문학사조를 섭렵하면서 자신의 문학세계를 모색해 나가는 과정에서 점차 자신의 문학적 공간의 성격을 확정지었다. 그는 어두운 과거와 현재 속에서도 밝은 미래를 담아낼 수 있는 문학을 기대하였고, 현실의 어둠을 뚫고 그 이면에 존재하는 이상세계를 동경하였다. 이러한 마오뚠의 문학적 세계는 신화 연구와 접목되었고, 신화는 현실과 분리되어 있으면서도 현실에서 초월하여 현실의 질곡 속에서 질풍과도 같이 투쟁하고 있는 자신에게 정신적 위안과 힘의 근원을 제공하였다. 1918년경 이미 신화연구에 대한 관심을 표명하였던 그는 초기소설의 창작과 밀접한 관련되어 있는 1925년경부터 1929년까지 신화를 집중적으로 연구하였고, 1930년에는 연구가 거의 마무리 단계에 이르렀다.

마오뚠의 문학과 신화연구

청년 마오뚠이 젊은 나이에 이 같은 정신적 방황기를 거치면서 작가로서의 길을 모색하고 있었던 당시는, 중국의 문학적 공간에서는 앞에서도 이미 지적한 바 있듯이 근대문학의 실험적인 단계에서 문학양식의 외연뿐만 아니라 작품의 내적 구성에 이르기까지 작가마다 새로운 접근을 시도하고 있던 시기였다. 이 시기에 마오뚠 역시 1920년대 중국에서 문학운동이 본격화되는 상황에서 전통적인 유산으로 존재해온 신화에 관심을 갖고 있었다. 그러나 그의 관심은 비단 중국신화에만 국한된 것은 아니었고 비교신화의 관점에서 서구신화에 대한 연구를 통해 신화에 대한 보편적인 이해를 도모하게 되었다.

그러한 마오뚠의 신화 연구에 대한 자세는 루쉰이나 원이뚸가 보여준 신화 연구나 신화의 문학화 노력과는 상당한 차이가 있었다. 루쉰의 경우는 그의 나이 32세에서 55세까지 작가로서의 생애를 통해 지속적으로 신화를 연구하고 신화를 새로운 문학양식에 접목시키고자 시도하였다. 반면에 마오뚠은 자신이 1918년 당시부터 신화 연구를 시작했다고는 하지만, 신화에 대해 직접 천착하였던 것은 주로 1920년대 중반에서 1930년 초로 국한되었다.

게다가 그에게서는 루신의 『고사신편故事新編』에 일련의 신화적 소설을 싣고 작가로서 평생의 저술활동을 통해 신화관의 발전과 독자성을 모색하였던 흔적 같은 것을 확인하기란 쉽지 않다. 마오뚠은 『고사신편』 같은 신화를 소재로 한 신화소설집 같은 작품집을 남기지는 않았지만, 『중국신화연구ABC』와 같은 신화 관련한 저술을 남겼다.

『중국신화연구ABC』는 1929년 1월 간행되었는데, 그가 저술한 신화연구 저술의 압권으로서 이듬해 10월 간행된 『북구신화ABC』와 함께 중국과 서구신화에 대한 연구의 대표격을 이루었다. 여기에서는 신화 자체의 연구만을 목표로 한 것은 아니고 자신의 술회대로 '뿌리를 궁구하고 근원을 찾는다' 窮本素源는 입장에서 서양정신을 파악하고 서양문학을 체계적으로 이해하고자 하였다.

중국신화에 관한 것이든 혹은 서구신화에 관한 것이든 마오뚠의 신화 전반에 걸친 연구는 1924년 『프로메테우스가 불을 훔친 이야기』를 비롯하여 1930년대 호머의 서사시와 그리스 신화에 대한 소략한 소개 및 후앙즈깡黃之崗의 『중국의 수신水神』에 대한 평저에 이르기까지 상당한 작품을 남겼다. 더욱이 그는 이러한 신화들을 중국적인 배경을 통해 형성된 신화와 비교함으로써 신화에 대한 보편적인 인식을 추구하려 했다고 평가되었다.

또한 중국신화의 소실 원인과 관련하여, 루쉰이 황화유역을 중심으로 한 생활환경 문제, 유가의 영향에 의한 황당한 이야기 종류를 포함한 고전에 대한 배제 등을 중심으로 한 문화·지리적 환경에서 찾아 주로 신화외적 인 문제에 초점을 맞추었던 반면에, 마오뚠은 신화의 역사화에 따른 '신화영웅의 역사인물화 과정' 그리고 '신화시인神話詩人의 부재'에 기인하였다고 봄으로써 주로 신화 자체가 안고 있는 문제점에 초점을 두었다.

이와 같이 루쉰과도 상당한 차이를 드러내는 마오뚠의 신화에 대한 입장은 무엇을 의미할까? 신화를 연구하고 신화를 근대적 문학양식으로 전환시켜보려고 했던 작업의 궁극적인 결실은 무엇이었을까? 사실 이 문제는 마오뚠 문학의 전반적인 성격규명과도 관련되는데, 일단 분명한 것은 마오뚠의 문학 일생에서 비록 신화연구에 직접 관련을 가진 시기는 외견상 제한되었다고 하더라도 실질적으로 작품의 내적 원동력으로서 지속적인 작용을 하였다는 사실을 부정할 수 없다는 것이다.

마오뚠의 신화를 둘러싼 제반 문제점은, 다른 한편에서 그의 신화론이 역사적인 사실에 대한 정확한 분석이라기보다 단지 추정에 불과하다는 비판을 받은 바 있듯이 결국 신화에 대한 그의 자유분방한 개인적 해석의 경향성을 반증하는 것일지도 모르겠다. 그는 명백하게 중국신화를 분석적인 관점에서 독자적 입론을 전개했다. 중국신화를 지역적으로 북·중·남으로 삼분하면서, 특히 북방신화로서 홍수신화·여와신화과 인간재조신화人間再造神話를, 중부신화로서 굴원屈原의 시가에 포함된 신화를, 그리고 남방신화로서 반고신화를 각각 독특한 구조의 신화로 구획하기도 하였다. 이 같은 구분은 지역성을 고려하여 소수민족의 신화에 대한 관심을 제고시킨 결과를 가져오기도 하였다.

그러나, 마오뚠은 결코 이러한 신화에 나타난 특수한 문제나 그 자체의 분석에 함몰되지 않았다. 마오뚠이 바라본 신화는 그것의 '이야기성'이었고 따라서 그는 상상력이 만들어낸 아름답고 절묘한 이야기로서의 신화에 가치를 부여하고 있었다. 다시 말하면, 마오뚠은 이야기로서의 신화라는 인식적 한계에도 불구하고 오히려 신화의 미적·인간적 가치를 옹호하고, 그러한 가치 속에서 발견되는 자신의 고독한 정신을 위로하고 침체된 마음을 정화시켜 주는 정신적·심미적 쾌감에 주목하였던 것이다. 이런 의미에서 신화 연구가 그에게 가져다주는 기쁨은, 신화 자체에 대한 심층적인 이해나 탐구에서보다는 신화를 통한 자유로운 정신과 새로운 활력의 근원을 발견할 수 있었던 점이라고 생각된다.

신화의식의 문학적 변용

마오뚠의 신화연구는 초기소설에서 여러 가지 형태로 반영되었다. 따라서 위에서 언급한 바와 같이 외견상으로는 무관한 것 같지만, 사실 작품의 전체적인 체계를 신화적 담론으로 구축해 나가는 문학적 변용이라는 측면을 간과해서는 안 될 것이다. 여기서 우선 루쉰은, 신화적 소재, 인물과 사건, 신화적 스토리 등을 가져와 현재의 상황을 묘사하고 문제의 해법을 강구하는 신화의 근대문학적 기법화를 추구한 반면, 마오뚠은 신화의 상징성이나 문학적 이미지를 근대적 문학적 기법인 소설을 통해 보다 본격적인 신화문학으로 재현하였다고 해도 좋을 것이다.

마오뚠은 문학활동 초기에 쓴 「문학 연구자의 책임과 노력^{新文學研究者的責任}與努力」이란 글에서 작가정신으로써 '독립정신'과 '개성'을 강조하고, 나아가 작가의 창작활동에 필수적인 요건으로서 객관적 현실과 작가의 주관적 이상의 통일을 비롯하여 제재·세부 내용의 진실성 및 작가체험에 의해 발생한 철학적 이성·감성·시의 함축미와의 결합, 그리고 관찰과 상상의 결합을 도모해야 한다고 주장하였다. 이러한 관점에서, 당시 마오뚠 문학의 본질적인 창작정신은 혹자가 평가한 바 있듯이 '낭만적 현실주의'의 길을 걷고 있었던 것이다. 따라서 마오뚠의 소설에서 주로 사용하고 있는 상징은 그 같은 낭만적 현실주의의 입장에서 채용한 창작기법이라고 하겠으며, 상징의 개념이나 범위·형태가 궁극적으로 '상징형 예술의 개념범주'로서 상징은 모든 신화와 예술영역으로 확대시키는 방법이었다고 하겠다.

이렇듯 마오뚠이 당시 추구한 정신세계나 문학정신이 낭만적 현실주의의 입장과 유사하였다면, 그것은 신화의식의 현실적 상황에서의 재현이라고 이해할 수 있다. 왜냐하면, 그 같은 정신적 공간은 환멸과 동요로 가득한 절망과 혼돈에 빠진 중국의 현실을 혁명의 이상을 꿈꾸는 낭만성으로 바라보는 작가정신의 공간을 의미한다고 할 수 있을 것이기 때문이다. 실제로 마오뚠은 문학적 탐색 과정에서 '신낭만'을 통해 낭만이 중심이 되는 자연과의 종합을 지향하였다. 그는 다음과 같이 낭만의 정신을 설명하였다.

> 우리는 낭만적 정신이 혁명적이고 해방적이며 새로운 것이라는 점을
> 알아야만 한다. …… 과학이 이미 사회의 문제를 해결해줄 수 없게
> 되고 그 불길이 위축되었기 때문에 낭만정신이 다시 부활한 것이다.
> 『마오뚠 전집茅盾全集』 18권

그러므로 앞에서도 언급한 바 있지만, 마오뚠 문학은 항상 명랑하고 희망적인 미래를 암시하고 있다. 『식蝕』에서 스스로 말하고 있는 다음의 인용을 보자.

> 일식이나 월식은 말할 것도 없고, 암흑은 일시적인 것이고 광명은
> 항상적인 것이다. 나는 이것을 빌어서 비유컨대, 혁명의 실패는 잠시
> 적인 것이고 승리는 필연적이다. 동시에 다시 이것을 빌어서 내
> 입장을 밝힌다. 혁명에 대한 잠시 잃어버린 믿음 또한 회복될 것이라
> 고. 『외문판 마오뚠 선집外文版茅盾選集』 서序

자신의 문학과 혁명, 다시 말해서 자신의 작가의식과 중국의 현실적 혁명이 결코 분리될 수 없는 필연성을 갖고 내적으로 연계되어 있을 뿐만 아니라 그러한 자신의 꿈이 밝고 확신에 찬 희망적인 미래를 전망한다는 믿음에 바탕한 고백이었다.

이제 이렇게 현실적인 혁명을 통해서 자신의 문학정신을 실현할 수 있다는 확신은 외형상 마오뚠의 20여 년에 걸친 창작 생애 동안 장편소설과 사실주의의 개척자, 또는 '좌익문학의 거장'이라는 문학사적 평가로 드러났다. 역설적으로 이것은 마오뚠이 문학세계에서 구현하고자 한 진정한 의미에서의 문학정신은 사실상 무한한 정신적 공간의 한 형태로서

신화의식神話意識의 현재화였다. 이 점이 바로 마오뚠 문학세계를 형성하고 있는 신화와 문학작품의 접목에 대한 의미이자 마오뚠 문학에서 차지하는 신화공간神話空間의 문학적 가치다.

따라서 그의 소설에서 지향하고 있는 신화적 성분들이 상징이라는 형식을 빌어 창작기법으로 도입된 양상들은, 근대문학에서 신화의식의 현재화의 한 유형으로서 이해될 수 있을 것이다.

한편, 마오뚠의 소설 속에 나타나는 상징 수법은 대부분 '부분적 상징'의 유형을 채용하고 있기 때문에 상대적으로 작품 전반의 구성을 좌우하는 '전체적 상징' 유형은 발견되지 않는다. 다시 말하면, 마오뚠 문학은 소설의 기법적인 측면에서 볼 때 전체적인 구도로서 상징의 수법은 사용하지 않고 단지 사실주의적 문학작품의 한 부분으로서 상징 수법을 사용하고 있다는 것이다. 그러기 때문에 얼핏 보면 신화와 마오뚠 문학 사이에서 어떤 구체적인 연관성을 찾기란 쉽지 않다.

그러나 마오뚠의 문학세계가 신화 연구를 거쳐서 형성되었을 뿐만 아니라 주제의식이나 작품의 내적 구성에서 신화의식이 생명력 있는 모티프로 작용하였다는 점은 부정할 수 없는 사실이다. 실제로 이 점은 앞에서 그의 문학세계의 형성 배경을 통해 충분하게 살펴보았다. 이러한 관점에서 마오뚠 문학 중 신화적 요소가 차지하고 있는 실제적 가치를 인정한다면, 그것은 작품 전체와 관련을 갖는 상징적 요소나 상징적 색채로 압축된다고 하겠다. 마오뚠의 문학작품 속에서 찾을 수 있는 '상징'은 세 가지 유형으로 나타난다. 제목, 인물, 그리고 묘사의 측면이 그것이다.

먼저, 제목을 통해 나타나는 상징성을 통한 신화적 가치의 재발견이다. 예를 들면, 『식蝕』 삼부곡三部曲에서는 작품에 등장하는 인물과 사건을 일식이나 월식에 빗대어 일시적인 존재와 현상으로서 현실적인 혁명에서 좌절과 난관과 결합된다. 결국 이들은 혁명의 완성을 통해 부분적이고 일시적인 성격을 극복하고, 일시적인 좌절과 난관을 상징한 '식'은 이제 영원한 '광명'으로 전화됨으로써 미완의 혁명을 상징하던 '식'은 완성을 지향하는 희망의 상징으로 귀결된다. 이 밖에도 『무지개虹』나 『자야子夜』, 그리고 『단풍은 이월 꽃처럼 곱다霜葉紅似二月花』 등의 제목에서도 자연현상을 사회현상이나 인간존재의 양태로 치환시키는, 궁극적으로 상징 수법을 적용시킨 것이었다.

마오뚠이 이처럼 자주 사용한 사물을 끌어들여 의미를 함축하는 표현방식은 소위 '사물에 빗대어 자신의 뜻을 표현'托物寓意하는 상징의 수법이라고 하겠다. 이것은 실상 중국의 전통적인 부賦·비比·흥興의 수사기법 가운데 주로 흥寓意寄託과 통하는 수법이다. 『단풍은 이월 꽃처럼 곱다』의 제목은 당唐나라 시인 두목杜牧의 「산행山行」 시 "멀리 차가운 산 돌 비탈길 오르노라니, 흰 구름 이는 곳에 인가가 있네. 수레 멈추고 앉아 단풍숲 즐기니, 단풍이 이월 꽃보다 더욱 어여쁘도다"遠上寒山石徑斜 白雲生處有人家 停車坐愛 楓林晚 霜葉紅於二月花에서 차용한 것이다.

잘 아는 바와 같이 흥이란 중국 전통문학에서 고도의 복합적인 비유와 함축을 내포한 표현방법인데, 일찍이 『시경』의 시가로부터 널리 채용되었다. 마오뚠이 사용하고 있는 상징의 기법이 이처럼 전통적인 흥興의 수법과 연결될 수 있는 것은 흥의 수법이 신화의식의 문학적 수용의 한 측면을 반영하고 있기 때문이다. 따라서 모순 문학에서 신화를 작품화하고자 할 때 흥의 방식이야말로 중국의 고대적 문학양식의 근대적 변용의 한 형태이기도 한 것이다.

마오뚠이 이처럼 소설 속에서 상징이라는 수법을 사용하여 신화와 일정하게 관련을 짓는 작법을 사용했음을 고려한다면, 그가 대부분 '부분적 상징'의 유형으로서 고대신화의 이미지를 상징화해서 근대문학적 장르에 새롭게 수용한 것이었다.

다음은, 상징적인 인물을 통한 신화적 성분의 근대적 문학양식으로의 수용이다. 이것은 인물의 성격 자체가 사회적·시대적 상징성을 지니는 대상(주체)으로서 등장하는 경우다.

그러므로『창조』등 상징주의에 의한 단편작품은 의도를 가지고 인물을 묘사[以意寫示]하였기 때문에 인물은 단지 상징적 함의를 갖고 있을 뿐 아니라 작가의 의도를 내재화시킨 특정 성격의 소유자로서 전형화된 인물로 간주된다. 또한 현실주의 경향을 띤 작품 가운데 일부의 인물 역시 사실적인 성격을 띠면서도 상징적인 의미를 지니게 된다. 그리하여 주인공은 시대적 현실의 한 인물로서 존재할 뿐만 아니라 시대적 성격의 한 부분을 표상한다. 이렇듯 주인공은 그 성격상 시대적 가치나 윤리 혹은 운명을 상징하는 존재로 부각되는 것이다.

일반적으로 이러한 인물의 이름은 '상징' 자체에 예속성을 갖고 있지는 않으며, 따라서 상징적 의미를 알 수 없다 하더라도 그 자체로서 사회적·현실적 의미를 갖는다. 예컨대,『자야子夜』의 오노인[吳老大爺]은 생생하면서도 일정하게 개성을 갖춘 전형적인 노지주로 묘사되어 있다. 그의 죽음 역시 사실적이며 그럴듯하다. 동시에 그는 중국봉건의 늙어빠진 굳은 시체[僵尸]의 상징이기도 하다. 그의 죽음이 태양과 공기에 닿자마자 단번에 풍화되어 버리는 죽은 시체를 상징하고 이것이 곧 낡은 중국과 그것의 파멸을 의미한다는 점에서는 쌍관적 은유라고 할 수 있다.

한편,『무지개[虹]』에 등장하는 인물로서 메이 여사[梅女士]는 더욱 생생한 개성적 성향을 지니고 있음을 상기하지 않을 수 없다. 그녀가 우여곡절을 겪으면서 결국 혁명의 길로 나아가는 것은 전형성이 풍부하며 아울러 그녀가 겪은 여정은 객관적으로도 무지개의 상징적 의미에 대응하고 있다. 무지개는 봄의 여신이 이 길을 통하여 저승으로 가고 또다시 세상에 이르게 연결시켜 주는 다리다. 이 점에서 메이 여사를 상징성을 띤 인물로 간주할 수 있다고 하겠다.

이제까지 언급한『창조』,『자야』,『무지개』외에『추구』를 통해서도 상징성을 함축한 인물이 나타난다. 스뚠史盾이 대표적인 예라고 하겠는데, 그의 사상이나 성격은 전형성을 지니고 있으며, 그의 자살과 사망 또한 필연적이며 결코 작가가 의도적으로 그렇게 만들어간 것만은 아니다. 스뚠을 회의적인 관념을 가진 인물로 묘사하고 있는데, 마치 유령과도 같이 회의적인 그림자가 소설의 묘사 가운데 계속적으로 나타나고 있다. 이러한 이른바 '반복적으로 나타나는 언어현상'復現語象은 말할 나위 없이 바로 상징적 의미를 지니게 된다.

결국 지금까지 제시한 몇 인물은 모두 사실 위주로 묘사되어 있으나 그 사실 속에 상징을 담고 있어 '의도적인 묘사'를 의미한다고 볼 수 있지만, 그것은 추상적인 상징적 인물과의 비교와는 질적으로 다른 것이라고 하겠다. 따라서 인물의 상징성을 통해 인물과 추상성은 절묘하게 이중적인 함의구조를 띠게 된다.

끝으로, 상징적 묘사의 형태로서 신화적 이미지나 가치의 재현이다. 마오뚠의 소설 가운데 일부 작품은 전체적으로 엄격한 사실주의에 서 있지만 그 중에서 부분적이며 단편적인 방식으로 상징적인 묘사가 드러난다. 예컨대,『전당포 앞當鋪前』에서는 전통문명과 현대문명이 접촉하면서 충돌하는 가운데 전통문화가 여지없이 파괴되는 모습을 상징하고 있다.

여기서『전당포 앞』의 이야기에 잠깐 주목해 보면, 그러한 전통과 현대의 대결은 극화되어 나타난다. 기선은 현대문명의 상징으로서 웅장하고 멋들어지게 강 위를 내달리면서 시골마을의 보잘것없는 작은 배를 들이박고 다시 부두 제방을 들이박는다. 두 배의 충돌에서 작은 배와 부두제방이 파괴됨으로써 전통문명이 현대문명에 비하여 허약하다는 점이 명확하게 드러난다.

『무지개』의 첫 부분은 삼협三峽의 험한 형세를 그리고 있는데 이는 메이 여사의 신세 여정을 암시하는 것으로 풍경의 묘사만을 위한 것은 아니다. 이러한 단편적인 묘사는 지극히 구체적으로 환경과 자연경물을 재현하여 그것이 암시하는 상징적 의미 또한 뚜렷하다. 어떤 작품 가운데 단편적인 상징묘사는 작가의 '의도적인 배치'로 상징의 색채를 보다 농후하게 띤다고 하겠다.

『동요動搖』의 마지막 부분에서 방씨 부인이 비구니 암자에 피신해 있는 그 순간의 여러 가지 환각과 환상을 묘사하는 부분은 인물의 심리나 객관적 환경을 묘사한 것이 아니라 일정하게 다의성과 모호성을 상징한 것이다. 그것은 바로 악당들이 발호하고, 참혹한 전쟁(싸움)이 횡행하는 냉혹한 현실을 상징하며, 나아가 개인이 난세에 고립무원의 숙명적인 위치에 놓여 있음을 상징한다. 나아가 낡고 부패한 구사회와 상부구조는 혁명의 폭풍 속에서 그 기초가 이미 동요되어 와해되기에 이르렀음을 상징한다.

『추구追求』에서는 만칭曼靑의 의식 속에 나타나는 '공포와 어둠'이 신화의식의 공간과 만난다. 그것은 북유럽 신화의 천지창조 이미지와 연결된다. 만칭의 내면적 어둠과 공포는 다음과 같은 짧은 생각 속에 응축되어 있다.

(만칭은) 영원히 잊히지 않을 하나의 인상이 떠올랐다. 어렸을 때, 어둠과 공포가 몰아닥칠 때면 바로 이렇게 큰 소리로 고함지르면서 스스로를 추스렸던 기억을. 『마오뚠 전집茅盾全集』 1권

이러한 만칭의 내면적인 어둠과 공포는 신화적 이미지와 결합되는데, 여기서 마오뚠의 신화연구에서 볼 수 있는 일식·월식의 이미지를 떠올려 볼 수 있겠다. 「북유럽신화 ABC 北歐神話ABC」에서 그 같은 원초적 두려움은 일식과 월식을 매개로 하여 다음과 같이 표현되었다.

하늘의 이리들이 태양과 달을 따라잡거나 또 깨물었을 때, 그때가 바로 일식과 월식이다. …… 하늘의 이리는 끝까지 포기하지 않고 따라다니면서 결국 달과 해를 삼켜버리는 날이 온다. 이때가 바로 세상의 마지막 날이다. 「북유럽신화ABC北歐神話ABC」, 『신화연구』

이렇듯 마오뚠 문학에서 찾아볼 수 있는 상징의 양상은 주로 세 가지 형태로 나타난다고 하겠으며, 그 상징성이 곧 신화적 이미지를 재현한 것이라는 점에서 신화와 근대문학양식이 만나는 한 방식으로 간주된다고 하겠다.

주지하는 바와 같이, 상징은 오랫동안 문학의 표현방식의 한 기법으로 사용되어 왔다. 비코는 신화를 문자 그대로 해석할 뿐만 아니라 상징적으로도 해석하고 있는데, 그것은 신화를 원래 실제의 역사적 사건을 시적 언어로 표현한 것이라고 간주하기 때문이다. 따라서 이러한 시적 서사의 진정한 상징적 의미를 이해하는 것이야말로 신화를 이해하는 진정한 작업이 될 것이다.

상징이 신화와 깊이 결합되어 있다는 것은, 카시러가 지적한 대로

신화적 상징이 내재적인 종교적 진리를 표현하는 것이 아니고 경험과 실체의 세계를 해석하고자 애쓰는 원시적 인간의식의 환상을 표현하는 것이라는 데서 찾을 수 있다. 동시에 그는 신화가 하나의 감정으로서 이미지로 바뀐 것이라고 말한다. 그러기에 신화적 상징은 감정의 객관화라는 결과를 가져오게 되며, 궁극적으로 신화는 인간의 희망과 공포를 객관화하고 조직화하며 그것을 지속적인 것으로 변화시키게 된다는 것이다.

우리는 상징이 신화적인 유산으로 하나의 이미지를 통해 표현양식으로서 문학 안에 깊숙히 자리하고 있다는 사실을 부정할 수 없다. 사실 본질적으로 문학적인 상징은 결코 신화적 상징이나 신화적 사유와 분리될 수 없을지도 모른다. 그러므로 상징이 이제 신화를 더 이상 사물 자체에 관한 담론이라기보다 사물과 접촉하면서 경험하는 인간의 원초심리를 표현하는 것으로 받아들여질 때, 그것은 작가의 상상력이나 사물의 이미지, 그리고 그러한 것을 담아내는 비유로서 문학과 결합된 양상을 이해할 수 있다.

제3장 원이뚸, 문화원형의 탐색

원이뚸(聞一多)　　Wen Yi duo, 1899~1946.

원이뚸는 호북성 출신으로 시인이자 신화학자였다. 청화淸華대학을 졸업한 후 미국에 유학하였다. 한때 국립예술전문학교 교수로 있었으며, 후에는 국립중앙대학, 무한대학, 청도대학 등을 거치며 학계에서 다양한 경력을 경험하였다. 미국에서 귀국한 후에 쉬즈뭐徐志摩 등과 신시활동을 전개하여 5·30 이후 젊은 시인치고 그의 영향을 받지 않은 사람이 드물 정도였다. 1925년 미국 유학 도중에 귀국하여 쉬즈뭐 등과 함께 시의 격률을 추구하면서 신시운동을 전개하였다.

1928년 량스치우梁實秋 등과 잡지『신월新月』을 창간하였는데, 시집으로는『홍촉紅燭』,『썩은 물[死水]』2권이 있다. 특히『썩은 물』은 '신월시파'의 대표작으로 알려져 있다.『홍촉』은 다른 시인들이 쓰지 않은 중국의 옛말에서 취재하여 이채롭고,『썩은 물』은 정적인 면보다 이지적인 면이 더 강하게 표현되었다. 영시의 영향을 받은 그는 용어가 선명하고 자연스러우며 풍부한 상상력으로 작품의 창작방면과 이론방면에서 지도적인 역할을 하였다. 미국 유학을 계기로 국가주의를 지향하였고 그러한 단체에 소속되어 활동하는 애국시인이 되었다. 성격이 호방하면서도 대쪽 같았던 그는 국민당의 부패와 전쟁중의 생활고 등으로 1944년 민주동맹에 가입하여 혁명을 주장하며 정부를 비판하였다. 1946년 리따쟈오李大釗 국공내전 시기에 민주운동에 참가하여 국민당 특무대에 의해 암살당하였다.

청년기의 모색

시인이자 학자인 원이뚸(1899~1946)는 1930년대에서 40년대 사이에 집중적으로 신화연구에 몰두한 인물이다. 그의 신화연구에 관한 대표적인 논고인 「복희고伏羲考」와 「용봉龍鳳」, 그 밖에 신화전설에 관한 수편의 글들은 『신화와 시神話與詩』라는 제호로 출간된 단행본에 집성되어 있다.

신화연구에 진력하였던 원이뚸는 중국신화의 원형이 무엇인지에 대해 진지하게 고심하였다. 문화인류학파의 영향 아래서 진행된 원이뚸의 신화연구는 전통 속에서 새로운 정신의 원천을 발견하고자 한 루쉰 및 마오뚠의 입장과 유사하였다. 그러나 원이뚸는 홍수신화를 중심으로 복희-여와의 상관관계에 대해 집중적인 논증을 시도하면서 각 신화에 나타나는 주요한 신화소神話素의 변천에 주목하였다. 그는 신화해석에서 특히 토템 문제를 중시하였다. 그래서 봉황을 은 민족의 토템, 용을 하족夏族의 토템으로 간주하고 '사람의 모습에 뱀의 몸을 하고 있는' 형상을 이들과 연관시켜 이해하고자 하였다.

루쉰이나 마오뚠과는 달리 원이뚸는 보다 고증학적인 방법을 통해 중국신화를 종교적인 양상에 초점을 맞추어 민속종교나 도교·선화와 관련시켜 해석하였다. 그러한 점에서 원이뚸는 훨씬 신화 자체의 연구에 몰두해 있었고, 따라서 신화를 자신의 독자적인 문학공간으로 연결시키는 면은 상대적으로 약했다.

원이둬는 어려서 서당에서 중국의 고전문학을 수학하였다. 그러다가 14세가 되던 해에 북경에 있는 청화대학에 진학하여 점차 신학문을 접하게 되었다. 대학 재학중에 회화에 재능을 보였고 또한 신시에 관심을 갖고 창작활동을 시작하였다.

청화대학 재학시절부터 원이둬는 여러 가지로 현실참여적인 입장을 견지하고 있었다. 당시 중국을 휩쓸었던 5·4운동의 물결은 지식인들의 의식을 크게 자극하였기 때문이다. 학생회 서기직을 맡고 있던 그는 당시 "밖으로는 제국의 권력에 저항하고, 안으로는 나라의 적을 없애야 한다"外抗强權 內除國賊는 구호를 기치로 한 학생운동에 적극 참여하였다. 이 시기에는 주로 영국의 낭만파시와 빅토리아 시대에 활동한 테니슨, 바이런 등과 같은 시인들에게 심취하였다.

신학문을 접한 원이둬는 청화대학 생활을 마감하고 직접 유학생활을 통해 서구의 문화와 만나는 경험을 하게 된다. 1922년 23세의 나이로 미국 유학을 떠난 그는 콜로라도 주에서 외국문학을 수학하고 다시 시카고 예술대학에서 미술을 연구하였다. 그는 미국 유학생활을 통해 미술을 전공하는 것 외에 시화나 희극 등의 문학연구에도 몰두하였다. 이 시기에 그의 시세계는 서구의 고전과 낭만주의, 그리고 당시 미국에서 유행하던 상상파(Imagism)의 영향을 받으면서 유미주의적 경향을 띠었다.

그러나 원이둬의 유학시절은 그로 하여금 서양시나 서양화보다 중국의 구체법舊體法이 훨씬 낫다는 생각을 굳히게 해주는 계기가 되었다. 그가 서양의 그림이나 시를 집어치우고 귀국하여 이백李白·두보杜甫·가도賈道·이상은李商隱 등 당대의 시인을 연구하게 된 것도 그러한 사정을 잘 말해준다.

'신화와 시', 그리고 문화표상의 탐색

원이뒤는 유학을 마치고 귀국한 이후 저명한 각 대학에서 교수로서 활동하였다. 유학기를 통해 그의 삶은 낭만성을 넘어 현실감각을 갖춘 일종의 반전을 경험한 상태였다. 그는 상해 중앙대학교의 외국어과를 비롯하여 무한대학武漢大學, 무창예술전문대학武昌藝術專門學校, 청도대학靑島大學, 서남연대西南聯大 중문과 등에서 20여 년간 대학교수로서 학생을 가르치며 독자적인 문학세계를 구축하였다.

원이뒤는 이미 유학을 가기 직전인 1923년, 꾸어뭐뤄郭沫若의 도움을 받아 상해의 태동서국에서 첫 번째 시집인 『촛불紅燭』을 출판한 바 있었다. 1925년 미국에서 귀국한 이후 쉬즈뭐徐志摩 등과 함께 『신보晨報』의 부간副刊인 『시휴詩鐫』를 주관하였다. 2년 후인 1927년에는 무한북벌혁명군 정치부에서 예술고문을 지냈다. 북경에서는 동료 작가들과 함께 『시주詩週』를 통해 시낭송 독해를 제창한 바 있었다. 그리고 쉬즈뭐 등과 『신월월간新月月刊』이라는 잡지를 발간하기도 하였다. 그의 시는 19세기의 서구 낭만파 영향을 크게 받았고, 그의 시격은 당시 사람들에게 높이 평가되고 있었다.

시인으로서 원이뒤는 『촛불』과 『썩은 물死水』라는 시집을 출판하였고, 특히 「기적奇迹」이라는 시로 잘 알려지게 되었다. 이후 고서정리에 몰두하여 신시에 대한 창작활동은 활발하지 않았다. 다만 항전기에 『항전시선抗戰詩選』을 간행하였는데, 여기에서 그는 당시의 젊은 시인 아이칭艾靑과 티엔지엔田間 등의 시가 진보적인 의의를 갖고 있음을 발굴해내고 높이 평가하였다.

문예창작과 관련된 활동 외에도 중국고대문화, 특히『역경』,『시경』, 『초사』,『장자』,『악부시』 등 고대신화·고문자학·어문학·민속학·고대회화 등에도 깊은 연구를 진행하였다. 특히 초사 연구를 통해 학술심의상을 수상하기도 하였다. 그는 굴원屈原의 일생에 대해서도 깊은 동정을 보였는데, 굴원을 인민시인으로 주목하고 그의「구가九歌」를 현대의 백화가극으로 만들기도 하였다.

그 무렵 대학에서 두보의 시나 당시唐詩를 강의하면서『당시선唐詩選』을 편집하고『전당시全唐詩』에 대한 교감도 상당한 진전을 이루었다. 또한 『당시잡론』에 실린 글들을 여러 잡지에 기고하였다. 그 당시 출판한 서적으로는『주역의증류찬周易義證類纂』,『시경금석詩經今釋』,『장자내편교기莊子內篇校記』,『악부시전樂府詩箋』,『두시연보杜詩年譜』 등이 있다. 이처럼 원이뚸는 중국의 고전과 만나면서 중국고대문화 특히 신화에 깊은 관심을 가지고 연구에 전념하였다. 현재 그가 남긴 신화연구에 대한 결실은『신화와 시』에 집성되어 있다.

'신화와 시', 문화표상으로서 '용'

중국의 신화연구사 상 원이뚸는 1930년대 말로부터 1940년대 간에 주목받는 연구자의 한 사람이다.『신화와 시』에는 그의 신화연구에 관한 21편의 논문이 수록되어 있다.「복희고伏羲考」로부터「단오의 역사교육端午的歷史教育」에 이르기까지 총 14편은 신화연구와 직접 관련이 있고, 나머지 7편은 굴원屈原 및「구가九歌」에 관해서 검토한 것이다. 그 가운데 대표적인 「복희연구」와「용과 봉황龍鳳」은 바로 중국의 신화와 문화의 원형을 탐색한 연구였다.

원이뚸는 신화가 일정한 역사단계의 산물일 뿐만 아니라 한 민족이 특정 단계에서 '공리적인 필요에 따라' 생산된 것으로 보고, 중국 고대 신화의 복원에 깊은 흥미를 갖고 있었다. 1942년 겨울에 완성한 「복희연구」는 중국신화연구에 관한 그의 대표작이라고 할 수 있다. 그리고 「용과 봉황」은 「복희연구」에서 주목한 중국 고대민족의 기본적인 단위인 하민족과 은민족의 토템문제를 짧지만 밀도 있게 정리한 논고다. 이들 논고에서는 복희―여와를 용이라는 이른바 '용신화'의 맥락에서 파악했을 뿐만 아니라 신과 용, 뱀과의 연원관계를 밝힘으로써 중국고대문화에 대한 의미 있는 탐색을 시도하였다.

원이둬는 중국 고대신화에 나타나는 복희―여와의 관계를 인류학적 연구성과에 기초하여 서남 소수민족의 전설 가운데 '오누이 부부'^{兄妹配偶}의 신화로 간주하였다. 이 같은 관점에서 '사람 머리에 뱀의 몸을 가진 존재'^{人首蛇身像}로부터 용과 토템, 전쟁과 홍수, 한족과 묘족 간의 종족관계, 복희와 호리병 박^[葫蘆]의 문제를 논증하려는 것이 그의 관심사였다고 하겠다.

일반적으로 복희와 여와는 고대문헌에서 양자가 서로 상관없이 단독적인 존재로서 등장한다. 복희는 『역경^{易經}』 「계사하^{繫辭下}」로부터 『관자^{管子}』 「보선^{封禪}」, 『장자^{莊子}』 「인간세^{人間世}」를 비롯한 여러 편, 그 밖에 『전국책^{戰國策}』 「조책^{趙策}」 등에서 볼 수 있다. 여와는 『초사^{楚辭}』 「천문^{天問}」과 『예기^{禮記}』 「명당위^{明堂位}」, 『산해경^{山海經}』 「대황서경^{大荒西經}」 등에서 나타난다. 양자의 관계가 분명하게 드러나는 것은 한대^{漢代} 이후의 전적이다. 따라서 원이둬는 복희와 여와의 관계를, 크게 『세본^{世本}』 「성씨^{姓氏}」에서는 형제로, 『노사후기^{路史後記}』에 「풍속통^{風俗通}」을 인용한 자료에서는 오누이, 또는 『당서^{唐書}』 「악지^{樂志}」에서는 부부로 나누었다. 아울러 그 형상은 고고학적인 발굴을 통해 알려진 석각이나 비단 그림 등의 도상에서 찾았다.

원이뒤가 주목한 인수사신상 가운데 '인수사신교미상人首蛇身交尾像'은 가장 늦은 시기의 것이다. 이 형상은 여와와 복희의 부부관계를 암시한다. 그 도상은 시대마다 약간의 차이가 있다. 동한 이전의 자료에서는 개별적 존재로 보이나 이후에는 이렇듯 교미하는 모습을 취하고 있다. 또한 반인반수의 인수사신人首蛇身 이전에 모든 형체가 동물체였던 전수형사신全獸型蛇身의 형상이 있었을 것으로 보고, 그 과도기적인 단계로서 연위延維와 위사委蛇를 설정하고 있다. 이러한 과도기를 거쳐 반인반수, 특히 인수사신의 형상은 서한 말에서 동한 말에 와서 정형화된 형상이 되었다는 것이다.

그런데 여와나 복희가 뱀의 몸으로 나타나다가 어떻게 다시 용의 형상과 연결되었을까? 이 문제에 대해 원이뒤는 다음과 같은 용 토템의 연변과정을 통해 설명하고 있다.

원이뒤는 고대문헌에 보이는 교룡交龍, 등사螣蛇, 양두사兩頭蛇 등의 전설에 주목하였다. 이들이 기원에서 공통적인 요소를 갖고 있다고 믿었기 때문이다. 이러한 요소를 여와와 복희의 토템 흔적으로 보고, 용과 뱀의 관계성을 구명하고자 하였다. 사실, 중국문화에서 용은 말이나 뱀·개·물고기·새 등을 합친 곧 다른 유형들의 집합인 '이류합체異類合體'의 결과다. 이러한 이류합체 양상에 대해 원이뒤는 토템 과정에 해당하며, 다수의 토템의 단위가 융화과정을 거쳐 새로운 대단위 토템으로 형성된 것이 용이라고 보았던 것이다. 그래서 그는 용 토템의 내적인 구조를 '혼합식' 토템이 아닌 '화합식' 토템으로 설정하였다. 화합식 토템이란 주된 생물 혹은 무생물의 형태가 있고, 그 나머지 기타 생물 혹은 무생물의 형태가 부가되어 이루어진다. 용 토템은 바로 말·개·어류·조류·사슴·뱀의 부분적인 형상을 개입시켰지만, 그 주된 형상은 뱀의 형태를 취하고 있다. 이는 당시에 내부적으로 가장 강력했던 뱀 토템 부족이 여러 토템을 합병·융화시킨 결과라고 해석했기 때문이다.

그리하여 용 토템에는 씨족단위로서 하민족과 동성족同姓族이거나 이민족 등이 포함되었고 이를 제하諸夏라고 불렀다. 즉 하夏·공공共工·축융祝融·황제黃帝·흉노匈奴 등이 그것이다. 다시 말하면 이들 종족은 모두 용토템을 가졌으며, 이들이 하문화夏文化를 형성했다고 보았다. 이런 관점에서 원이둬는 용을 제하문화의 표상으로 보았고, 제하문화가 바로 고대문화의 기원이었다고 이해했던 것이다.

문화원형으로서 용龍

위에서 살펴본 「복희고伏羲考」와 「용봉龍鳳」에서와 같이, 원이둬가 집중적인 관심을 가졌던 신화에서 복희와 여와의 관계는 형제, 오누이[兄妹], 그리고 부부로 연변되고 있다. 아울러 복희와 여와는 홍수의 유민으로서 인류재창조의 기원이 되고 있다.

그런가 하면 앞서 언급한 바와 같이 그는 용을 하夏민족의 토템으로 이해한 반면, 봉鳳을 은殷민족의 토템으로 보고 있다. 이러한 생각은 결국 짐승 형상의 신 관념이 반영된 인수사신人獸蛇身, 즉 사람과 짐승과 뱀의 형상을 한 여와−복희 결합형의 전단계 신화를 반영하고 있다. 「복희고」에서 원이둬는 이처럼 사람의 머리와 뱀의 형상을 한 여와와 복희를 용과 연결시켰다. 바꾸어 말하면, 용의 전단계가 뱀이고, 복희와 여와는 뱀과 결합되어 있으니 결국 복희와 여와가 용의 전신인 대사大蛇가 된다는 것이다.

여기에서 용에 관한 여러 견해에 대해 잠시 살펴보면, 기왕에 중국에서 용은 연구자에 따라 다양하게 해석되어 왔다. 해석은 대체로 다섯 가지 관점으로 대별된다.

첫째, 용은 외래에서 유입된 것이라는 주장이다. 이러한 관점은 용과 외국의 몇 종류의 기이한 동물 간에 나타나는 유사점에 주목한 것이다. 즉 용은 바빌론과 이집트의 동일한 문화권에서 발원하여 각 지역으로 전파되었다는 학설을 채용한 것이다. 즉 문화의 전입 과정을 통해 중국인의 신앙계통과 접합되었다고 한다. 그러나 서양문화 중에 나타나는 'dragon惡龍'과 중국의 용은 물과 관련된 '수신水神'으로 기능한다는 공통점 외에는 별다른 근거를 발견하기 어렵다.

둘째, 용은 공룡이라는 주장이다. 이 견해는 고생물학적인 지식에 기초하여 용의 관념이 상고시대의 사람들이 파충류인 공룡에 대한 기억이나 혹은 공룡에 대한 공포로부터 출발한 용 숭배 관습을 반영하고 있다는 것이다. 그러나 백악기에 출현했던 공룡류와 고전설에 등장하는 용은 시대적으로 6400만년의 거리가 있어 그 타당성은 희박하다 하겠다.

셋째, 용은 영물로서 '흉한 것은 쫓고 길한 것은 맞이하는'驅凶迎吉 능력을 가지고 있다고 믿었기 때문에 이를 받들어 사람들이 숭배를 하게 되었다는 것이다. 이러한 배경은 중국문화에서 용이 차지하는 위치를 확고하고도 중요하게 만들었다. 그러나 이 주장 역시 근거나 논증이 약하다는 점은 마찬가지다.

넷째, 용이 수신이라는 주장이다. 이는 중국이 농업사회라는 성격을 전제로 한 것이다. 농업사회에서는 비에 대한 의존도가 높은데, 용은 이러한 비를 좌우하는 수신으로서 숭배되었다. 뱀과 함께 수신으로서 용을 주목하게 된 것은 역사자료를 통해 보건대 시기적으로 후대의 일이다. 심지어 위진남북조 시대나 그 이후에 용이 우신雨神이나 강·호수의 신으로 자주 출현하고 있어 고전설이나 신화상의 주체가 아니라는 반대에 부딪히고 있다.

다섯째, 용이 토템이라는 주장이다. 봉이 은 민족의 토템이라는 주장에 대해, 용은 은에 앞선 왕조인 하 민족의 토템으로 보는 것이다. 이 견해는 원이뭐가 처음 제기한 견해로 이 책에서 살펴보고 있는 바와 같이 원이뭐 신화론의 핵심적인 관심사였다. 그러나 인류학의 토템학설을 채용한 이 용 토템설은 반대론자들에 의해 그 문제점이 지적된 바 있다. 즉 원이뭐는 용을 뱀[蛇] 부족이 기타 토템 씨족을 병탄하면서 그 동물들의 특징을 따서 상호 융합한 것으로 보았다. 그러나 반대론자들의 반박에 따르면, 원시인들은 자신들의 토템을 존재하는 동식물인 실체에 비정한 것이지 추상적이거나 실존하지 않는 것을 토템으로 하지는 않았다.

이상의 견해들은 중국에서 용이 일종의 '기이한 동물'로서 신령과 권위의 상징이자 화하선민華夏先民의 토템으로 간주되어 왔음을 보여준다. 톈쟈오위엔田兆元과 같은 젊은 신화학자는, 여와와 복희의 형상이 보다 분명하게 용의 교미 형상으로 굳혀진 것은 한대 이후로 규정하고 있다. 이 견해도 앞서 언급된 원이뭐가 제시한 '이류합체'의 '화합식化合式' 토템이라는 설명 틀을 계승한 것으로 생각된다. 다만, 톈쟈오위엔은 한대에 이르러 전통적인 신의 권위를 드러내는 형상이 보다 강하게 표현된 점에 착안하고 신의 관념적인 결합을 지적한 점이 다르다.

근자에 들어 중국학자들은 용의 중국적인 의미, 궁극적으로는 복잡하고 풍부한 문화적 함의를 갖는 관념의 산물로서 이해하는 데 주저하지 않고 있다. 용이 객관적 실체라기보다 일종의 관념으로서 중국인들의 심령에 자리하고 있다고 보기 때문이다. 이렇게 본다면, 이제 중국에서 용이란 과거처럼 신령하거나 혹은 어떤 실체로서가 아니라 중국인의 정신세계를 형성하는 복합적인 문화심리의 원형으로 존재하는 하나의 표상이라고 할 수 있겠다.

신화와 원이둬의 문학세계

원이둬 문학에서 신화 연구가 갖는 의미는 무엇일까? 대부분의 근대지식인이 그러했듯이, 원이둬도 청년기에 직면했던 혼란한 중국의 상황에서 미래의 새로운 방향과 출구를 찾기 위한 지적 모색으로서 신화연구에 몰두한 것으로 보인다. 그것은 중국의 고전과 지적 전통에서 보다 중국적인 미래의 방향을 찾으려는 반성과 시도였다고 하겠다. 그가 유학생활을 통해서 보여주었던 서구 문학사조에 대한 섭렵이나 여러 예술 영역을 넘나들면서 모색한 여러 시도들로부터 결국 '중국적인 것'으로 복귀했던 정신적 여정이 이를 입증해준다. 중국적인 것 가운데 가장 중국적인 것, 그 원형을 신화에서 찾은 원이둬는 중국인의 심령 가운데 깊숙이 자리잡고 있는 문화적 표상인 신화적 원형을 발견하게 되었다.

신화연구를 행하면서 원이둬는 보다 광범하게 고대문화에 대한 정리 작업도 병행하고 중화민족의 문화적 계통을 체계화하여 중국문화의 정체성을 찾는 데 집중하였다. 그 결과 고대 풍속에 잔존해 있는 신화적 요소에 대한 독자적인 의미를 해석하는 데 성공했다. 이는 「강원리대인적고姜嫄履大人迹考」를 비롯하여 「고당신녀전설지분석高唐神女傳說之分析」, 「설어說魚」, 「설무說舞」 등과 같은 여러 논문에 잘 드러나고 있다. 이들 논문에서는 여성신화나 모계신화, 제사의식 혹은 원시가무를 통해 신화적 원형을 찾고자 했는데, 이러한 문화양상이 발원하게 된 사회적 배경에 대한 그의 통찰력이 돋보인다.

「강원리대인적고」에서는 『시경』「생민」에 근거하여 주나라의 조상신인 후직后稷이 태어났다는 고대 전설을 밝히고 있다. 강원姜嫄이 큰 발자국 곧 '대적大迹'을 밟고서 후직을 낳았다는 이른바 감생설感生說은 결국 복희의 출생 양상을 설명하는 데에도 적용되고 있다. 이처럼 원이둬는 강원의 후직을 낳은 전설을 복희와 연계시키면서 중국의 고대문화에서 '교매郊禖' 풍속에 관해 나름대로의 해답을 찾았다. 그런가 하면 「고당신녀전설지분석高唐神女傳說之分析」을 통해서는 고당高唐이 '고매高禖' 즉, 고대사회에서 배우자를 찾는 풍속의 양상이라고 하였다. 이렇듯 원이둬는 교매-고매를 본질상 서로 관련되어 있는 것으로 파악하면서 족외혼의 초기 형태가 잔존하는 양상이라고 이해했다.

그 밖에 「설어」에서는 배우자를 찾는 짝찾기 풍속에 주목하여, 『시경』 「국풍」의 시가를 비롯한 많은 민가民歌와 소수민족의 정가情歌 등에 나타난 연인이라는 뜻의 어魚의 의미에 관심을 집중시켰다. 어란 비흥比興의 표현방법으로서 일종의 쌍관은어다. 원이둬는 이를 원시종족들의 종족번식 관념에 반영되어 있는 상징성으로 인식하였다. 「설무」에서는 집단적인 가무행위를 다루면서 종합적인 표현예술로서 원시 집단가무가 지니는 원시사회에서의 기능이나 그 의미 등을 파악하려고 노력하였다.

이러한 원이둬의 신화연구나 민간습속 이면에 존재하고 있는 함의를 파악하려는 노력은 결국 '중국적 문화양상'의 내적 연계성을 파악하여 '구조적 일원성'을 발견하고 그 가치를 부여하는 작업이 아니었겠는가 생각된다. 족외혼의 양상을 후직이나 고당 같은 각 씨족의 탄생을 둘러싼 영웅탄생에 합치시킨 점이라든지 혹은 복희-여와의 통합적인 형태로서 용 등을 제시하고 있는 점은 이를 잘 말해준다.

그러나 중국문화의 '구조적인 일원성'을 찾고자 한 이유에 대한 구체적인 자료는 보이지 않는다. 다만, 필자의 생각으로는 원이둬가 자신의 문학세계를 형성—전개시켜 나가는 과정에서 현실적으로 그가 목도하였던 중국의 분열과 혼란을 극복하고 새로운 미래를 전망하기 위한 시도로서 하나의 통일적인 세계관을 지향한 결과가 아니었을까 한다. 즉 '잠자는 사자'인 중국을 루쉰이 '광인狂人'이나 '아큐阿Q'에 비유했다면, 원이뚸는 '썩은 물死水'로 상징화하고 이 같은 중국적인 현실을 극복하기 위한 정신적 노력으로서 중국의 정체성을 근원적으로 문화의 일원성에서 모색하고자 한 것이 아니었을까? 첸밍쯔潛明玆 또한 원이뚸의 신화연구의 목적과 특징으로서 '중국 고대문화의 정일성整一性'을 지적하고 있다. 이 점도 필자의 견해와 크게 다르지 않다고 할 것이다.

실제로 원이뚸 스스로도 「발현」이나 「기도」, 「한 마디의 말一句話」, 「야가夜歌」 등과 같은 여러 시편에서 이러한 감정과 의식을 토로하고 있다. 「발현」이란 시에서 그는 "이것은 내가 찾던 중국이 아니다. 아니다. 아니다. 나를 부르는 소리를 듣고 왔지만, …… 이는 내가 마음속으로 사랑했던 네가 아니다. 나는 푸른 하늘에 물어보고 사방팔방에서 불어오는 바람에게 물어본다."라고 외치면서 중국의 정체성을 강하게 희구하는 자신의 심정을 토로하고 있다.

오늘날 원이뚸가 용 토템으로 중화문화를 일체화시키고자 하였던 시도는 각 민족의 특수성을 사실상 배제하고 있다는 점에서 비판의 소지가 있기도 하다. 이는 어쩌면 통일적인 하나의 중국보다 소수민족이 한족과 공존하는 또 하나의 실체로서의 중국의 다양성을 인식해야 한다는 목소리였을 것이다.

시인이자 학자였던 원이뚸는 루쉰이나 마오뚠이 자신들의 신화연구를 신화문학론 내지 새로운 근대 신화문학으로 발전시키고 있었던 데 반해 대체로 신화연구 자체에 몰두하고 있었다. 물론 「구가고가무극현해九歌古歌

舞劇懸解」에서 보는 바와 같이 「초사·구가」를 현대적인 가무극 형식으로 재연한 바가 없는 것은 아니지만, 원이둬의 신화연구가 고대신화나 민간 습속을 고증학적 방식으로 검증한다는 성격을 강하게 띠었던 것은 분명하다.

1920년대의 대부분 지식인들이 겪은 일반적인 체험과 마찬가지로 원이둬 역시 사회운동에 적극 참여하면서 정신적인 방황을 거듭하고 있었다. 청화대학 재학시절의 현실참여적인 입장, 영국의 낭만파시와 빅토리아 시대의 테니슨, 바이런 등의 시세계에 대한 강한 동경, 그리고 미국 유학생활을 통해 그는 서구세계와 정면으로 마주쳤다.

그러나 그 같은 경험은 서양시나 서양화보다 중국적인 것이 훨씬 낫다는 생각을 확신하는 계기를 마련해주었다. 귀국 후에 이백李白·두보杜甫·가도賈道·이상은李商隱 등 당대의 시인에 심취했던 흔적이 이를 반증하고 있다. 원이둬는 자신의 시를 쓰기에 앞서 거의 항상 당대 시인들의 짧은 시구로 시작하였다. 대표시인 『홍촉紅燭』의 제하에 이상은의 제목 없는 시 중에서 "납거성회누시건蠟炬成灰淚始乾"이란 구절을 인용하고 있기도 하다. 「이백지사李白之死」에서는 제목 전후로 이백의 시 두 수를 짤막하게 제시하고 있다.

중국적인 것 가운데 가장 중국적인 것, 원이둬는 그 원형을 신화에서 찾았던 것이다. 중국인의 심령 가운데 깊숙이 자리잡고 있는 문화적 표상을 신화에서 발견했기 때문이다. 그리하여 궁극적으로 '중국적 문화 양상'의 내적 연계성을 파악하여 '구조적 일원성'을 발견하고 그 가치를 부여하기에 이르렀다. 그는 고적자료에서 말이나 뱀·개·물고기·새 등을 합친 곧 '이류합체' 형태로 나타나고 있는 용의 모습을 찾아냈다. 원이둬는 용을 다수의 토템단위가 융화과정을 거쳐 새로운 대단위의 토템으로 보면서 그 내적 구조를 '혼합식' 토템이 아닌 '화합식' 토템으로 설정하였다. 그리고 이를 당시 내부적으로 가장 강력했던 뱀 토템 부족이 여러 토템을 합병·융화시킨 결과라고 해석하였다. 이러한 연구결과를 통해 원이둬는 용을 제하문화諸夏文化의 표상으로 보는가 하면 제하문화가 바로 고대문화의 기원이었음을 확신하게 되었다.

그가 중국문화의 '구조적인 일원성'을 찾으려고 한 이유는 자료는 불확실하지만, 필자 생각으로는 그가 자신의 문학세계를 구축해 나가는 과정에서 하나의 통일적인 세계관을 지향한 의식의 결과였다고 본다. 원이둬의「발현」이나「기도」,「한 마디의 말」,「야가」등의 여러 편에서도 이러한 감정과 의식이 은유적으로 드러나고 있다.

제4장 신화와 문학

신화에서는 생사를 초월하는 존재를 재생시키고,
문학은 그러한 신화의 존재양식을 재생시킨다.

중국 신화들은 이야기의 구조를 점차적으로 갖추어 가면서 한편으로 신화 자체는 원형이 훼손되었지만 문학사적인 측면에서 일정한 문학적 양식으로 정착되어 갔다. 신화에는 내적 구성요소에서 '주체−행위'의 구조라든지 혹은 '대상−행위'의 구조와 같이 삼원적 요소나 이원적 요소를 지니고 있었는데, 이제 보다 충실한 형태를 취하게 되면서 비교적 복합적인 양상의 스토리를 만들어내고 있었던 셈이다. 신화 자체는 다소 변형되었지만 그것은 확실히 신화문학의 발전적인 유형이었다고 보겠다.

현대문학사의 신화비평(mythopoetic criticism)에서 잘 알려져 있는 프라이(N. Frye) 같은 신화전문가들의 통찰력 있는 지적에서 보듯이 신화는 문학에 앞서 이야기 구조를 선도하고 있는 표현 형태임이 틀림없다. 프라이는 신화가 비인간적인 세계를 인간과 통합시키는 상상력의 단순하고도 원시적인 노력이라고 정의하면서 신에 관한 이야기로부터 마침내 인간의 이야기인 문학으로 합류되었다고 이해하였다. 비록 좀더 후대에 가서야 이야기를 말하는 구조가 형성되었지만 적어도 신화는 그러한 이야기의 구조적인 원리가 되었다고 보는 것이다.

후직 탄생

중국신화가 신화문학으로 변화해 가는 과정은 실상 신화의 원형문제와 결부되는 매우 어려운 문제기는 하지만 신화의 연변현상演變現象이 말해주듯 신화문학의 풍부한 형태들을 통시대적으로 확인할 수 있다. 고대문학에서 시가문학의 백미라 할 『초사楚辭』로부터 20세기의 신문학운동 때 나타났던 근대소설의 양식을 빌린 신화문학 등이 이를 실증해준다.

가장 오랜 신화문학으로는 15개 국의 민요와 귀족시가 실려 있는 고대 중국의 최대 시가집인 『시경詩經』을 꼽지 않을 수 없다. 『시경』에서 볼 수 있는 일종의 신화시는 서사시 형식을 빌려 문화영웅의 개벽신화와 같은 내용을 노래하였다. 「대아大雅」의 '생민生民' '공유公劉' '면綿' '황의黃矣' '대명大明' 등 5편의 노래에서는 주周나라의 조상인 후직后稷의 출생으로부터 무왕武王이 상商나라를 공격할 때까지의 이야기들을 기술하고 있다. 역사적인 사건과 결합되어 있는 이야기들은 신화에서 감생신화感生神話의 모티프를 통해 신비로운 이미지를 더욱 짙게 만들었다. 후직의 탄생에 관한 이야기는 그러한 모티프를 담고 있는 전형적인 예에 속한다.

厥初生民　　　　　맨 처음에 백성을 나으신 이여!
時有姜嫄　　　　　바로 강원이시네.
生民如何　　　　　어떻게 하여 백성을 낳으셨을까?
克禋克祀　　　　　지극히 몸을 삼가고 정히 하여
以弗無子　　　　　아들 없는 재앙일랑 물리치셨다네.
履帝武敏歆　　　　천제의 발자국을 밟고 기뻐하며
攸介攸止　　　　　안도의 숨을 내몰아 쉬셨네.
載震載夙　　　　　이내 몸이 있어 삼가고
載生載育　　　　　이내 아이 낳아 기르니
時維后稷　　　　　그가 바로 후직일세.

오늘날에도 태몽을 꾼 다음에 아이를 낳는 경우를 자주 보게 된다. 특히, 영웅이나 위대한 인물의 탄생과 관련한 꿈이야기는 더욱 신비로운 장면드를 전해준다. 용이 침실 쪽으로 날아와 마루에 서려 있는 꿈이 있는가 하면 말이 품고 있던 알 속에서 동자가 태어났다는 이야기 등이 그 대표적인 유형이다.

"하늘의 제왕인 천제天帝의 발자국을 밟고 기뻐하며/ …… /이내 몸을 삼가고 이내 아이 낳아 길렀다"는 이야기는 참으로 신기한 수태의 경위를 들려준다. 감생신화의 모티프를 분명하게 이입시킨 수사와 상징을 통해 후직의 이상탄생異常誕生을 노래했기 때문이다. 천제의 발자국을 밟고 잉태했다는 수태의 동기 묘사는 후직에 대해 일반 백성의 어버이로서의 권위와 정당성을 부여하고 있는 듯 여겨진다.

후직은 천제와의 관계에서 태어났다. 농경신으로 알려져 있는 후직은 농경문화의 영웅으로서 탄생 자체부터가 일반민과는 달랐다. 이처럼 탄생의 동기나 경위에서 신성성을 부여하고 있는 탄생 이야기는 시조신始祖神의 탄생에서 보듯이 영웅탄생을 그리고 있는 신화의 주요한 모티프가 되고 있다.

天命玄鳥	하늘이 현조에게 명하여
降而生商	내려가 상을 나으라 하시니
宅殷土芒芒	은 땅에 터 잡아 끝없고
古帝命武湯	천제께서 무공을 세운 탕에게 명하여
正域彼四方	저 사방의 강토를 바로잡으니
方命厥后	두루 제후들에게 명하길
奄有九有	구주 땅 상나라의
商之先后	선조라

현조가 강림하여 상나라의 선조를 낳았다는 이야기는 신과 인간을 연결하는 모티프를 기본 골격으로 한 것이다. 이러한 신화적인 구조는 약간의 변형 과정을 거쳐 역사상의 서술체계에 수용되었다. 『사기史記』 「은본기殷本紀」에서 보면, 계契의 어머니인 간적簡狄은 세 사람과 더불어 목욕을 하다가 현조의 알을 주워삼킨 결과 잉태하여 계를 낳았다고 전한다. 신화와 역사의 갈림길에서 신화가 인문화되는 경향을 잘 보여주는 예라고 생각된다.

이상탄생과 같은 영웅의 출생과 관련한 신비로운 이야기는 어떤 경우에는 장애의 극복과정이 수반된다. 마치 어려운 시련을 극복하고 또 하나의 희망을 발견하는 삶의 진리를 전해주듯이 영웅들의 탄생과정에 존재하는 장애의 극복과정은 그 자체로서 삶의 교훈이었다. 영웅탄생의 이야기 가운데 장애 모티프의 대표적인 유형인 '버려진' 아기 이야기에서는 그러한 뚜렷한 교훈이 함축되어 있다.

誕彌厥月	그 달이 다 차고
先生如達	처음 출산 순탄히 이루니
不坼不副	어미 몸은 상하지도 찢기지도 않았네.
無菑無害	아무런 해함도 끼치지 아니하고
以赫厥靈	그 신령함을 드러내니,
上帝不靈	천자는 크게 신묘하다 하며
不康禋祀	강원의 후사를 크게 기뻐했다네.
居然生子	의연하게 아이 낳아
誕寘之隘巷	좁은 골목에 버려두었으나,
牛羊腓之	소와 양이 아이를 지키고
誕寘之平林	수풀에 버려두었으나,
會伐平林	나무꾼이 지켰네.
誕寘之寒氷	차가운 얼음 위에 버려두었으나
鳥覆翼之	새가 날개깃으로 덮어 감싸다
鳥乃去矣	이에 날아가니
后稷呱矣	후직은 울음을 터뜨렸다네.

　　신화에서는 탄생장애를 제기하고 그것을 다시 이겨나가는 과정을 하나의 모티프로 하여 이야기를 전개하고 있다. 신성한 탄생과 관련한 이야기는 으레 보통 사람의 탄생과는 다른 어떤 이상형태가 작용하였다. 그러한 이야기 구조는 원래의 상황, 신령스럽게 태어난 아이는 좁은 골목에 버려지고(장애 1), 다시 수풀에 버려지고(장애 2), 그리고 차가운 얼음 위에 버려지는 일(장애 3)로 이어지며 장애가 그치지 않는다. 그럼에도 불구하고 시련의 형태로 주어진 장애는 소와 양이 아이를 지키는 행위(구원 1)라든지 나무꾼이 보호해주는 행위(구원 2)와 새가 날개깃으로 덮어 감싸는 행위(구원 3)를 통해 극복된다.

　　이야기의 전개에 나타나는 장애와 구원 행위의 과정은 탄생된 존재를 위험한 상황에서 지켜 보호함으로써 그 가치와 성격을 신비화시킨다. 버려진 상태는 일종의 재앙[災]으로서 수난이지만 궁극적으로 그것이 극복되고 생명이 지속되면서 그 존재의 성격은 더욱 성화된다. 영웅의 탄생은 통과의례의 절차 안에서 특별한 '보호의 행위'를 통해 생명을 용인 받는 필연적인 성취의 과정이었다. 그 존재에 대한 보호 행위가 마치 초자연의 개입으로 그 탄생을 축복하는 메시지라는 듯이 말이다.

이 밖에 『시경』의 「대명大明」, 「황의皇矣」, 「공유公劉」, 「면綿」 등에는 이야기의 전체 구성과 전개에서 신화적 이미지나 사유심리의 원형이 내재해 있음을 볼 수 있다. 노래에서는 주나라의 시조들이 이룩한 업적과 공덕이 주재자인 천제의 은덕과 신성한 능력에 힘입은 것이라고 고백한다. 각 이야기의 중심 주제는 천제天帝의 강림과 가호이며 천제는 천상이나 지상을 동시에 통치하는 권능을 지니고 있다.

「대명」에서는 천제의 위업을 노래하고 하늘의 현현과 함께 땅의 시작이 이루어지고 있음을 아름다운 찬미로 전하고자 한다.

> 밝고 밝은 덕이 땅에 있으시니 혁혁하게 하늘에 나타나시네. ……
> 문왕이 임금이 되신 해에 천제는 정하셨네. 흡수洽水의 맑은 물 북쪽에
> 있는 위수渭水의 물가. …… 큰 나라에 빼어난 규수 있으니, 아리따운
> 하늘나라 아씨에 비길 수 있네.

하늘의 정한 바에 의해 땅에서는 모든 질서가 이루어졌다. 문왕 또한 하늘이 정해준 아리따운 배필을 맞아 혼사를 치렀다. 신비스런 문왕의 혼사는 신화전설적인 이미지에 힘입어 시조의 기원을 풍부한 신비의 근원과 연결시켜준다.

「황의」에서는 신화전설적인 이미지를 살려 천제인 상제上帝와 지상에

베푸는 그의 은덕과 보호를 노래하고 있는 장면을 나타난다.

> 크옵신 상제, 세상에 임하시니 위엄이 넘치시도다. 사방을 둘러보고
> 백성들의 어려움을 구하셨어라. …… 천제께서 대신할 자를 정하시고
> 먼저 그 힘을 크게 해주셨도다. …… 천제께서 그 산을 굽어살피니
> 가시 돋친 나무들일랑 뽑히고.

우주의 보편존재인 신인 천제는 중국인들의 마음 속에서 상제와 일치하는 존재였다. 상제를 통해 지상의 모든 백성들에게 은덕과 보호가 내려지며 그를 통해 지상의 권력자에게 정당한 권위가 부여된다. 그리고 지상의 통치자는 천제를 대신하여 백성들에게 하늘의 은덕을 베풀며 통치를 행하게 된다.

천제는 하늘에서 지상의 모든 복락과 은혜를 내리어 좋은 경작지를 마련해주고 '가시 돋친 나무'와 같은 고난과 장애를 제거해주며 평화로운 삶을 살아갈 수 있도록 보살핀다. 『시경』에 수록된 시를 지은 시인들은 우주와 지상이 거대한 틀 안에서 하나로 움직이는 신비로움을 감지하고 있었다. 그들은 하늘에 있는 신과 땅의 인간들이 결코 분리된 존재가 아니라 서로 연결되어 있는 존재라는 사실을 고백하고 있었던 셈이다.

「공유」에서는 신화전설에 등장하는 중요한 소재 중의 하나인 '돌'을 매개로 신앙을 상징하는 신화심리를 묘사하고 있다. 신성한 돌은 궁전의 재료가 되고 그 궁전은 신탁의 장소로 변모되었다.

> 그때 무얼 허리에 차셨나. 고운 구슬 예쁜 돌 갈고 닦은 것을. 칼집과
> 손잡이에 장식한 큰 칼. …… 위수의 물결을 가로질러 숫돌이며
> 여느 동을 취하시고 궁실을 지은 다음 땅을 나누시니. 사람들과

재물이 풍성하였네.

「면」에서는 혼인을 둘러싼 이야기를 통해 신화적인 모티프와 사유심리
가 아름다운 노래로 불려진다.

　이야기는 물가를 따라 기산岐山 아래에 살고 있는 강녀姜女를 취하여
성혼한 사실을 전하고 있다. 물가를 따라 있는 기산이 어느 곳인지는
알 수 없다. 그 알 수 없는 세계에서 살고 있는 강녀는 당연히 귀하고
신비로운 이미지를 주는 주인공이었다. 이야기의 주인공이 지니고 있는
이런 신비스러운 이미지를 통해 혼인의 성격은 극적인 성격을 띠게 되는
것이다. 신화전설적인 이미지나 소재가 이야기에 결부된 구성은 확실히
새로운 문학적인 상징과 의미를 지니게 되었다.

　신화적인 이미지나 소재를 활용하여 환상적인 사유공간 속에서 아름다
운 신화시를 전개한 시인은 굴원이었다. 굴원은 우주나 천제의 형상,
신의 존재 등에 관해서 알고자 했을 뿐만 아니라 그러한 시원에 대한
의식을 시조탄생과 연결시켜 신비롭게 노래하였다.

覽相觀於四極兮	사방 먼 끝을 두루 돌아보고
周流乎天余乃下	하늘을 둘러 지상에 내려와
望瑤臺之偃蹇兮	우뚝 솟은 요대를 바라보노라니
見有娀之佚女	유융씨 미녀가 보이네.
吾令鴆鳥爲媒兮	짐새더러 나의 뜻을 전해달라 했건만,
鴆告餘以不好	이 몸 좋지 못하다 알려주네.
雄鳩之鳴逝兮	산비둘기 보내려 하여도
餘猶惡其佻巧	오히려 그 경박함 싫어
以猶豫而狐疑兮	망설이고 주저하는데
欲自適而不可	스스로 갈까보냐 아니야

鳳凰既受詒兮　　　　봉황이 이미 폐백을 들고 갔으나
恐高辛之先我　　　　아마도 고신씨 나보다 앞서겠구나.

　사유의 공간 속에서 굴원은 현실적으로 하나의 이상을 지향하고 있었다. 현실을 초극하여 울분과 비탄을 넘어 마음과 정신의 저편으로 여행을 떠나 있는 상태였다. 그러나 사방 먼 끝에서 바라다 보이는 유적有娀에게 직접 갈 수 없어 짐새에게 자신의 마음을 전해주길 바라지만 여전히 안타까움 속에서 그의 바람은 망설임으로 인도될 뿐이었다. 작가는 문학적인 공간을 신화의 세계와 교통시켜 자신의 현실적인 한계를 아름답고 신비롭게 승화시켜 나갔다.

　굴원은 보일 듯 말 듯한 궁극적인 실체를 포착하고 이를 상징화함으로써 그의 작가의식은 더욱 치열한 심리적인 지향 안에서 초극을 향해 질주하였다.「원유遠遊」에서는 이승의 세계를 도피하여 영생을 추구하며 피안의 세계로 넘어간다. 현실의 삶은 필연의 과정인 죽음을 뛰어넘어서 하나의 초월과 구원의 세계로 비상하였다.

乃羽人於丹丘兮　　　　단구에서 신선을 만나
留不死之舊鄕　　　　불사의 옛 마을에 머무르니.
朝濯髮於湯谷兮　　　　아침에 탕곡에서 머리감고
夕晞余身兮九陽　　　　저녁에 하늘가에서 몸을 말리네.
吸飛泉之徵液兮　　　　현묘한 비천의 물로 입술 적시고
懷琬琰之華英　　　　꽃같이 아름다운 완염을 삼키네.
玉色頩以脕顔兮　　　　얼굴은 옥같이 아름답게 빛나고
精醇粹而始壯　　　　정기는 순수하고 강건해지니
質銷鑠以汋約兮　　　　육체는 녹아버린 듯 가냘파지고
神要眇以淫放　　　　정신은 표연히 멀리 떠나려 하노라.

이야기가 신화라기보다 신선설화神仙說話에 가까워질수록 내용에는 신비성이 더해졌다. 그것은 이야기 구조가 점차 정교해지고 그 전개 또한 일정한 구성력을 갖추었기 때문일 것이다. 이야기에서 세상의 본원은 불사의 장소였던 옛 마을[舊鄕]에 머물러 탕곡湯谷에서 머리를 감고 현묘한 비천飛泉의 물을 마시는 행위는 신화적인 스토리의 절정이다.

영원한 생명을 향한 인간의 불사에 대한 집념이 아름다운 선향에서 목욕하고 물을 마심으로써 실현되었다. 빛나는 얼굴, 순수하고 강건한 정기, 그리고 부드럽고 가냘픈 육체 그러나 아무것에도 얽매이지 않는 표연한 정신의 여정, 그것은 바로 불사不死를 열망하는 극적인 표현이었다.

신화적인 환상적인 이미지는 『초사』의 「구가九歌」에서 더욱 강화되어 나타났다. 남녀로 이루어진 무巫들은 목욕재개 후에 화려한 무복을 차려입고서 노래에 맞추어 춤을 추며 여러 신들을 불러들였다. 화려하게 차려입은 구름신은 높은 수궁에 거하면서 하늘에 찬란한 빛을 발했다. 해와 달과 같이 빛나는 그는 황제로서 용 수레를 타고 사방을 주유하였다.

浴蘭湯兮沐芳	난향에 목욕하고 방향에 머리감아
華采衣兮若英	화려한 옷을 입으니 꽃과 같도다.
靈連蜷兮旣留	운신은 구름같이 하늘에 머물고,
爛昭昭兮未央	찬란한 빛 그치지 않도다.
蹇將憺兮壽宮	높은 수궁에 거하면서
與日月兮濟光	해달과 함께 빛을 발하도다.
龍駕兮帝服	용수레 타고 황제의 옷 입고서
聊翱遊兮周章	사방을 두루 주유하노라.
靈皇皇兮旣降	운신이 빛을 발하여 임했는지
猋遠擧兮雲中	홀연히 멀리 올라 구름 가운데 있구나.
覽冀州兮有餘	기주를 유람하고도 여유 있어

橫四海兮焉窮　　　사해를 횡단하니 무궁하도다!
思夫君兮太息　　　그대를 사모하는 마음에 크게 탄식하고
極勞心兮懺懺　　　지극히 지친 마음, 울적할 뿐이라.

고대의 신화는 시간적으로 후대로 오면서 전설화되거나 혹은 소설적인 구성을 갖추면서 풍부한 이야기로 변모되었다. 그러한 이야기 속에서 작가는 나름대로 창의적인 요소를 가미하면서 신화를 더욱 인문화시켜 나갔다. 굴원의 작품 가운데 신화나 전설적인 고사 그리고 각종 시가류^{詩歌類} 등으로 「초혼^{招魂}」, 「고당부^{高唐賦}」, 「신녀부^{神女賦}」라든지 혹은 조식^{曹植}의 작품인 「낙신부^{洛神賦}」 등에서 그러한 흔적을 찾아볼 수 있다.

굴원의 작품 중에서 「초혼」은 민간제의에서 등장하는 망자를 위로하는 노래다. 이 노래 안에는 신비롭고 신성한 신화적인 이미지를 담은 이야기가 내재해 있다.

상제가 무^巫에게 말하길, 어떤 사람이 하계에 빠져 있어 내 그를 돕고 싶으나 그 혼백은 이미 흩어졌구나. 너는 점을 쳐보아라. 무가 답하길, 이는 장^掌의 일일 뿐! 상제의 그 명은 따르기 어렵지만 설령 점을 친다 하더라도 아마 이미 육신은 부패하여 다시 살기 어렵네.

문답 형식을 취하고 있는 이야기의 중심주제는 무^巫와 상제신^{上帝神}의 제의적인 의식을 통해 위령을 한다는 것이다. 상제와 무당 간에는 결과적으로는 통교가 이루어지지 못했다. 인간은 구원의 대상일 뿐 결코 스스로 죽음을 초월하지는 못한다. 그래서 상제신은 인간에게 구원을 베풀고자 했지만 인간은 죽음 저편을 여행하고 있을 뿐이다. 「초혼」은 좌절된 인간의 불사에 대한 욕망을 역설적으로 그림으로써 인간의 현실 초극과 영원한 삶에 대한 갈망을 묘사하였다.

왕과 송옥宋玉이 운몽雲夢과 고당高唐에서 선왕이 경험한 사건을 이야기하는 내용을 다루고 있는 것이 「고당부高唐賦」다. 누대樓臺를 둘러싼 신비스런 고사를 담은 이야기는 문답식과 포진서술의 방식을 취하고 있다.

> 옛날 선왕께서 일찍이 고당高唐에 노니신 적이 있었다. 한가로이 낮잠을 자다가을꿈 속에서 한 부인을 만났다. 부인이 이르길, 이 몸은 무산의 여자이온데 고당의 손님이 되었나이다. 들자온대, 임금께서 고당에 머무르신다니 침석枕席을 함께하길 원하옵니다. 왕은 이로 말미암아 그녀를 총애하였다. 그녀는 떠나면서 작별하여 말하길, 이 몸은 무산의 남쪽 높은 산 험준한 곳에 있어 아침에 조운朝雲이 되고 저녁에 비가 되리니. 아침마다 저녁마다 남쪽 누대 아래에 있으리다. 아침 일찍이 그것이 보이는 바가 말과 같았으니, 그리하여 묘당廟堂을 세우고 조운이라 하였다.

신화의 모티프는 고당이라는 곳에서 낮잠을 자다가 꿈 속에서 한 부인을 만나 애정을 나눈 이야기다. 이야기는 조운이라는 묘당이 세워지게 된 연유를 다루고 있는 전설에 해당된다고 하겠다. 꿈에서 선왕은 무산 여자와환상적인 만남을 가졌고 그들의 사랑은 무르익었다. 그러나 둘은 결국 작별하였고 무산의 여인은 아침에는 구름이 되었다가 저녁에는 비가 되어 그들의 사랑이 이루어졌던 누대樓臺에 머물렀다. 무산 여자는 통상 적제赤帝의 딸인 요희姚姬로 시집을 가지 못한 채 죽어 무산 남쪽에 묻혀버린 것으로 알려진 귀신이었다. 무산 여자 요희는 샤먼의 한 형태로 볼 수 있을 것이다.

「신녀부神女賦」는 초의 양왕襄王이 고당을 거닐면서 그가 꿈에서 본 일화를 이야기로 전하고 있는 시가다. 그래서 「고당부高唐賦」가 선왕의 고사를

상군(湘君)과 상부인(湘夫人)

중심으로 '들은 이야기'를 다룬 것이라면, 「신녀부神女賦」는 직접 화자가
체험한 신녀에 관한 이야기를 묘사한 것이다.

초의 양왕은 송옥과 더불어 운몽의 물가에서 노닐며 송옥에게 고당의
일을 부로 짓게 한 사실을 이야기한다. 그 날 밤 왕이 꿈에서 신녀를
만났는데, 그 신녀의 용모와 차림새, 그리고 오색찬란한 자태 등에 대한
묘사가 두드러진다.

신녀의 아름다움이여. 천지의 윤기를 머금고 있도다. 그 옷의 화려함
은 마치 비취의 빼어남에 상아의 아름다움을 더한 듯 …… 곧고
맑은 깨끗함을 품었어라. 더불어 서로 함께할 수 없어 작별의 인사말
만 남기네. 난초 같은 향기를 토하며 합쳤던 몸 떠나려 하니, 이
마음 기쁨에 차올라 힘 얻은 듯하나. 정신은 유독 끝없이 누리려
다할 줄 모르누나.

예와 복비

신녀의 아름다움을 이야기하고 있는 장면은 마치 한 폭의 그림을 보는 듯한 느낌을 갖게 한다. 이러한 이미지를 전달하는 표현은 심리적인 길항 속에 일어나는 안타까움을 설명하기 위해서 집중된다. 작가는 그러한 감정을 전달하고자 낭만주의적 수법을 사용하였다. 작가가 자신의 마음을 문학적으로 그려내고자 사용한 표현법은 상징과 이미지의 활용이었던 것이다.

위魏나라 조식曹植의 「낙신부洛神賦」에서는 복희씨의 여자인 복비宓妃가 낙수洛水에 빠져죽은 뒤에 하락河洛의 신으로 변한 이야기를 중심으로 전개되어 있다. 낙수에 얽힌 이야기 또한 전설화된 경향을 드러낸다. 즉 조식의 「낙신부」는 송옥의 「고당부」, 「신녀부」의 일을 떠올리며 동일한 모티프를 소재로 글을 지어 자신이 사랑하던 여인 견희甄姬의 이야기를 우회적으로 그리며 마음 속의 여인상을 표현하였다.

낙수로 흘러드니, 정신은 갈팡질팡하고 생각도 홀연히 흩어지누나. 아래로 굽어보아 아무것도 살필 길 없었는데, 고개 들어 보니 바위가에 아리따운 한 여인이 보이네. 그가 곧 수레꾼에게 멈추라 하며

말하길, 너는 저를 본 적이 있느냐. 저는 어떤 사람이기에 이다지
아름다운고. 수레꾼이 대답하길, 소인이 듣자온대 낙수신의 이름을
복비宓妃라 하온즉 군께서도 지금 보셨나이다.

전설상의 주인공은 우연한 기회에 낙수로 흘러들었다가 그곳에서 아리
따운 여인 하나를 발견하게 된다. 동행한 수레꾼과 함께 그녀에 대해
잠시 얘기를 나누었는데, 수레꾼은 그녀의 이름이 낙수신인 복비라고
하였다. 그러나 조식이 표현한 그의 마음 속의 사랑을 표현해서는 안
될 여인이었다. 이에 작품을 통해 주인공은 환상 속에서 그녀와 결합하며
신비로운 체험을 하게 된다.

내 마음 그 빼어난 아름다움에 기뻐하여 진정되지 않건만, 둘 합하기
에 좋은 중매쟁이가 없구나. 물결에 실어 이 내말 전해 볼까? 바라건대,
이 진실함 알리고자 구슬장식[玉飾]을 풀어드리네. 그 아름다운 이
믿브기도 하여라! 예를 익혀 시로써 뜻 밝히니 붉은 옥구슬을 들어
내게 화답하네.

낙수에서 벌어진 일을 중심으로 한 전설적인 이 이야기는 환상적인
신화의 이미지와 더불어 남녀 간의 결합을 위한 강한 욕망을 드러내고
있다. 주인공은 자신과 낙수신인 복비를 연결시켜 줄 매개자가 없는
것을 안타깝게 여긴다. 용기를 내어 자신이 직접 그녀에게 예를 갖추어
시로써 의사표시를 하자 상대방이 옥구슬을 들어 화답했으니 그 얼마나
큰 기쁨이 아니었겠는가?
중국에서 신화이야기는 신화와 전설 사이에서 신선들의 이야기를 중심
으로 인간의 영원한 불사불멸을 지향한 선화仙話의 이야기와 만났다. 신은

인간을 구원하고자 하지만 인간의 현실은 여전히 신의 구원으로부터 멀리 떨어져 있었다. 상제신은 인간에게 구원을 베풀고자 하나 인간의 육신은 죽음 저편을 여행하고 있을 따름이다. 그러한 좌절에도 불구하고 인간은 끊임없이 불사와 초월을 갈망하고 영원한 세계로 비상하고자 한다. 「신녀부」와 「고당부」에 나타난 신화적인 모티프에서 보듯이 낮잠을 자다가 꿈 속에서 만난 여인과 동침하게 된다는 이야기는 결과적으로 신화적인 감각의 이야기가 다시 일상적인 이야기로 전환되는 과정이다.

그러한 신화적인 모티프나 이미지 그리고 소재 등을 활용한 시가의 창작은 위진魏晉 이후의 시기에 본격화되었다. 한대漢代에 쓰여진 것으로 알려진 『고시십구수古詩十九首』에 보이는 우랑직녀신화牛郞織女神話를 기초로 한 「초초견우성迢迢牽牛星」과 같은 작품으로부터 조식曹植의 낙신부洛神賦, 진대晉代에는 완적阮籍(210~263)·곽박郭璞(277~324)의 시가로 이어졌다. 완적의 시 가운데 「영회詠懷」 81수에 실려 있는 여러 편의 시나 곽박의 「유선游仙」의 시 등은 모두 신화전설적인 성분을 통해 시가가 지니는 풍부한 표현과 이미지를 드러내고 있다고 여겨진다. 도연명陶淵明(365~427)의 「독산해경讀山海經」 13수는 그러한 신화전설류가 시가에 미친 영향을 잘 보여주는 압권이다.

翩翩三靑鳥	훨훨 나는 삼청새야!
毛色奇可憐	털 빛깔이 기이하여 사랑스럽구나.
朝爲王母使	아침에는 왕모를 위하여 일하고,
暮歸三危山	저물녘이면 삼위산으로 돌아가는구나.
我欲因此鳥	나는 이 새로 하여
具向王母言	왕모에게 하고 싶은 말은,
在世無所須	세상에선 오롯한 바란 없건만

惟酒與長年　　　　　단지 술과 더불어 오래도록 살고 싶을 뿐.

『산해경』에 나타나는 서왕모는 불사의 낙원인 곤륜산崑崙山에 사는 사람 얼굴에 호랑이 몸통을 가진 인면호신人面虎身의 천신이었다. 도연명은 이렇 듯 기괴한 형상을 한 서왕모를 끌어들여 이를 자신의 작가적인 상상력과 결합시킴으로써 창공을 나는 새를 동경하는 마음으로 자신의 지향을 서정적으로 노래하였다. 도연명 자신이 갈구하는 내적 지향은 자유로움 그것이다. 삼청새처럼 훨훨 날아 주유천하하는 자유로운 삶을 그렸던 것이다. 세상의 풍진 속에서 거하면서도 늘 저편의 자연과 벗하며 전원적 인 목가생활을 동경해마지 않는 그의 바람은 탈세속 자연친화적인 성향으 로서 시의 서정성을 절정으로 끌어올리고 있다고 하겠다.

당대唐代에 들어와서 시가문학의 일부를 차지한 신화시神話詩는 형식과 내용상으로 모두 일정한 진전을 이루었다. 신화적인 소재는 가공되어 이용되었고 내용은 간명화되었다. 주광물周匡物의 「고경가古鏡歌」나 포준鮑溶 의 「자규子規」, 유종원柳宗元의 「행로난行路難」, 유우석劉禹錫의 「구화산가九華山 歌」 등이 그것이었다. 이제 보다 더 신화적인 것들로부터 소재를 취함으로 써 당대의 신화시는 선화와 그 차이를 분명하게 하였다. 신화시를 썼던 당시의 대표적인 신화시인을 들자면 이백李白을 비롯하여 노동盧소 · 이하李 賀 · 이상은李商隱 등을 꼽을 수 있을 것이다.

이백의 시 가운데 기원신화를 소재로 하여 작가의 시세계를 자유분방하 게 표현한 「상운락上雲樂」과 「서야랑어도강유별종십육경書夜郎於島江留別宗十六 璟」이 있다. 이백은 이런 작품들을 통해 여와가 황토를 만지고 뭉쳐서 하계의 인간을 만들었다고 노래했는가 하면 자라를 죽여 여와를 도왔고, 오색돌을 녹여 하늘의 벼리를 기웠다고 노래했다. 「상운락」은 본래 천자

의 만수무강을 축원하며 올린 악부시樂府詩인데, 작가의 이상세계를 향한
마음은 인간창조는 말할 것 없고 천지생성을 신화시를 빌어 토로했던
것이다.

豈知造化神	어찌 창조신을 알리오.
大道是文康之嚴父	큰 원리는 문강의 어버이요,
元氣乃文康之老親	큰 기운도 곧 문강의 어버이라.
撫頂弄盤古	원기가 맞닿아 반고 생겨나고,
推車轉天輪	수레를 밀어 하늘의 바퀴를 굴리니,
云見日月初生時	해와 달이 처음으로 생겨날 때,
鑄冶火精與水銀	화정과 수은을 녹이고 갈았다네.
陽鳥未出谷	해 속의 까마귀 탕곡에서 나오지 않았으니,
顧兔半藏身	달 속의 토끼야! 아직은 네 몸 숨기렴.
女媧戲黃土	여와는 황토를 만지고,
團作愚下人	뭉치어 하계의 인간을 만들어
散在六合間	천지사방에 흩어 뿌리니
濛濛若沙塵	뿌연 것이 먼지 같았더라.
生死了不盡	죽고 삶이 다함 없으니,
誰明此胡是仙眞	뉘 알리요, 이것이 바로 신선 자체인 것을.

　이백은 천지창조 신화를 빌어서 이상향에 대한 동경과 열망을 노래했
다. 바로 신화의 변용을 통해서 시의 세계로 들어간 시인의 마음이었다.
세상의 온갖 번뇌를 잊어버리고 생사를 초월한 자유로움 안에서 비상하는
자신의 마음을 신선에 비유하고 있다. 그에게는 이상향이 더 이상 실현
불가능한 별개의 공간적 분리의 상태가 아니라 곧 자기 마음에서 이루어지
는 상태였다.

　「몽유천노음유별夢游天姥吟留別」이라는 시 역시 꿈 속에서 천상을 여행하

며 즐겁게 노닐다가 꿈에서 깨어 현실로 돌아와 분개하는 모습을 보며
자신의 이상과 현실적인 좌절을 극적으로 대비시켜 노래하였다. 그런가
하면 「양보음梁甫吟」에서는 현실을 신화적인 세계로 환원시켜 심판과 정화
를 통한 새로운 시작을 강조하고 있다. 이백에게 신화란 암울하고 좌절된
현실공간을 뛰어넘어 존재하는 차안의 자유로운 세계 그 자체였다.

　　중당기中唐期의 시인인 노동盧仝은 신화적인 소재를 취하여 시 창작에서
특이한 위치를 구축한 문학가였다. 그의 작품 가운데 「월식시月蝕詩」나
「여마이결교시與馬異結交詩」는 신화시의 대표적인 작품이다. 특히, 「여마이
결교시」는 기이하면서도 아름다운 동화와 같은 이야기를 소재로 한 신화
시다. 신농이 등장하고 여와와 복희가 나타나며 본래 그들의 신화적인
이야기에서의 역할이 시적 이미지로 재생되어 우주만상의 운행을 종합적
으로 그려내고 있는 것이다.

神農畵八卦	신농이 팔괘를 그리니
鑿破天心胸	하느님의 마음 속을 꿰뚫었네.
女媧本是伏義婦	여와는 복희의 지어미라!
恐天怒	하느님 노할까 두려워
擣練五色石	오색돌을 빻아 녹였다네.
引日月之針	해와 달을 바늘로 삼고,
五星之縷把天補	별빛을 실로 삼아 하늘을 기웠어라.
補了三日不肯歸壻家	사흘밤낮 기워 지아비조차 찾지 않았고,
走向日中放老鴉	햇속으로 달리어 까마귀 날려두고,
月裏栽桂養蝦蟆	달속에 계수나무 심어 두꺼비 길렀네.
天公發怒化龍蛇	하느님 노하셔서 용사로 만들었으니,
此龍此蛇得死病	이 용사는 죽을 병에 걸려
神農合藥救死命	신농이 약 구해 죽을 목숨을 살렸구나.

天怪神農黨龍蛇　　　하느님은 신농이 용사의 도움을 괴히 여겨
罰神農爲牛頭　　　　신농을 벌하여 소머리로 만들고
令載元氣車　　　　　우주의 수레바퀴를 짊어지게 했다네.

　근체시 형식을 따르지 않고 고풍체인 잡언체雜言體로 전개되는 「여마이결교시」는 신화전설의 복합적인 구성으로 이루어진 시다. 신화상의 여와 보천과 신농에 대한 하느님의 노여움을 모티프로 한 신화시는 태양─까마귀, 달─계수나무·두꺼비 등 민간설화적인 시·공간의 요소와 어울리면서 극적인 효과를 드러낸다.

　그러나 신화에서 알려진 내용과 달리 여와에 의한 보천의 결과를 놓고 하느님은 오히려 진노하고 심판을 내리는가 하면, 신농에 의한 구원과 하느님의 신농 처벌과 같은 사건을 새롭게 추가하고 있다. 여와의 보천행위에 대해 하느님이 노하고, 프로메테우스의 운명처럼 신농이 우주의 수레바퀴를 영원히 돌려야 하는 가혹한 운명을 지게 되었다는 내용은, 전적으로 작가 자신이 신화사유와 신화심리를 통해 우주의 근원적인 질서를 설명하려 한 것으로, 신화의 문학적 지평을 확대한 것이라 하겠다.

　시인 노동과 동시대를 살았던 이하李賀 또한 전통적인 신화를 소재로 하여 독자적인 시세계를 형성한 걸출한 신화시인이었다. 그는 많은 신화시를 남겼는데, 「진왕음주秦王飮酒」, 「장화이년중章和二年中」, 「고주단苦晝短」, 「칠석七夕」, 「상비湘妃」, 「무산고巫山高」, 「신현神弦」 등은 그 대표적인 신화시다. 작품의 주제는 대체로 불사를 지향하는 인간의 내적인 욕망을 신화사유의 방식으로 처리함으로써 영원한 생명에 대한 강한 인간의지를 시에 담으려고 하였다.

天東有若木	하늘 동쪽에 약목이 있고,
下置추燭龍	그 아래 촉룡을 품고 있구나.
吾將斬龍足	이 몸이 가서 용의 다리 자르고,
嚼龍肉	그 고기 씹어
使之朝不得迴	촉룡이 돌아갈 수 없도록 하고,
夜不得犬	밤에도 숨지 못하게 하리라.
自然老者不死	그리하면 늙은이 죽지 않고,
少者不哭	젊은이 울지 않으리.
何爲服黃金	왜 황금을 복용하고
呑白玉	흰 구슬을 삼키랴!

신화시인 이하는 인간들이 열망하는 영원한 삶, 곧 불사에 대한 지향을 부정적인 모습으로 그렸다. 인간의 의지를 강조하고자 한 시인은 신의 중보라든지 구제 혹은 양생이나 연단술練丹術 같은 단련이 구차한 것으로 여겨졌다. 그는 시 속에서 현실에 닫혀버린 인간들의 정신을 인간의지와 동인을 발현하여 비상시키고자 하는 사유의 반전을 통해 현실을 뛰어넘고 있는 듯하다.

이상은李商隱은 「금슬錦瑟」, 「무제無題」, 「월석月夕」, 「상아常娥」 등의 작품을 통해 자신의 시세계에서 신화시의 면모를 드러내었다. 그는 신화적인 다양한 소재를 활용하여 시의 전체적인 분위기를 우아하면서도 아름답게 승화시켜 나갔다. 유미적이고 애상적인 그의 시세계는 신화적인 소재를 수용한 시의 문학적인 효과를 말해주고 있다.

雲母屛風燭影沈	운모를 그린 병풍에 촛불 그림자 깊어
長河漸落曉星沈	은하수 이울고 새벽별 가물가물 한데.
常娥應悔偸靈藥	상아는 정녕 영약 훔쳤던 일을 후회하고 있으리.

碧海靑天夜夜心　　　　　푸른 하늘, 밤이면 밤마다 외로운 마음이여!

　이렇듯이 중국문학사에서 상고시대의 신화나 전설은 후대로 오면서 더욱 전설적인 요소와 함께 풍부하고 다양하게 변형되어 문학적인 신비와 낭만적인 풍격을 갖춘 작품을 생산하게 되었다. 『시경』이나 『초사』와 사부辭賦 등을 거쳐 위진시대의 시가에서 다시 당대의 신화시에 이르기까지 그 과정은 중국문학사에서 신화전설이 일정하게 문학장르에서 작가의 창의력과 어우러지면서 독특한 시풍을 갖는 계기를 마련했다고 할 것이다.

　위진남북조에 이르러 형성된 지괴志怪는 신화와 기문奇聞을 수렴한 신화문학의 새로운 형태였다. 종래의 『산해경』을 비롯하여 『회남자』, 『열자』 등 제자백가류에 보이는 이문일사異聞逸事의 기록과는 달리 비교적 일정한 이야기 체계를 갖추고 있었다. 일찍이 루쉰은 『중국소설사中國小說史』에서 지괴류 문학을 위진시대의 신화라는 관점에서 관찰한 바 있었다. 그러나 실제로 지괴는 신화와는 상당한 거리가 있는 문학으로 그 소재나 이야기의 형태가 변형되었다는 점은 부정할 수 없다. 지괴문학의 전문연구가인 왕꾸어량王國良 역시 지괴가 신화와 전설의 유서遺緒를 계승하고 다시 연변이 가해진 것이라고 지적한 바 있다.

　『열이전列異傳』에서 나타나는 미간척고사는 루쉰의 문학세계에서 재현되어 이미 앞서 살펴본 바 있었다. 미간척고사가 처음 실린 문헌은 『태평어람太平御覽』 권364다. 『수신기搜神記』 권11에도 수록되어 있는데, 신화의 연변이 전설적인 소재로 변모한 경우다. 복수 이야기인 미간척고사는 그 모티프의 전개에서 신화의 일반적인 구성에 합치되는 변형된 유형의 전설에 해당된다.

　「현중기玄中記」는 곽박郭璞이 편찬한 것으로 알려져 있으나 『산해경』의 편찬체계를 모방하여 각 지역에 산일된 이문기사異聞奇事를 수록한 책이다. 장부민(丈夫民)의 이야기에서 보여주는 신비로운 정경은 신화적인 요소의 문학적 변형이라고 할 만하다.

장부민. 은의 황제 태무太戊가 왕영王英으로 하여금 서왕모로부터 약을 가져오도록 하였다. 이곳에 이르러 양식이 떨어져 더 갈 수 없었다. 이에 나무 열매를 먹고 그 껍질을 옷 삼았다. 평생 아내가 없었으나 두 아들이 등갈비 사이로부터 나왔다. 아비가 죽자 이들이 (남자만 사는 나라의) 장부민이 되었다. 옥문玉門으로부터 이만 리쯤 떨어져 있는 곳이었다.

이야기의 모티프는 무시간적인 존재로서 우주만물의 순환을 계속 유지시키는 힘을 가진 것으로 알려진 서왕모에 관한 신화다. 불사를 갈망하고 죽음을 초월하기 위해 선향仙鄕의 생활로 연결되는 접점이 바로 이것이다. 왕영王英은 불사의 약을 구하기 위해 여행을 시도하지만 얼마가지 못해 위기에 봉착하고 목적은 수포로 돌아가고 만다. 그리고 그에게 남은 것은 처절한 생에의 투쟁뿐이었다.

이야기는 왕영이 부인이 없음에도 불구하고 두 아들을 얻게 된다는 데에서 반전되었다. 불사를 향한 한계적인 상황인 생의 벼랑에서 왕영은 돌연 아들을 두 명이나 얻게 되었다. 이러한 반전은 또 다른 생명의 시작이었으며, 왕영 자신의 겪어야 할 죽음에 대한 불사지향적인 현실이었다. 결국 불사의 약을 구하려 했던 왕영은 죽음 직전에 또 다른 생명을 얻음으로써 새로운 삶의 의미를 부여받게 되었다. 다시 말하면, 왕영은 구원의 열쇠를 인간적인 생의 테두리 안에서 이루어지는 생명의 순환적인 연속성에서 갖게 되었던 것이다.

「현중기^{玄中記}」에서 또 하나의 신화 모티프를 가진 선화仙話는 선녀의 옷과 관련된 고사다. 선녀의 옷에 관한 고사는 고획조^{姑獲鳥}에 얽힌 이색적이고 신비로운 이야기로 되어 있다. 예장^{豫章} 지역에 한 남자가 있었다. 그 남자는 여인의 모습으로 변신한 날개옷을 감추었다. 그로 인해 새는 날아가지 못했고 새의 모습을 지닌 조녀^{鳥女}는 남자와 결혼하여 세 딸을 낳게 되었다. 그러나 얼마 후에 그 여인은 깃옷을 감추어 놓은 곳을 알게 되었고 마침내 그 옷을 입고 날아가 세 딸과 함께 지상에서 사라지게 되었다. 우리나라의 나뭇꾼과 선녀의 이야기를 연상시키는 중국의 전설이지만, 신화 이야기의 영향을 강하게 보여준다.

『유명록^{幽明錄}』 30권은 기이한 귀신에 관한 이야기들로 가득차 있다. 귀신에 관한 이야기나 신선설화적인 형태를 띤 이야기들은 낙원신화의 발전된 이야기 구조를 보여준다. 그러한 이야기에서는 유신^{劉晨} · 완조^{阮肇}들이 천태산^{千台山}에서 선녀를 만나게 되었다거나 그곳에서 생경한 체험을 하고 있다거나 하는 광경을 볼 수 있다.

섬현^{剡縣}의 유신과 완조가 함께 천태산으로 들어가 곡식 껍질을 주웠는데 정신이 몽롱해져 돌아올 길을 잃었다. 십삼일이 지나 산복숭아를 따먹고 산 아래로 내려와 물을 마시려 했는데, 싱싱한 무청엽^{蕪靑葉}이 떠내려왔고 참깨밥 한 그릇도 보였다. 두 사람은 서로 말하길, 사람 사는 곳이 멀지 않겠구나. 이내 물을 건너고 또 산을 넘으니 두 여자가 보였다. 그 얼굴이 어여쁜데 유신과 완조의 이름을 부르며 물었다. 그대들은 왜 이다지 늦었지요. 그러면서 기쁘게 맞이하여 주락^{酒樂}을 즐겼다. 이렇게 머무르길 반년이 지나 돌아가고자 하여 집에 이르니 자손은 이미 7대손에 이르렀다. 진 태강^{太康} 8년(무제^{武帝}, 288년) 두 사람의 소재를 알 길이 없었다.

이야기에서는 공간의 이동을 통해 시간의 초월이 이루어지고 있다. 시종 일관되게 피안의 세계인 이상향을 여행하며 누리는 즐거운 광경을 바라보게 된다. 이상향은 마치 선화에서 볼 수 있는 낙원과도 동일한 공간이며 신화에서 보편적으로 나타나는 시간과 공간을 초월하여 동시에 존재하는 영역이었다. 주인공들은 유한한 지상세계의 자유로운 공간을 여행하다가 돌아왔는데, 이미 시간적으로 7대의 세대가 지나버린 상태였다. 불사 관념은 주인공들이 발견한 피안의 세계에 대한 여행으로 대치되었고, 이야기는 마치 타임머신을 타고 있는 듯이 극화되었다.

『박물지博物志』에서는 대인국大人國에 얽힌 이야기를 통해 신화적인 모티프를 문학적인 표현수단으로 전달해주고 있다. 본래『수지隋志』는 10권이었으나 현재는『광한위총서廣漢魏叢書』,『고금일사古今逸史』,『비해俾海』등에 산일된 자료를 모아 10권으로 재편하여 통용되고 있다. 이러한 자료들은 내용 구성에서『산해경』체제를 그대로 따르고 있는데, 그 당시의 풍습과 이물異物로부터 전해져 오는 이야기인 전문傳聞이나 기이한 민담인 이문異聞 등에 이르기까지 다양한 것이었다.

대인국이 있는데 그곳 사람들은 36년 동안 잉태하였다. 아기는 태어날 때에 머리가 하얗고 몸이 장대하였다. 구름을 타고 다니나 걷지는 못한다. 대개 그들은 용의 무리로 회계會稽에서 4만 6천리 떨어져 있었다.

대인국은 '이상한 나라'로 기이한 모습과 신비한 능력을 갖춘 인간들이 살고 있었다. 그곳에 사는 사람들은 신의 성격에 가까웠기 때문에 전형적인 신인동형神人同型의 존재로 묘사되고 있다. 그러나 대인국 이야기에서는 사실적인 기술만이 이루어졌을 뿐 그 어떠한 이야기상의 전개도 이루어지지 않았다. 대인국 이야기 외에 구진九眞의 신우神牛에 관한 이야기라든지 그 밖의 '견우와 직녀'의 전설을 연상시키는 베짜는 여인인 '직부織婦' 이야기, 나아가 중명조重明鳥 이야기나 '대인大人' 이야기 등은 문학적인 변용을 거친 신화 이야기로 감상할 수 있을 것이다.

「술이기述異記」에서도 신화를 기본 모티프로 한 문학적인 이야기 전개가 이루어지고 있음을 확인할 수 있다. 「술이기」는 세 종류의 전적이 있는데, 남조 시기에 제齊나라의 조충지祖沖之가 쓴 10권본과 양나라의 임방任昉이 쓴 2권본, 그리고 청나라의 동헌주인東軒主人이 쓴 3권본이 그것이다. 현재는 그 중의 일부만 전해지고 있으나 반고신화를 비롯하여 치우·신농 등 직접적인 신화나 그 소재가 활용되고 있다.

> 옛날 반고가 죽자 머리는 사악四岳이 되었고, 눈은 해 달이 되었으며 머리카락은 초목이 되었다. 진한대에 항간에는 반고씨盤古氏의 머리가 동악이 되었고, 배는 중악이 되었다. 왼팔은 남악이, 오른팔은 북악이, 그리고 발은 서악이 되었다는 말이 있었다. …… 오초대에 항간에는 반고씨 부부가 음양이 시작이라는 말이 있었다. …… 계림에는 반고의 무덤이 있는데, 지금도 제사를 지낸다. 남해南海 중에 반고국이 있는데, 지금도 모두가 반고를 성으로 삼고 있다. 내가 살펴보건대, 반고는 천지만물의 시조라. 그런즉 생물은 반고로부터 시작된 것이다.

반고신화의 계열 중에서 화생신화化生神話를 수용하고 있는 이야기는 반고신화 가운데 음양의 존재와 일치시켜 설명하고 있다. 이야기에서는 반고는 죽었고 그 증거로 무덤을 남겼다. 또한 민간사회의 풍속으로 정착된 그에 대한 제사의 전통은 반고국盤古國이라는 집단적인 실체와 실재성에 관한 관심을 갖게 한다. 이렇듯 민간 차원에서 신화는 그 자체가 인문화되거나 기층문화의 일부로서 민간전승화되면서 그 기능이 보다 대중적인 성격을 부여받게 되었다.

시간이 흐르면서 중국에서는 산신에 얽힌 신화 소재 역시 자연스럽게 민간사회의 설화 형식으로 전해지게 되었다. 그것은 이른바 지괴소설志怪小說에 나타나는 신화적인 이야기나 소재, 모티프, 이미지 등을 채용하여 창작 과정을 밟아나가는 문학사적인 발전단계와 맥락을 같이하는 것이었다. 민간전승의 차원에서 신화의 소재를 기초로 한 이야기는 재창작의 과정을 통해 새로운 문학 장르를 형성했다고 하겠다.

> 옛날 염제炎帝의 딸이 동해에 빠져죽어 정위精衛가 되었다. 그 이름은 스스로 우는 데에서 나왔다. 언제나 서산의 목석을 물어다가 동해를 메웠다. 바다제비의 짝이 되어 새끼를 낳았다. 암컷은 정위를 닮고 수컷은 바다제비를 닮았다. 지금 동해의 정위는 굳이 물가에 사는데 일찍이 냇가에서 익사하여 다시는 그 물을 마시지 않고자 했다.

이러한 「술이기」에 나타난 이야기는 『산해경』 「북차삼경北次三經」을 원형으로 해서 발전시킨 이야기라고 여겨진다. 여러 사실들이 결합되면서 전개방식도 단순하지만 일정한 구성을 갖추게 되었다고 할 것이다. 그러나 아직은 그러한 구성상의 전개가 열거 형태를 크게 벗어나지 못한다는 점은 인정해야 할 듯하다.

부 록

전쟁과 문학 그리고 인간

문학, 전쟁의 포착

역사와 더불어 문학은 인간의 여러 삶의 모습을 전달해준 수단으로 오랜 동안 그 굳건한 위치를 지켜 왔다. 문학은 숱한 인간의 이야깃거리를 찾아 묘사했고, 창작의 주체인 작가들은 그러한 이야기를 구성하면서 자신의 정체성은 말할 것 없고 시대정신을 반영한 작품을 통해 그가 속한 사회 안에 생명력을 불어넣었다.

동서고금을 막론하고 문학에서 가장 많이 다룬 주제가 아마도 전쟁과 인간에 관한 이야기일 것이다. 많은 작가들에게 포착된 전쟁은 하나의 비극적 모티프였지만 한편으로 평화를 바라는 정화와 다짐의 과정이었다. 전쟁 안에 신음하는 인간의 고통은 작가의 인생에 깊은 비탄과 슬픔을 각인시켰고, 작가는 전쟁을 통해 인간의 근원적인 악과 시름하지 않으면 안되었다.

뮬란(Mulan), 중국의 고대 전쟁시

최근 세계적으로 유명한 미국의 에니메이션 제작사인 월트 디즈니(Walt Disney)사에서 제작하여 보급한 영상물중 「뮬란(Mulan)」이라는 작품이 있었다. 뮬란은 소재가 중국의 고전적인 무용武勇을 다룬 고사에 바탕하고 있다.

주인공이 남장을 한 여자 무사이니까 프랑스 혁명 당시에 실존했던 잔다르크 이야기와 유사한 동양의 이야기라고 하겠다. 영화제목은 '뮬란(Mulan)'으로 했지만 중국명칭으로 하자면 '무란木蘭'으로 써야 할 것이다.

영상 에니메이션으로 잘 알려진 이 뮬란 이야기의 원작은 『악부시집樂府詩集』에 실려 있는 목란木蘭의 노래다. 악부시樂府詩라는 민간전승의 가요형태를 빌어 서사문학敍事文學으로 그려낸 이 작품은 궁극적으로 전쟁의 아픔과 인간의 승리를 절묘하게 대비시키고 있다. 고통스런 민중의 삶과 풍전등화의 위기에 처한 나라를 위해 뮬란은 여성이었지만 남장을 하고 구국의 전선에 뛰어든다. 전화로 인해 비참했던 인간들의 삶은 용기 있는 한 여성의 출진과 함께 새 희망으로 바뀌어 갔다.

그러한 용기와 무용을 내세워 전쟁의 고통과 상처를 극복해 나감으로써 실상 '뮬란'에서는 전쟁문학의 두 가지 측면인 군인과 백성民 사이에 발생한 문학적 '긴장(tention)'을 해소시켰다. 그래서 뮬란의 이야기는 더 이상 전쟁에 관한 비극적인 이야기로 그치는 것만은 아니다. 그것은 전쟁, 인간, 그리고 승리라는 '위기'의 상황에서 사람에게 용기와 의지를 북돋우고 그의 희망을 독려하는 하나의 긍정적인 메시지였던 것이다.

전쟁, '별리와 무공'의 양극

전쟁은 민간인이나 군인들에게 인간적으로 말할 수 없는 고통이다. 그나마 군인에게는 정의를 세우려는 명분은 물론 전공과 충성으로 평소에 닦아온 자신의 존재성을 발휘하는 기회가 되기도 한다. 그러나 일반 백성들에게 전쟁은 그 자체가 삶의 파괴요 혼란이었을 뿐이다. 생활터전의 상실, 가족과의 이별, 게다가 불편하고 고통스럽게 목숨을 부지해야 하는 말할 수 없는 슬픔의 나날들이다. 중국문학에서 전쟁을 둘러싼 작가의식은 오랜 기간 대체로 전쟁의 슬픔과 이산의 아픔, 그리고 군인들의 전공과 충성 등을 묘사하는 데 집중되어 있었다.

중국문학의 여러 장르 가운데 전쟁과 인간의 삶을 그린 가장 오랜 문학 형태는 시이자 노래인 『시경詩經』의 시편들이다. 전장으로 달려간 남정네와 이를 지키며 맘 졸여야 하는 어지러운 아낙네의 심사가 빚어내는 모순적인 상황의 산물, 시가는 그러한 심리적 환경에서 탄생한 것이었다. 대표적인 별리의 아픔과 그리움을 다음과 같이 그렸다.

> 서방님은 장렬하게 나라의 영웅이 되어, 서방님은 긴 칼을 옆에 차고 임금 위해 선봉 되었네. 멀리 동쪽 싸움터에 나가 쑥대처럼 머리를 흩날리거늘 머릿기름 있어도 누가 손질할까?
> 伯兮朅兮, 邦之桀兮. 伯也執殳, 爲王前驅. 自伯之東, 首如飛蓬, 豈無膏沐, 誰適爲容? 「위풍衛風」백혜伯兮

『시경』의 작가들은 개인·사회·귀족 등이 각기 자신들이 처한 상황에서 사랑의 노래는 말할 것 없고 축하·애도·전투가·종묘악 등등을 서정적이거나 서사적인 필치로 혹은 풍자적이거나 종교적인 필치로 인정을 그리고자 하였다. 특히, 전쟁시는 주周나라의 초기 국가발전과정에서는 상무정신尙武精神을 강하게 드러냈지만 왕조가 쇠퇴할 무렵에는 비극적인 격렬한 전쟁에 대한 염전의식厭戰意識을 강하게 드러낸 작품들이 수록되었다.

전쟁시에서는 상무정신을 통해 주군들의 정벌에 대해 칭송하는 한편 적대적인 침공보다 대체로 회유적인 제세濟世의 여유를 담았다. 말기의 작품들에서 나타나는 염전은 전화의 위험은 물론 병역으로 인한 이별의 아픔과 탄식들이 함께 응어리진 것이었다. 그들은 전쟁의 모습을 그렇게 노래하였다.

고비 캐세 고비 캐. 캐도 캐도 돋는 고비. 돌아가세, 돌아가세. 이 해도 저물었네. 집도 절도 없는 이 몸, 흉노놈들 때문일세. 편안히 못 사는 것도 그 놈들 때문일세.
采薇采薇, 薇亦作止. 日歸日歸, 歲亦莫止. 靡室靡家, 玁狁之故. 不遑啓居, 玁狁之故.

상고시대를 지나 중국문학의 시가류는 하나의 해방과 진보와 전환을 맞이하였다. 그러한 대전기의 계기는 굴원屈原(B.C. 343?~287)의 『초사楚辭』에서 마련되었다. 굴원은 전통적으로 인구에 회자되어 왔던 전승傳承인 신화를 문학 안에 수용하여, 춘추전국春秋戰國의 현실과 이상의 모순적 상황을 '현실과 초현실의 협화'로 처리함으로써 새로운 시세계를 추구한 인물이었다.

현실의 암흑을 증오하고 정치를 쇄신하려는 애국적 열정이나 이상은 신화적인 색체를 띤 비극적인 비장미로 표출되었다. "창랑에 물 맑거든 갓끈을 씻고, 창랑에 흙탕이 내리면 발을 씻겠네"滄浪之水淸兮 可以濯我纓 滄浪之水濁兮 可以濯我足. 그것은 현실의식에 배합된 일종의 초월의식이었다. 그래서 굴원은 누구보다도 애국애민愛國愛民의 현실을 토로하였던 것이다.

성당대盛唐代(713~765)에 전쟁시를 읊은 이른바 변새파邊塞派 시인들은 전쟁의 참상을 바라보면서 변새의 풍광을 그리고 나아가 이산의 상처나 남편을 전방으로 보내고 그의 안녕과 무공을 기원하는 아낙네의 가슴 저리는 마음을 토로하였다. 고적高適(704~765)은 칠언절구의 시를 통해 창려하고 비장한 격정을 쏟아놓았다.

아낙네는 장안 남녁골에서 애간장이 끊어지고. 계북薊北 땅의 전사는 공연히 고개만 돌리네. 변새는 아득해라, 어이 갈까? 아득히 먼 곳은

무엇인들 보이리? 온종일 감도는 전운에 살기가 어렸고 밤새 찬바람에
쟁개비소리, 하얀 칼날 핏빛으로 분분하거늘. 나라에 바친 몸, 어찌
상훈을 바라랴! 그대, 싸움터에 흘리는 피땀 보이지 않는가? 지금도
그 이름 거룩타 이광장군.

少婦城南欲斷腸, 征人薊北空回首. 邊庭飄颻那可度, 絶域蒼茫何所有.
殺氣三時作陣雲, 寒聲一夜傳刁斗. 相看白刃血紛紛, 死節從來豈顧勳.
君不見沙場征戰苦, 至今猶憶李將軍.

전장에 나간 남정네가 싸워 무공을 세우길 바라는 아낙네의 마음은
어찌할 수 없는 그녀의 현실이다. 사랑하는 임을 멀리 사지로 떠나보낸
아낙네, 변새의 전장에서 고향 땅에 두고 온 그리운 여인을 못 잊어 공연한
몸짓으로 애두르는 군인. 그들의 삶은 하나의 역설로 가득 차 있다. 사랑하
는 이들 간에 이별은 그들이 속한 나라의 안위와 결부되어 있는 이율배반의
실존이었다. 전쟁은 그렇게 인간의 마음에 안타까움으로 출발해 때로는
사랑하는 이의 죽음으로 되돌려진 깊은 상처를 영광으로 가슴 속에 묻어야
하는 운명이었다.

두보杜甫(713~770)는 현실참여의 길과 귀은의 길 사이를 방황한 유가의
낭자浪子로서 충군忠君 · 애국愛國 · 연민憐民의 정을 비판과 풍자로 그렸다.
그는 반전反戰을 주장하면서 스스로 생명을 다해 전쟁의 참화 속에 버려진
이산의 아픔을 포착했으며 격동적이고 강개한 정감으로 비극의 정점을
바라보았다. 그러한 시인의 마음은 현실의 고통에 대한 자신의 직접적인
동참이었다. 시대적으로 변란이 계속되었지만 두보 개인적인 성정에서도
인간의 비애를 무시하지 않았다.

장안 조각달 아래 집집마다 다듬이 소리. 가을 바람은 자지 않는데

옥관玉關에 님 그리워. 어느 날 오랑캐를 무찔러 우리님 수자리를
그만둘까?
安一片月, 萬戶搗衣聲. 秋風吹不盡, 總是玉關情. 何日平胡虜, 良人罷
遠征. 「자야오가子夜吳歌」

두보는, 군인은 물론 일반 백성까지 전선에 동원되어 기본적인 가정생활
마저 어려운 현실을 주목하고 애달픈 아낙네의 마음을 읊었다. 그 같은
시인 두보의 인간에 대한 사랑은 산수와 전원을 회화화繪畫化하는 것을
넘어서서 사랑과 한, 초조와 기대, 그리고 초월을 위한 노래로 나타났다.
그는 초토화된 고국의 꽃을 보고 새소리를 들으면서 시국과 이별을 탄식하
였다. 그리고 세월의 무상 속에 늙어가는 자신을 조각구름이나 달, 석양,
가을바람에 비유하면서 스스로를 진작했고, 타관 땅을 표박하는 자기를
하늘과 땅 사이의 한 마리 갈매기로 보거나 활짝 핀 국화를 보고 옛날이
그리워 울거나 외로운 배를 보고 고국을 안타깝게 회상하였다. 두보는
나라 잃고 인간과 자연 사이를 배회하는 인간의 깊은 내면에 존재하는
울결을 오히려 완숙한 정감으로 시폭에 담아냈던 것이다.

나라는 무너져도 산하는 남아 봄 돌아온 성터엔 초목만 무성하네.
시국을 슬퍼하자 꽃에 눈물을 뿌리고 이별을 한스러워하는 마음은
새의 기척에도 놀라네. 싸움이 석 달을 끌자 고향편지는 만금 값이네.
흰머리는 긁을수록 빠져 이제는 비녀조차 꽂기 어려워.
破山河在, 城春草木深. 感時花濺淚, 恨別鳥驚心. 烽火連三月, 家書抵
萬金. 白頭搔更短, 渾欲不勝簪. 「춘망春望」

아름다운 자연을 그리고 그 안에 존재하는 인간의 일상을 회상한다는
것은 참으로 평화로운 정경이다. 자연과 인간의 공존, 그 조화로운 삶은

모든 인간들의 희구하는 바다. 그러나 전쟁과 변란의 풍파가 지난하게 계속되었던 당唐 말기에 중국의 시인들은 현실적인 절망을 마음의 한 자락에 머무는 고결한 시어로 변환시켜 오히려 인간 삶의 참된 생명력을 발견하였다. 인간의 삶은 단지 순수나 이상으로 이루어지는 것도 아니고 그 모든 것들의 합체였다. 중국의 시인들은 그러한 인생의 고락을 음미하는 가운데 사회적인 전쟁과 평화가 주는 인간생활의 희비를 목도했던 것이다.

국방문학, 전쟁을 넘어 혁명으로

20세 초에 들어와 중국에서는 다른 동아시아 국가와 마찬가지로 '서세동점西勢東漸'의 서양충격(western impact)이 마침내 아시아 제국에 대한 침탈로 이어지자 중국의 역사적 실체를 지킬 뿐만 아니라 민족과 문화의 재건을 기치로 한 이른바 '근대중국'을 향한 혁명의 열기가 확산되었다. 과거의 중국과 새로운 중국을 갈망하는 지식인들의 의식에서는 '절망'과 '희망'이 교차되고 있었다.

그러한 중국의 현실과 미래를 전망하는 움직임을 주도하는 인물에는 문학인들이 많았다. 그들 중에 루쉰魯迅과 같은 인물은 중국을 비틀거리는 '광인狂人'으로 묘사하면서 온 중국인들의 각성을 촉구한 대표적인 문인이었다. 중국 문학가들은 격동하는 근대의 길목에서 불확실한 상황에 던져진 중국의 운명을 온 몸으로 체험하며 희망과 절망 사이에서 조국과 인간의 삶을 고심하였다.

중국대륙의 전역을 휩쓴 혁명의 와중에서 중국문학의 진정한 길이 무엇인지에 대해 대대적인 논의가 전개되었던 것도 그러한 배경을 바탕으로 한 것이었다. 문학이란 무엇인가, 그 형식은 어떠해야 하는가 등등 문학가와 문학 자체가 존재하는 본질과 관련된 질문들이 이어졌다. 마오쩌뚱毛澤東은

1930년 중반 '연안문예강화延安文藝講話'에서 문학은 노동자·농민·병사에게 봉사해야 한다고 강조하였다. 그러한 교시는 해방구의 수많은 문학종사자들에게 문학이 대중과 호흡해야 한다는 각성을 불러일으켰고, 인민대중의 사상과 감정을 표현하는 민족형식의 필요를 제시해주었다. 그렇게 중국적 사회주의 문학의 방향은 결정되었다.

중국적 사회주의 문학에서 중국의 혁명과 민족 문제를 표현한 가장 대표적인 형식이 바로 국방문학國防文學일 것이다. 국방문학은 종래 전쟁을 통해 풍전등화의 위기에 처한 나라를 위해 용감하게 싸워야 한다는 군인들의 감투정신이나 도탄에 빠진 민중들의 생활에서 배어나오는 애환을 포착하는 것에 머물지 않았다. 혁명은 모든 전쟁을 끌어가는 하나의 신념이요 희망이었다. 이제 문학은 그러한 현실적 가능태인 혁명의 세계에 헌신하는 이념을 제공하는 전사들의 무기였다. 20세기 서구 문예사조의 영향을 받았던 근대적인 지식인들의 자연주의라든지 낭만주의에 대한 찬미보다 중국 민족이 처한 치열한 현실에 봉사하는 살아있는 문학이어야 한다는 것이었다.

그러한 국방문학은 혁명전쟁 곳곳을 돌아다니며 포착하는 르포문학을 탄생시켰다. 국공내전의 와중에서 종군하며 당시 전쟁 상황을 반영한 생생한 르포를 쓴 리우바이위劉白羽의 작품을 보면, 당시 작가들이 혁명의 진로와 자신의 문학적인 삶을 완전히 일체화시키고 있음을 알 수 있다. 대전투에 대한 생동적인 묘사로 많은 독자의 주목을 받아 중공 건국 당시 초베스트셀러가 되었던 그의 작품은 『조국을 위해 싸우다爲祖國而戰』에 실려 있다. 제4야전군 정치부 선전부에 근무하면서 전쟁생활을 전전하던 그는, 중공군의 도강작전을 배경으로 한 중편소설 『불빛은 앞에火光在前』에서 다음과 같이 말하였다.

여기서 이야기를 끝마치고자 한다! 최후의 승리와 진군을 위해 아직까
지도 무리를 지어 전진하고 있다. 과거 우리는 얼마나 많은 전쟁터를
전전했던가! 몇 번인가 비바람이 몰아치는 칠흑같이 어둔 밤과 새벽
속에서 우리는 전진의 앞에 놓은 불꽃을 보았다. 그것은 재앙의 불빛이
다. 이제 우리는 마지막으로 앞에서 번쩍거리는 재앙의 불빛을 꺼버릴
때다. …… 먼동이 밝아온다. 우리 눈앞에 여명은 새로운 불빛이다.
찬란히 빛나는 승리의 불꽃이다.

중국의 근대작가들은 혁명의 길 속에서 점차 자신들의 의식과 문학을
혁명 이념의 일부로서 분신처럼 동화시켜 갔다. 그것은 문학을 넘어서
혁명의 수단이었고 하나의 운동이었다. 웅장한 전쟁 장면을 배경으로
한 소설에 시에 가까운 서정적인 언어를 구사하면서 조금도 군더더기
없는 말로 주제를 적어나갔다. 그들은 6·25전쟁에도 참여하여 전선을
취재하며 미군과 맞서 싸우는 중공군의 활약상을 그리기도 하였다.

이제 중국의 근대문학에서 전쟁문학은 인간의 삶과 애환을 넘어서 한편
으로 혁명을 그리는 이념문학으로, 다른 한편으로는 정치도구화 되고
있었다. 그것은 사회주의 혁명의 불길 속에서 이루어진 참여문학의 성취이
자 한계였다. 중국문학사는 오늘 우리들에게 문학의 진정한 의미와 그
한계가 무엇인지를 다시 한 번 생각하게 한다.

참고 해설

구조주의(Structualism)

구조주의는 1960년대 프랑스에서 모든 현상을 구조로서 관찰하고 분석, 비판하려는 견지를 가진 사상으로 나타났다. 그러나 그 이전에 이미 클로드 레비 스트로스의 민족학적 연구분야나 자크 라깡의 정신분석학적 연구 등에서 구조주의적 사상이 배양되고 있었다. 그리고 구조주의의 배경에는 소쉬르 이래 언어학적인 이론이 영향을 미쳤다.

레비 스트로스는 민족학 연구에서 언어 구조주의를 이용했는데, 근친혼의 터부 형태(상징기능)는 신화에서 흔히 나타나며, 그러한 신화를 분석하면 신화를 형성하는 신화소神話素라고 할 수 있는 구성요소가 발견된다는 점을 발견했다. 따라서 레비 스트로스는 시간에 따라 전해지는 설화를 여러 신화소로 분해해서 신화적인 여러 사건들이 공시적으로는 마치 말의 선택축에서와 같은 연합적 관계에서 은유적 구조를 지니고 있다고 보았다.

이러한 구조주의의 양상은 1965년 프랑스의 소르본느 대학 교수 레몽 피카르(Raymond Picard)의 『신비평, 즉 새로운 협잡』이라는 비평집에 나오면서 정식으로 문학적 구조주의로서 논쟁화되었다. 롤랑 바르트(Roland Barthes)가 신문학비평을 공박하고 샤르트르가 주재하는 잡지 『현대』에서도 대대적으로 구조주의의 문제를 다루면서 구조주의는 하나의 비평적 사상 내지 태도의 경향으로 부각되었다.

전통적 비평에서는 예술작품의 구조란 신, 사회, 기타의 입각점과 관련을 갖는 것으로 생각했으며, 오늘에 와서는 대체로 예술작품의 구조는 작품 자체에 내재하고 따라서 구조의 제 요소가 무한한 가변성을 지니고 있다는 점에서 구조언어학이나 구조인류학 등과는 차이가 있다는 것이다. 따라서 예술비평적 태도에서 언어학이나 구조인류학을 문학비평에 적용한다는 것은 전적으로 잘못이며, 바로 그러한 점에서 언어학, 인류학, 정신분석학, 기타 여러 학문과 다른 것이 바로 예술학 내지 예술비평이라는 주장을 견지했다.

민간전승(Folklore)

19세기 중엽 이후 문자에 의한 기록의 형식보다는 전적으로 또는 주로 구전과 실례에 의하여 계승되어 온 언어적 자료나 사회적 의식행위에 붙여진 집합적 명칭이다. 민간전승은 문자를 읽거나 쓰거나 할 수 있는 사람이 극소수인 집단사회에서 발달했고, 그러한 경향은 아직까지도 지구상에 실존한다. 예컨대, 전설·노래·이야기·속담·수수께끼·주문·자장가 등과 천기·동물·식물에 관한 준과학적인 전승, 출생·결혼·사망시의 관습적 행위, 축제일이나 종족의 모임에서 행해지는 전통적 무용과 연극의 형식들을 포함한다. 민간전승의 요소들은 언제나 수준높은 기록문학 속으로 흘러들어갔다.

문자문학에 대해 특별한 중요성을 갖는 민간전승에는 몇 가지 형식이 존재한다. 먼저, 민간연극民間演劇(folk drama)은 특히 농경활동과 관련되고, 생장의 신이나 풍요의 여신에 중심을 두는 노래와 춤으로 구성되는 원시의식에 연원을 두고 있다. 다음으로 민요民謠(folk songs)는 사랑의 노래, 크리스마스 캐롤, 노동가, 뱃노래, 종교적 찬가, 술을 찬양하는 노래, 어린이들의 게임송 등 외에도 설화적 내용을 가진 노래나 전통적 발라드 등을 포함한다. 모든 형식의 민요들이 18세기 이후로 수집되었고, 주요한 서정시인드른 이것들에 자극받아 많은 모방작품을 내놓았다. 또한 민담民譚(folktale)은 작자가 알려져 있지 않고 구전으로 전해져 내려온 짤막한 산문 설화다. 그러나 작가가 알려져 있으나 일단 인쇄가 되었다가 다시 사람들의 입을 통해 구전된 이야기들도 포함하는 것이 보통이다.

형식과 구조(Form & Structure)

형식形式은 문학비평에서 자주 논의되고 다양하게 해석되는 용어로 간주된다. 제한된 의미에서 형식이란 문학적 장르나 유형을 가리키거나 운용, 시행이나 각운의 정형을 가리킨다. 그러나 이는 또 하나의 중심적인 비평개념을 나타내는 용어이기도 한데, 중추적인 의미로서 한 작품의 형식은 그 본질적인 구성원리를 말한다. 비평적 공식화가 다양해지는 것도 이에 연유한다. 한편, 신비평가들은 구조構造라는 용어를 더 많이 사용했는데, 이 말은 형식과 거의 유사한 뜻으로 사용되었고, 이 구조가 안정된 '의미'의 총제 속에서 서로 다른 말이나 이미지 상호간의 평형, 상호작용, 또는 아이러니적이고 패러독스적인 긴장관계라고 간주한다. 그리고 원형(Archetype) 이론의 많은 지지자들은 문학작품의 형식을 신화나 의식, 꿈이나 기타 기본적이고 반복적인 인간경험의 정형(pattern)과 공통적으로 가지고 있는 일정수의 플롯-형태 중의 하나라고 본다.

모티프(Motif)

모티프는 문학 속에 반복해서 자주 나타나는 한 요소, 즉 어떤 유형의 사건이나 기법이나 공식 등이다. 결국은 아름다운 공주라는 것이 밝혀지는 '역겨운 여인'은 민간전승에 자주 나타나는 모티프다. 선녀 같은 여인에게 홀려서 죽음에 이르는 남자는 시인들이 민간전승에서 가져다 사용하기도 한다. 단일한 작품 속에서 반복되는 중요한 어구나 고정된 묘사나 이미지의 형식 등을 가리킨다.

이와 유사한 개념으로 테마(theme)가 있는데, 이는 모티프와 교환 가능한 용어로 쓰이기도 하나 그보다 함축적이든 단정적이든 어떤 상상적 작품이 독자 앞에 구체화하여 설득시키려고 하는 추상적인 주장이나 교리를 가리키는 말로서 보다 적합하다.

신화요소의 양가성

신화요소가 내포하고 있는 의미의 '양가적 속성'은 시원의 본질과 연관이 있다고 본다. 신화에서 시원은 일반적으로 선과 악이 한꺼번에 한 몸을 이루고 있는 양상으로 나타난다. 그 어느 것도 직접적으로는 존재 자체의 결함을 드러내지는 않는다. 그러므로 결함이 없는(bonum) 곳에서 선악의 분리는 있지 않으며, 다만 차안의 세계로 이탈되는 어느 시점에서 결함이 있는(malnum) 곳이 드러나며 선악의 분리가 뚜렷해진다. 이러한 양상을 잘 보여주는 신화가 『성경』「창세기」의 기독교적 창조관이다.

이러한 신화의 양가성은 시간과 공간의 관념에도 존재한다. 고대중국의 문화적인 전범이라고 할 『예기禮記』의 「월령月令」에 의하면, 당시 중국인들은 시공혼합時空混合 즉, 시간과 공간을 일체화시켜 이를 청양靑陽·주명朱明·서호西皞·현명玄冥으로 표현하였다. 이는 시간적인 요소인 계절과 공간적 요소인 사방四方에 대한 개념을 하나로 연결시킨 것이다. 이러한 표현은 『사기』「악서樂書」나 『한서』「예악지禮樂志」의 기록에서도 확인된다. 특히, 『한서』에서는 오랜 노래인 고가古歌로 전해지고 있다. 노래의 내용은 일 년 동안 각 철의 자연현상과 인간의 활동을 다룬 것으로 모두 춘하추동春夏秋冬의 시간적인 순서와 연결된다.

유춘지기惟春之祺는 오직 봄의 길조만을 생각한다는 의미이며, 추기숙살秋氣肅殺은 가을의 장엄한 기운을 노래한다는 의미이고, 저동강상抵冬降霜은 겨울에 즈음하여 서리 내리는 것을 의미하며, 그리고 적렴지시籍斂之時는 때에 맞추어 거두어들여 저장한다는 의미다.

삼족오三足烏

금오

중국 고대신화에 나오는 태양 안에서 산다는 세 발 달린 상상의 까마귀. 금오金烏·준오俊烏라고도 한다. 태양에 까마귀가 산다는 신앙은 『초사楚辭』 『산해경』에서 볼 수 있는데, 세 발 달린 까마귀 설화는 전한前漢 시대부터 시작된 것으로 보인다. 태양이 하늘을 건너가기 때문에 이 태양을 조류와 관련시킨 애기는 이집트나 한국의 고구려벽화에서도 그 예를 찾을 수 있다.

한국의 삼족오는 고구려 벽화에서 볼 수 있는데, 고구려 벽화에서는 풍속화, 초상화, 사신도 등과 함께 성신도星辰圖(천체의 그림)가 발견된다. 성신도에는 해와 달, 별자리 등이 그려져 있고, 해 속에는 까마귀가 있다. 이 까마귀가 바로 삼족오다. 달 속의 개구리金蛙(혹은 두꺼비)와 한 쌍을 이루는 해 속의 까마귀는 검은색에 다리가 셋이다. 이 세 발 달린 까마귀는 해의 상징으로서 양陽의 뜻이고 개구리로 상징되는 달은 음陰의 뜻이다. 삼족오는 고구려 쌍영총, 각저총, 덕흥리 1·2호 고분, 개마총鎧馬塚, 강서중묘, 천왕지신총, 장천 1호분, 무용총, 약수리 벽화고분, 그리고 다섯무덤(오회분) 4·5호묘 등에 그려져 있다.

다섯무덤 5호묘는 널길[墓道], 이음길, 널방[墓室, 玄室]의 세 부분으로 나눌 수 있으며 널방에는 사신도를 비롯해 많은 벽화가 있다. 동, 서, 남, 북에 청룡, 백호, 주작, 현무가 그려져 있다. 들보란 건물의 칸과 칸 사이에 있는 두 기둥 위를 건너지르는 나무를 말한다. 다시 말하면 네 귀퉁이에 기둥을 세우고 그 위를 가로지르는 재목을 말한다. 5호 무덤에서는 네 면의 벽 위에 약간 밖으로 내어 쌓은 부분이 바로 들보에 해당된다. 이 들보 위에는 서로 얽힌 용 그림이 이어져 있다. 이 용들은 하늘 세계를 받치고 있는 것으로 천상과 천하를 가르는 상징이었다.

동북쪽(청룡과 현무의 귀퉁이)에 나무처럼 생긴 식물을 사이에 두고 마주보며 날아오르는 해신과 달신이 있는데 두 다리는 날카로운 발톱을 드러낸 채 앞뒤로 힘있게 펼쳐졌으며, 오색의 굵은 꼬리는 아래에서 위로 탄력 있게 휘어 올라 있다. 해신(복희)은 머리에 삼족오가 들어 있는 해를 이고 있으며, 달신(여왜, 여와)은 달을 이고 있으나 달 속 두꺼비는 사라지고 없다. 그 위쪽 2단에 용을 타고 춤을 추는 신선과 피리를 부는 신선이 있는데, 이들 뒤로 북두칠성과 삼족오가 보인다.

중국의 삼족오는 기원전 2세기 서한西漢 초기 유적인 호남성湖南省 장사長沙의 마왕퇴馬王堆 1호 고분 백화帛畫(비단에 그림 그림)에서 찾아볼 수 있다.

견우와 직녀

중국신화의 견우와 직녀 이야기에서는, 남성인 견우와 여성인 직녀의 두 성좌는 은하수를 사이에 두고 떨어져 있으면서 서로 만나지 못하게 되었는데 이는 직녀가 속세의 의무, 즉 베짜기를 게을리했기 때문이다. 그러나 이들은 1년에 단 한 번 음력 7월 7일 밤에는 만남이 허용되었다. 중국인들은 바로 이 단 한 번의 그러나 불가결한 결합을 통하여 우주의 생성과정이 계속 유지된다고 보았다. 서양에서는 이 두 별자리를 각각 거문고와 독수리라고 한다.

분서갱유焚書坑儒

B.C. 221년 천하를 통일한 시황제는 법가法家인 이사李斯를 발탁하여, 종래의

봉건제를 폐지하고 군현제郡縣制를 시행하는 등 철저하게 법가사상에 기반을 둔 각종 통일정책을 시행했다. 그러나 이 같은 법가 일색의 정치에 대해 유가를 비롯한 다른 학파들이 공공연하게 비판했다. 이에 시황제는 이사의 진언을 받아들여 진秦의 기록, 박사관博士官의 장서, 의약·복서卜筮·농업 서적 이외의 책은 모두 몰수하여 불태웠다. 그리고 이 명령을 위반하거나 유교경전을 읽고 논하는 자, 정치를 비방하는 자 등은 모두 극형에 처한다고 정했다. 이것이 바로 분서 사건이다. '갱유'는 방사方士(신선의 술법을 닦는 사람)들의 신선사상에 열중한 채 모든 수단을 동원하여 불로불사不老不死의 영약을 구하던 시황제가 그들에게 속은 것을 알고, 분서를 시행한 다음 해인 B·C. 212년에 방사뿐만 아니라 학자들까지 잡아들여, 금령禁令을 범하고 요언妖言을 퍼뜨렸다는 이유로 함양에 있는 유생 460명을 체포하여 웅덩이를 파고 생매장시켜 버린 사건이다.

그러나 처형 규모도 크지 않았고 유생이라기보다는 사기성 농후한 일부 방사를 겨냥한 것이라는 점을 들어 유가儒家 탄압을 과장할 필요가 없다는 주장도 있다. 아울러 그 실제적인 효과에 의문을 제기하기도 한다. 그럼에도 불구하고, 진제국에서 유가가 환영받지 못한 것은 명백하며, 한제국이 B·C 191년 새삼 '협서율挾書律'(금서 소지를 금하는 법)을 폐지할 때까지 원칙상 유가의 고전이 자유롭게 학습될 수 없었던 것도 사실이라면, 분서갱유가 유가를 일시나마 크게 위축시킨 것은 분명한 사실이다.

태산봉선泰山封禪

중국에서는 예로부터 5대 명산을 '오악五嶽'이라 했다. 이 가운데 동악東嶽인 산동성의 태산泰山은 서악西嶽인 섬서성의 화산華山, 중악中嶽인 하남성의 숭산嵩山, 남악南嶽인 호남성의 형산衡山, 북악北嶽인 산서성의 항산恒山과 함께 오악이라 불린다. 특히, 태산은 '오악지장五嶽之長'이니 '오악독존五嶽獨尊'이라 하여 예부터 천하의 명산으로 꼽았다. 이는 제왕이 이곳에서 하늘에 뜻을 받는 봉선封禪

이라는 의식을 거행했기 때문이다.

풍몽룡의 『동주열국지』에서는 다음과 같이 말하고 있다.

옛날 선인들이 태산에 지내는 제사를 봉封이라 하고, 태산의 낮은 봉우리인 양보산梁父山에 지내는 제사를 선禪이라 합니다. 태산에 봉하는 방법은 축토위단築土爲壇 즉 흙으로 제단을 쌓고 그 위에 금분으로 겉을 칠한 궤와 폭이 좁은 옥편玉片에 하늘에 바치는 제문을 적어 하늘의 은덕에 감사하는 마음을 표하는 것입니다. 하늘은 높은 곳에 있으니 높은 형상의 땅을 정하여 제사를 올리는 것이며, 양보梁父에 선禪한다는 것은 형상이 낮은 곳을 택하여 바닥을 깨끗이 청소한 후에 땅에 제사를 드리는 것을 말하는 것입니다. 갯버들로 수레를 만들고 수초와 볏짚으로 멍석을 만들어 제사를 지낸 후에 그것들을 모두 땅에 묻어 땅의 은혜에 감사하는 마음을 표하는 것입니다.

하은주夏殷周 삼대가 흥하게 된 것은 천명을 받아 하늘과 땅의 도움에 힘입어서라고 생각하여 아름다운 보은의 제사를 지내는 의식이 이렇듯 전해지게 된 것입니다. 호상 땅에서는 한 줄기에 여러 개의 이삭이 달린 기장이 출현하였고 북리北里의 땅에서는 또한 여러 개의 이삭이 달린 벼가 나와서 이로써 태평성대가 찾아왔고 강수와 회수 사이의 땅에서는 띠가 세 개의 등줄기를 갖고 있는 것이 생겨났는데, 그것은 소위 신령스러운 띠풀이라는 뜻의 영모靈茅라 했습니다.

왕된 사람이 하늘로부터 명을 받아야만 이런 일이 생긴다고 했으며, 옛날 사람들이 기록해 둔 서책에는 동해에서는 비목어가 바다에는 비익조가 몰려든 것과 같은 상서로운 조짐은 모두 사람이 불러서 온 것이 아니라 저절로 생겨나고 나타난 것인데 이런 일이 무려 열다섯 번씩이나 있었다고 했습니다. 이것을 사서에 기록하여 자손이 번영하도록 하기 위함입니다 그런데 지금은 봉황이나 기린은 나타나지 않고 오히려 날라드는 것은 흉악한 소리개와 올빼미들뿐입니다.

한 줄기에 이삭이 여러 개 달린 기화嘉禾는 생겨나지 않고 번식하는 것이라고는 잡초와 쑥대풀뿐입니다. 사정이 이러함에도 봉선을 기어이 행하시고자 하신다면 열국의 제후들과 식자들이 주군을 보고 비웃지나 않을까 두려울 뿐입니다.

옛날에 하늘로부터 명을 받기 위해서는 먼저 상서로운 징조가 있어야 하고, 연후에 제물을 준비하여 태산과 양보산에 봉선을 했기 때문에 그 의식이 매우 성대해진 것입니다.

황천黃泉

중국인들은 인간의 영혼을 혼魂과 백魄으로 구분했다. 이 둘은 조화상태에서 육체에 생명력을 넣어주고 육체를 유지시킬 때 인간이 살아있는 것이고, 혼·백·육체의 3요소가 분리되면 죽는다고 믿었다. 인간이 살아있을 때 혼과 백은 다른 기능을 하는데, 혼은 행동을 지시하는 힘에 해당하는 것으로 정신적인 경험과 지적인 활력이 있다. 백은 몸통과 사지를 움직이게 하는 것으로 육체의 각 부분에 힘과 운동을 불어넣는다.

죽을 때 혼과 백은 분리된다. 혼의 목적지는 신선 세계로 간주되기도 하며, 백이 육체를 떠나 생전에 살던 곳으로 돌아오면 융숭하게 대접하여 산 사람들에게 화를 내지 않도록 한다. 살아 있는 이들의 세계로 돌아온 영혼 또는 귀신을 귀鬼라고 한다. 육체를 떠난 백은 황천이라는 장소로 간다. 이 경우에 백은 이미 그곳에 와 있는 수많은 다른 백들과 뒤섞이게 되는데, 백이 생전의 신원을 그대로 유지하도록 예전에 혼과 육체와 공존하던 시기, 즉 생전의 신분을 상징하는 물건들이 제공되었다.

그러나 황천의 개념은 모호하다. 혹자는 각종 벌레들에게 생기를 넣어주는 지하수원이란 의미로 이해했으며, 황천이 사자들이 만날 수 있는 안식처로 나오는 경우도 있다. 황천의 관념은 다른 불사의 관념과 반대로 사자들이 공유하는 집단적인 존재라는 관념이 포함되어 있다. 황천의 생활은 아무 즐거움도 없는 음울한 거처에서 다소 쓸쓸하게 사는 것으로 생각된다. 그곳은 인간의 사회와 같이 통상적인 위계질서도 있고, 어떤 활동을 하려면 그 허가가 필요한 관리들, 그리고 비위 맞추기를 요구하는 왕이나 여왕도 있는 세계로 생각되었다.

기원신화起源神話

중국신화는 여러 학자들에 의해 다양한 형태로 분류되었다. 그러한 분류방식에 따라 신화의 명칭도 다양한 이름을 띨 수밖에 없다. 필자는 중국신화는 그 의미상 '기원신화起源神話'로 질적 분류를 하되 그 유형을 주제별로 우주기원·인간기원·문화기원신화라고 분류하는 방식을 채택해 왔다. 왜냐하면, 중국의 산일된 신화를 '의미와 형식'이라는 분류의 기준과 조건을 통해 신화 전반을 포괄하면서 동시에 개별적인 양상을 중시할 수 있는 분류법이라고 보기 때문이다.

우주기원신화에는 천지만물의 창조와 천상기원, 인간기원신화에는 인간창조와 홍수신화와 인간의 재창조, 그리고 문화기원신화에는 불과 곡식 및 도구의 기원, 문자와 예술의 기원, 국가·제도의 기원을 등을 다룬 신화가 포함된다. 이러한 분류법은 중국의 신화는 물론이고 세계의 신화를 이해하는데도 적용될 수 있을 것이다.

중국신화연구가 중 허신何新의 중국신화 분류법은 필자의 분류법과 유사점이 있다. 그는 전 세계의 신화가 보편적으로 2형4종二型四種으로 이루어져 있다고 보고, 천지개벽신화와 종족문명신화로 나누었다. 전자는 다시 대우주기원大宇宙起源과 천지天地의 각종 자연현상의 기원에 관해 두 가지 측면에서 상고적인 해석을 다루는 신화이며, 다음으로 종족과 문명신화로 인류·본족本族의 시조기원과 인류문명기원이라는 두 가지 측면의 상고적인 해석을 다룬 신화로 구획한 것이었다.

신화원형神話原型

신화원형이라는 용어는 신화원형神話元型(archetype)과 신화원형神話原形(prototype)의 두 가지로 분류할 수 있는데, 의미상 서로 약간의 차이가 있다. 전자는 기록의 신화사유와 같은 심리상의 원초적 이미지를 포괄하는것이고,

후자는 기록의 연대상 본래의 유형이라는 의미에 비중을 둔 용어다.

본래 문자적인 의미대로 한다면 원형은 근본적인 형식으로서 그로부터 많은 실제적인 개체들이 만들어질 수 있는 것을 말한다. 플라톤이 말한 철학적 관념인 추상적인 의미에서 '걸상의 원형' 즉, '걸상이라는 개념'과 같이 많은 실제적인 양상을 낳게 한 관념과 통한다. 원형이란 용어는 20세기에 이르러 문학비평가들에 의해 독특한 의미로 정착되었다.

제임스 프레이저의 『황금가지』나 융의 심리학적인 연구가 문학비평에 영향을 미치면서 원형은 원형적 심상 또는 양식(archrtypal image, pattern) 등의 용어로 일반화된다. 프레이저는 세계 각 민족의 신화와 종교제식을 비교연구한 결과 신화 및 의식의 근본양식에 공통된 점을 발견하게 되었다. 융 또한 인간의 원천적인 경험들이 인간정신의 구조적 요소로 고착되어 집단적인 무의식을 통해 유전된다고 보고, 신화, 종교, 꿈, 환상 또는 문학의 상징적인 형태가 그것이라고 지적했다.

의고학파疑古學派

중국에서 천지개벽에 관한 내용을 담고 있는 반고신화로부터 삼황오제에 이르는 이른바 문화영웅 관련 고사들은 문명의 진보와 발전을 얘기하는 신화적 체계의 반영이다. 이러한 광의적인 의미에서의 신화문학은 정교한 체계를 갖추고 있는 듯한데, 실상은 본래의 신화적 텍스트가 완전한 형태로 전해진 것은 아니었다. 그러한 제반 문학적 텍스트는 단편적이고 충분한 맥락도 없이 고대문헌 속에 산재해 있었고, 문헌 또한 대부분이 춘추전국시대, 즉 기원전 4~5세기부터 기원전 1세기경까지의 기간에 성립된 것이다. 따라서 기록의 내용은 태고에 관한 것이지만 그 문헌의 성립시기가 후대라는 점에서 하·은·주초의 시대에 대해서조차 상상적 요소가 많고, 그 가운데 기록자의 창작으로 생각되는 부분도 적지 않은 것으로 평가되었다.

중국에서는 서구근대문명의 회오리가 불어오던 18세기 말부터 19세기 초에 걸쳐 전통적인 학문세계의 내부로부터 고전설에 대한 날카로운 비판이 가해졌다. 다시 말해서, 전통적으로 형성되었던 태고의 삼황오제라 불리는 성왕들에 의한 상고의 황금 세계상이 황당무계한 전설로 매도되고, 그 역사적 실재성이 부정되기에 이른 것이다. 이른바 고신화전설古神話傳說에 대한 일련의 비판이 그것이었는데, 고전설에 대해 최초의 비판은 가한 것은 청조 중기에 역사학자인 최술崔述이었다. 그는 『고신록』이라는 36권의 저서에서 천지개벽부터 주 왕조의 동천(B.C. 770)까지의 역사를 다루면서 객관적이면서 합리적인 태도를 견지하여 고사전승古史傳承에 대한 비판의 길을 열었다. 그 후 캉요우웨이康有爲 또한 『공자개제고孔子改制考』에서 황제·요·순 및 하·은·주 3대의 역사가 공자의 이상세계를 고대에 가탁하여 만든 일종의 황금세계에 불과하다는 것이었다. 그러나 캉요우웨이의 고대 전설에 대한 비판적 연구는 장차 꾸시에깡顧頡剛을 위시한 고사변파古史辨派(의고학파疑古學派)나 양콴楊寬과 같은 석고학파釋古學派 등 중국 고대의 신화전설에 대한 새로운 이해를 본격화시키는 계기가 되었다.

주요 신화자료 및 본문에 인용된 원문자료

三皇五帝

三皇五帝 中國最早的古史系統. 中國的古史傳說中, 到戰國時期形成几種"五帝"說 ; 戰國末始有"三皇"一詞,　到漢代才形成几种置在五帝前的"三皇"說. "皇"的原義是"大"和"美", 不作名詞用. 戰國末, 因上帝的"帝"字被作爲人主的称呼, 遂用"皇"字來称上帝, 如『楚辭』中的西皇·東皇·上皇等. 時又有天皇·地皇·泰皇之名, 称爲"三皇". 在『周礼』『呂氏春秋』与 『庄子』中也始有指人主的"三皇五帝"『管子』并對皇·帝·王·霸四者的不同意義作了解釋, 但都未實定其人名.

三皇五帝是中國在夏朝以前出現在傳說中的"帝王". 現在看來, 他們都是部落首領, 由于實力强大而成爲部落聯盟的領導者. 秦始皇爲表示其地位之崇高无比, 曾采用三皇之"皇"·五帝之"帝"构成"皇帝"的称号基本上, 无論是按照神話傳說, 還是史書的記載, 都認爲三皇所處的年代早于五帝的年代. 但是不同史家對"三皇五帝"都有不同的定義. 三皇有五說, 五帝也有五說.

【三皇】① 燧人·伏義·神農(『尙書大傳』) ② 伏義·女媧·神農 (『風俗通義』) ③ 伏義·祝融·神農(同上) ④ 伏義·神農·共工(同上) ⑤ 伏

義·神農·黃帝(『古微書』) 最后一种說法由于『尙書』的影響力而得到
推广, 伏羲·神農·黃帝成爲中國最古的三位帝王. 此外, 漢朝的緯書中
称三皇爲天皇·地皇·人皇, 是三位天神. 后來在道敎中又將三皇分
初·中·后三組：初三皇具人形；中三皇則人面蛇身或龍身；后三皇
中的后天王皇人首蛇身, 卽伏羲, 后地皇人首蛇身, 卽女娲, 后人皇牛首
人身, 卽神農.

【五帝】 ① 黃帝·顓頊·帝嚳·堯·舜(『大戴礼記』) ② 庖犧·神
農·黃帝·堯·舜(『戰國策』) ③ 太昊·炎帝·黃帝·少昊·顓頊(『呂
氏春秋』) ④ 黃帝·少昊·顓頊·嚳·堯(『資治通鑒外紀』) ⑤ 少昊·顓
頊·帝嚳·堯·舜(僞『尙書序』)

以其經書地位之尊, 以后史籍皆承用此說. 于是這一三皇五帝說被奉爲
古代的信史.

【不同的說法】

『史記·秦始皇本紀』說, 天皇·地皇·泰皇爲三皇, 且認爲泰皇最貴. 那
么, 泰皇是誰？『太平御覽』卷七十八引『春秋緯』提出天皇·地皇·人
皇爲三皇的另一种看法, 似乎泰皇卽人皇.『尙書大傳』和『白虎通義』等,
則又主張三皇應爲燧人·伏羲·神農, 而『運斗樞』『元命苞』等緯書, 除
了認同伏羲·神農外, 補上了創造人類的女娲. 此外,『帝王世紀』以伏
義·神農·黃帝爲三皇,『通鑒外紀』又以伏羲·神農·共工爲三皇. 由
此看來, 伏羲·神農占了三皇之兩席, 諸說基本一致, 而第三位究竟是
誰, 分歧較大. 至于五位古帝, 說法也各异.『世本』『大戴記』『史記·五

帝本紀』列黃帝・顓頊・帝嚳・唐堯・虞舜爲五帝；而 『礼記・月令』
以太皥(伏羲)・炎帝(神農)・黃帝・少皥・顓頊爲五帝；『尚書序』・『
帝王世紀』則視少吳(皥)・顓頊・高辛(帝嚳)・唐堯・虞舜爲五帝. 此外,
又有把五方天神合称爲五帝的神話. 東漢王逸注『楚辭・惜誦』中的"五
帝"爲五方神, 卽東方太皥・南方炎帝・西方少昊・北方顓頊・中央黃
帝；而唐賈公彦疏『周礼・天官』"祀五帝", 爲東方靑帝灵威仰・南方
赤帝赤熛怒・中央黃帝含樞紐・西方白帝白招拒・北方黑帝汁先紀.

【傳說分歧的原因】

其實, 三皇五帝傳說的分歧, 是我國多民族發展的産物, 它曲折地反映
了民族融合的進步趨勢. 早在進入文明時代之前, 在祖國遼闊的土地上,
就形成了華夏族・苗族以及尐時被華夏族称之爲蛮・夷・戎・狄等許
多兄弟民族. 說華夏族爲黃・炎之后, 這實際上反映了華夏族是由以黃
帝・炎帝爲代表的兩个有血緣親屬關系的氏族 經過長期發展而成的.

【三皇五帝的象征】

大抵三皇說所指諸人, 是中國祖先處于史前各个不同文化階段的象征.
有巢・燧人・庖犧 (伏羲) 分別代表蒙昧時期的低級・中級・高級三个
階段；神農代表野蛮時代的低級階段；女娲則是更早的創世紀式的神
人, 在神話中又和伏羲結合創造人類. 五帝說所指諸人, 主要是父系家
長制的部落聯盟盛期及其解体時或原始社會末期實行軍事民主制時期
的一些部落酋長或軍事首長人物.
大部分的意見是燧人氏・伏羲氏・神農氏称爲"三皇", 黃帝・顓頊・帝
嚳・堯帝・舜帝称爲"五帝", 這些說法起源于春秋戰國.

神農

『易經·繫辭』“神農氏作，斫木爲耜，揉木爲耒，耒耜之利，以敎天下.”

『太平御覽』引『周書』“神農耕而作陶.”

『史記·補三皇本紀』“神農始嘗百草，始有醫藥.”

『世本』“神農和藥濟人.”

『淮南子』“嘗百草之滋味，水泉之甘苦……一日而遇七十毒.”

『世本·帝系篇』“炎帝神農氏.”

『庄于·盗跖』說神農氏“无有相害之心.”·

『商君書·畫策』說神農“刑政不用而治，甲兵不起而王.”

『史記·封禪書』分列炎帝和神農氏爲二人.

『白虎通義』“古之人民皆食獸禽肉，至于神農，人民衆多，禽獸不足，于是神農因天之時，分地之利，制耒耜，敎民勞作，神而化之，使民易之，故謂神農也.”『拾遺記』“一天，一只周身通紅的鳥兒，銜着一棵五彩九穗谷，飛在天空，掠過神農氏的頭頂時，九穗谷掉在地上，神農氏見了，拾起來埋在了土壤里，后來竟長成一片. 他把谷穗在手里揉搓后放在嘴里，感到很好吃. 于是他敎人砍倒樹木，割掉野草，用斧頭·鋤頭·耒耜等生產工具，開墾土地，种起了谷子.『神農贊』“少典之，火德成木。造爲耒耜，遵民播谷。正爲雅琴，以暢風俗不.”『綱鑒易知彔』“民有疾，未知藥石，炎帝始草木之滋，察其寒·溫·平·熱之性，辨其君·臣·佐·使之義，嘗一口而遇七十毒，神而化之，遂作文書上以療民疾而医道自此始矣.”

燧人

『韓非子·五蠹』“民食果蓏蜯蛤，而傷害腹胃，民多疾病。有聖人作，鑽燧取火, 以化腥臊, 而民悅之, 使王天下, 號曰燧人氏."

黃帝

『史記·五帝本記』"黃帝者, 少典之子, 姓公孫, 名軒轅, 黃帝居於軒轅之丘."

堯

『竹書紀年』"堯幷非禪讓于舜。舜將堯囚禁, 阻止丹朱与堯相見, 從而奪取了帝位"
道教認爲天官大帝爲堯, 與地官大帝(舜)·水官大帝(禹), 合稱三官大帝.
周武王時, 追思元聖, 襃封堯裔二十三世名京..遷至平陽 (今山西省臨汾縣西南). 其裔改姓堯.
西漢宣帝, 因爲漢宣帝說堯有犯諱:"具奏曰:'唐堯乃百聖至聖, 五帝盛帝, 今京兆尉堯潊, 實其後裔!應合避諱'", 故加食字改爲饒.
『呂氏春秋·召類』"堯在丹水戰敗了三苗."
『路史·后紀十』"堯敎儿子丹朱如何下圍棋, 想以此來改變丹朱的性情."

伏羲

生活在「華胥之國」的華胥氏姑娘, 到一个風景特別的雷澤去游玩, 偶爾看到了一个巨大的脚印, 便好奇地踩了一下, 於是受感而孕, 生下一个儿子, 取名「伏羲」. 雷澤中的脚印其實是雷神留下的, 這位雷神長着龍的身子人的頭(与女娲·盤古等的神一樣是人頭蛇身), 這雷神在『山海

經·海內東經』記載："雷澤中有雷神，龍身而人頭，鼓其腹." 因此，伏羲
本來就是一个龍身(蛇身)人首的"龍种". 他也是人祖女娲的哥哥. 在清·
梁玉繩『漢書人表考』卷二引『春秋世譜』："華胥生男爲伏羲，女子爲女
娲.' 所以伏羲女娲以兄妹而爲夫婦之說乃确實不可易.

唐·李冗『獨异志』卷下："昔宇宙初開之時，只有女娲兄妹二人，在昆侖
山，而天下未有人民。議以爲夫婦，又自羞耻。兄卽与妹上昆侖山，咒
曰："天若遣我兄妹二人爲夫婦，而烟悉合，若不，使烟散." 於烟卽合，
二人卽結爲夫婦."此說卽爲伏羲女娲再造人的傳說大略。又在徐旭生
『中國古史的傳說時代』第六章中有："淸初陸次云的 『峒溪纖志』中裏
面說：苗人腊祭曰報草. 祭用巫，設女娲·伏羲位." 至現代的人類學者
實地考察後，才得到這些苗族的傳說。按他們的傳說，苗族全出於伏羲
与女娲，他們本爲兄妹，人類在遭到洪水後，人烟斷絕，僅存他們二人，
他們爲了延續人類，便結爲夫婦.

除了人祖外，伏羲也是一個統治一方的帝君. 在『淮南子·時則訓』："東
方之极，自碣石山，過朝鮮，貫大人之國，東至日出之次，榑木之地，靑土
樹木之野，太皞·句芒之所司者万二千里." 高誘注："太皞，伏羲氏，東
方木德之帝也，句芒，木神." 伏羲在五帝中爲東方天帝，此卽其神職.

共工

『史記·補三皇本記』"諸侯有共工氏，任智刑以强霸而不王；以水乘木，
乃与祝融戰. 不胜而怒，乃頭触不周山崩，天柱折，地維缺." 此戰或又傳
說爲顓項，神農，女娲，高辛与共工之爭.

『淮南子·天文訓』"昔者共工与顓項爭爲帝， 怒而触不周之山， 天柱
折·地維絕，天傾西北，故日月星辰移焉；地不滿東南，故水潦塵埃歸

焉.”

『淮南子 · 天文訓』“昔者共工与顓頊爭爲帝, 怒而触不周之山, 天柱折 · 地維絶, 天傾西北, 故日月星辰移焉 ; 地不滿東南, 故水潦塵埃歸焉.”

『山海經 · 海內經』“炎帝之妻, 赤水之子听襖生炎居, 炎居生節幷, 節幷生戱器, 戱器生祝融, 祝融降處于江水, 生共工.”

宋 羅泌『路史 · 后紀二』注引『歸藏 · 啓筮』“共工人面蛇身朱發.” 相傳共工爲水神.

『左傳 · 昭公十七年』“共工氏以水紀, 故爲水師而水名.”

『管子 · 揆度』“共工之王, 水處什之七, 陸處什之三, 乘天勢以隘制夫下.”

『淮南子 · 本經訓』“舜之時, 共工振滔洪水, 以薄空桑.” 共工神話最著者, 爲共工与顓頊之戰.

『淮南子 · 天文訓』“昔者共工与顓頊爭爲帝, 怒而触不周之山, 天柱折 · 地維絶, 天傾西北, 故日月星辰移焉. 地不滿東南, 故水潦塵埃歸焉.”

顓頊, 黃帝之裔(『山海經 · 海內經』). 故此戰實爲黃炎戰爭之継續. 此戰又或傳爲共工与高辛(『淮南子 · 原道』) ; 与神農(『雕玉集 · 壯力』) ; 与祝融(『史記, 補三皇本紀』) ; 与女媧(『路史 · 太昊紀』)之爭. 其他如禹逐共工, 禹殺共工之臣相柳等傳說, 由禹爲黃帝系統人物, 当亦系黃炎戰爭之余緖. 今河南杞縣流傳的“女媧補天”則謂 : 共工 · 祝融, 女媧 · 棺人爲兄妹. 共工与祝融因吃天鵝蛋之爭, 共工撞不周山, 天塌洪水泛濫, 女媧乃有補天之擧, 似更原始. 『國語 · 魯語上』 : 共工氏之伯九有. 伯九有也就是霸九州. 實際上是說共工氏一度是九州的伯(霸)主, 即中原部落聯盟的一个首領. 這反映了九个氏族住在九个地方, 共工氏在其中居于首要地位. 徐旭生說共工氏居住地在今河南省輝縣. 郭沫若說：共工氏長期活動的地方是今河南西部的伊水和洛水流域.　這个地方古代称爲九州, 可能來源于共工氏的九个氏. 后來, 這里往西的山區中還有九州之戎, 大概是共工氏的余部延續下來的.『淮南子·天文訓』"昔者共工与顓頊爭爲帝, 怒而触不周之山, 天柱折·地維絶, 天傾西北, 故日月星辰移焉；地不滿東南, 故水潦塵埃歸焉." 顓頊, 黃帝之裔(『山海經·海內經』).　此戰又或傳爲共工与高辛(『淮南子·原道』)；与神農(『雕玉集·壯力』)；与祝融(『史記·補三皇本紀』)；与女娲(『路史·太吳紀』)之爭. 其他如禹逐共工, 禹殺共工之臣相柳等傳說.『史記·補三皇本記』"諸侯有共工氏, 任智刑以强霸而不王；以水乘木, 乃与祝融戰. 不胜而怒, 乃頭触不周山崩, 天柱折, 地維缺." 此戰或又傳說爲顓頊, 神農, 女娲, 高辛与共工之爭.

盤古

天地渾沌如鷄子, 盤古生其中. 万八千歲, 天地開辟, 陽淸爲天, 陰濁爲地. 盤古在其中, 一日九變, 神于天, 圣于地. 天日高一丈, 地日厚一丈, 盤古日長一丈, 如此万八千歲. 天數极高, 地數极深, 盤古极長. 后乃有三皇. 數起于一, 立于三, 成于五, 盛于七, 處于九, 故天去地九万里.『藝文類 聚』卷----引『五運歷年紀』"天气蒙鴻, 萌芽茲始, 遂分天地, 肇立乾坤, 啓陰感陽, 分布元气, 乃孕中和, 是爲人也. 首生盤古, 垂死化身；气成風云, 聲爲雷霆, 左眼爲日, 右眼爲月, 四肢五体爲四极五岳, 血液爲江河, 筋脉爲地里, 肌肉爲田土, 發髭爲星辰, 皮毛爲草木, 齒骨爲金石, 精髓爲珠玉, 汗流爲雨澤, 身之諸虫, 因風所感, 化爲黎氓."『繹史』卷……

引『五運歷年紀』"盤古之君, 龍首蛇身, 噓爲風雨, 吹爲雷電, 開目爲晝, 閉目爲夜. 死后骨節爲山林, 体爲江海, 血爲淮瀆, 毛發爲草木."『广博物志』卷九行『五運歷年紀』昔盤古氏之死也, 頭爲四岳, 目爲日月, 脂膏爲江海, 毛發爲草木. 秦漢間俗說：盤古氏頭爲東岳, 腹爲中岳, 左臂爲南岳, 右臂爲北岳, 足爲西岳. 先儒說：盤古氏泣爲江河, 气爲風, 目瞳爲電. 古說：盤古氏喜爲晴, 怒爲陰. 吳楚間說：盤古氏夫妻, 陰陽之始也. 今南海有盤古氏墓, 亘三百里, 俗云后人追葬盤古之魂也. 桂林有盤古祠, 今人祝祀, 南海有盤古國, 今人皆以盤古爲姓. 盤古氏, 天地万物之祖也, 而生物始于盤古.『述异記』卷上 "元者, 本也. 始者, 初也, 先天之气也。此气化爲開辟世界之人, 即爲盤古；化爲主持天界之祖；即爲元始." 選自『歷神仙通鑒』卷一 "盤古將身一伸, 天即漸高, 地便墜下. 而天地更有相連者, 左手執鑿, 右手持斧, 或用斧劈, 或以鑿開. 自是神力, 久而天地乃分. 二气升降, 清者上爲天, 濁者下爲地, 自是混沌開矣."明人周游『開辟衍繹』"天地合閉……就象个大西瓜, 合得團團圓圓的, 包羅万物在內, 計一万零八百年, 凡一切諸物, 皆溶化其中矣. 止有金木水火土五者混于其內, 硬者如瓜子, 軟者如瓜瓤, 內有靑黃赤白黑五色, 亦溶化其中. 合閉已久, 若不得開, 却得一个盤古氏, 左手執鑿, 右手執斧, 犹如剖瓜相似, 辟爲兩牛. 上牛漸高爲天, 含靑黃赤白黑, 爲五色祥云；下牛漸低爲地. 亦含靑黃赤白黑, 爲五色石泥. 硬者帶去上天, 人觀之爲星, 地下爲石, 星石總是一物, 若不信, 今有星落地下, 若人掘而觀之, 皆同地下之石. 然天下亦有泉水, 泉水无積處, 流來人間, 而注大海." 周游『開辟衍繹』附彖『乩仙天地判說』"天人誕降大圣. 曰渾敦氏, 即盤古氏, 初天皇氏也. 龍首人身, 神灵, 一日九變, 一万八千歲爲一甲子, 荆湖南以十月十六日爲生辰. 有初地皇氏, 初人皇氏."『古今圖書集成歲功典』卷八十三引『補衍開辟』) 代(世)所謂盤古氏者, 神灵, 一日九變, 盖元混之初, 陶融造化之主也.『六韜·大明』云：“召公對文王曰：‘天道淨淸, 地德生成, 人事安宁. 戒之勿忘, 忘者不祥. 盤古之宗不可動也, 動者必凶.’” 今贛之會昌有盤古山, 本盤固名. 其湘鄉有盤古保, 而雩都有盤古祠, 盤固之謂也. 按『地理坤鑒』云：“龍首人身.” 而今成都·淮安·京兆皆有廟祀. 事具徐整『三五歷紀』及『丹壺記』. 至唐袁天綱推言之『眞源賦』, 謂元始應世, 万八千年爲一甲子. 荊湖南北今以十月十六日爲盤古氏生日, 以候月之陰暗, 云其顯化之所宜, 有以也.『元丰九域志』：“广陵有盤古冢·廟”, 殆亦神假者.『彔异記』成都之廟有盤古三郎之目, 庸俗之妄.『路史前紀一』羅苹注. 昔二气未分, 螟涬鴻蒙, 未有成形, 天地日月未具, 狀如鷄子, 混沌玄黄, 已有盤古眞人, 天地之精, 自号元始天王, 游乎其中. 夏經四劫, 天形如巨盖, 上无所系, 下无所依, 天地之外, 遼矚无端, 玄玄太空, 无響无聲, 元气浩浩, 如水之形, 下无山岳, 上无列星, 積气堅剛大柔服維天地浮其中, 展轉无方. 若无此气, 天地不生. 天者, 如龍旋回云中, 夏經四劫, 二儀始分, 相去三万六千里, 崖石出血成水, 水生元虫, 元虫生濱牽, 生剛須, 剛須生龍. 元始天王在天中心之上, 名曰玉京山, 山中宮殿幷金玉飾之, 常仰吸天气, 俯飮地泉, 夏經二劫, 忽生太元玉女, 在石澗積血之中, 出而能言, 人形具足, 天姿絕妙, 当游厚地之間, 仰吸天气, 号曰太元圣母, 元始君下游見之, 乃与通气結精, 招還上宮. 当此之時, 二气絪縕, 覆載气息, 陰陽調和, 无熱无寒, 天得一以淸, 地得一以宁, 幷不夏呼吸, 宣气合會相成自然飽滿. 大道之興, 莫過于此, 結積堅固, 是以不朽. 金玉珠者, 天地之精也. 服之能与天地相畢.

西王母

『山海經』"西王母其狀如人, 豹尾虎齒, 善嘯, 蓬發戴胜, 是司天之厲及五殘."

『穆天子傳』"西王母的言行却又像是一位溫文儒雅的統治者. 当周穆王乘坐由造父駕馭的八駿周游天下, 西巡到了昆侖山區, 他拿出白圭玄壁等玉器去拜見西王母. 第二天, 穆王在瑤池宴請西王母, 兩人都淸唱了一些詩句相互祝福."

『漢武帝內傳』"其爲容貌絶世的女神, 幷賜漢武帝三千年結一次果的蟠桃。道敎在每年的三月初三定爲王母娘娘的誕辰, 幷于此日盛會, 俗称蟠桃盛會."

晋 葛洪, 『枕中書』"棍沌未開之前, 有天地之精, 号"元始天王", 游于其中. 后二儀化分, 元始天王居天中心之上, 仰吸天气, 俯飮地泉. 又經數劫, 与太元玉女通气結精, 生天皇西王母, 天皇生地皇, 地皇生人皇."

嫦娥

『淮南子 · 覽冥訓』"羿請不死之藥于西王母, 恒娥窃以奔月." 恒又作姮.

帝嚳

『史記 · 五帝本紀』"帝嚳高辛者, 黄帝之曾孫也. 高辛父曰蟜极, 蟜极父曰玄囂, 玄囂父曰黄帝. 自玄囂与蟜极皆不得在位, 至高辛卽帝位. 高辛於顓頊爲族子. 高辛生而神灵, 自言其名. 普施利物, 不於其身. 聰以知遠, 明以察微. 順天之義, 知民之急. 仁而威, 惠而信, 脩身而天下服. 取地之財而節用之, 撫敎万民而利誨之, 歷日月而迎送之, 明鬼神而敬事之. 其色郁郁, 其德嶷嶷. 其動也時, 其服也士. 帝嚳漑執中而遍天下, 日月所照, 風雨所至, 莫不從服. 帝嚳娶陳鋒氏女, 生放勛. 娶娵訾氏女, 生摯.

帝嚳崩, 而摯代立.帝摯立, 不善, 而弟放勛立, 是爲帝堯."『礼記·祭法』
"殷人禘嚳."

『國語·魯語』"商人禘舜."

『山海經』"夋"寫作"帝俊"

夔牛

『說文』"夔,神魖也,如龍,一足. 從夂. 象有角·手,人面之形."『山海經·
大荒東經』"狀如牛, 蒼身而无角, 一足, 出入水則必有風雨, 其光如日月,
其聲如雷, 其名曰夔."

『說文解字』"夔, 一足, 躑踔而行."

黃帝

『史記·五帝本紀』"軒轅乃修德振兵, 治五气, 藝五种, 撫万民, 度四方,
教熊羆貔貅虎, 以与炎帝戰于阪泉之野. 三戰然后得其志. 蚩尤作亂, 不
用帝命. 是黃帝乃征師諸侯, 与蚩尤戰于涿鹿之野, 遂依附殺蚩尤." 太史
公言黃帝名軒轅, 國号有熊軒轅本意爲車, 應是指發明制作車的技術而
得名的氏族及其首領的名稱, 如發明制作農耕工具技術稱神農氏, 發明
制作捕撈工具技術而稱伏羲氏, 發明鑽燧取火技術稱燧人氏然. 有熊國
号. 当時的"國", 實爲部落. 熊·羆·貔·貅·虎爲六种獸名, 應是有熊
部落中六个氏族的名稱, 或謂圖騰. 阪泉, 水名, 在今北京市延慶縣. 涿
鹿, 山名, 在今河北涿鹿縣, 与阪泉相距不遠.『逸周書·嘗麥解』"蚩尤
乃逐帝, 爭于涿鹿之阿, 九隅无遺, 赤帝大懾。乃說于黃帝, 執蚩尤, 殺之
于中冀." 广平之地曰阿. 爭戰發生在涿鹿山下的開闊地帶, 隅指角落,
"九"意指多, 并不限于具体數目八加一. "九隅无遺"是說蚩尤驅逐赤帝

(卽炎帝)部落不留遺地. 地冀指中原冀州.『爾雅·釋地』"兩河間曰冀州." 郭璞注 "自東河至西河." 当時把黃河入海處称爲東河, 河套向南流處称西河.『周礼·職方』"正北曰幷州", 今山西太原·河北正定保定皆屬之. "東北曰幽州", 今北京市屬之. 上古冀州位于幽·幷之南, 地在今山西南部及河北西南部. 傳說蚩尤被殺之處, 在今山西運城解州.『山海經·大荒北經』"蚩尤作兵伐黃帝. 黃帝乃令應龍攻之冀州之野. 應龍畜水. 蚩尤請風伯雨師縱大風雨. 黃帝乃下天女曰魃, 雨止, 遂殺蚩尤". 風伯雨師是農耕蚩尤部落專司气象的巫師, 后爲農業气象神, 立有廟, 歲時奉詞.『韓非子·十過』"昔者黃帝俣鬼神于泰山之上……蚩尤居前, 風伯進掃, 雨師洒道", 反映了風伯雨師与蚩尤部落之密切關系, 因爲農業部落生産的丰收部是与風調雨順分不開的.混沌

『山海經』中較早記述了混沌神話, 特別值得認眞分析.『山海經』第二卷『西山經』云："又西三百五十里曰天山, 多金玉, 有靑雄黃, 英水出焉, 而西南流注于湯谷. 有神鳥, 其狀如黃囊, 赤如丹火, 六足四翼, 渾敦无面目, 是識歌舞, 實惟帝江也." 渾敦卽混沌, 混沌的形象爲識歌舞的神鳥. 有的本子爲"有神焉", 繁体的"鳥"与"焉"寫法相近, 傳抄中可能有差錯, 但都講得通. 顯然, 這里"渾敦"指太陽. 那么渾沌怎么又与帝江聯系在一起呢？帝江卽帝鴻, 古音"江"与"鴻"通. 而帝鴻卽黃帝－傳說中中華民族的始祖. 袁枚(1716-1798)的 『子不語·蛇王』中也說："楚地有蛇王者, 狀類帝江, 无耳目爪鼻, 但有口. 其形方如肉柜, 渾渾而行, 所過處草木盡枯." 這段文字把帝江·蛇(龍)· 『庄子·應帝王』中的渾沌聯系在一起, 決非偶然. 另外, 把太陽神奉爲中華民族的始祖, 是較合理的. 在人類最初的悟性中還有什么能比白天与黑夜·光明与与黑暗·太陽与太陰的對比更明顯呢？ 古人把太陽神称做混沌, 就其初義來說, 因爲只有

太陽具有那包納一切・呑吐一切・涵盖一切的大光芒.　敦与渾連用還
見于老子『道德經』"敦兮, 其若朴. ……混(渾)兮, 其若濁." 黃帝与渾沌相
聯系還有其它許多証据.

盤古和混沌

『天殼』"天地如鷄卵, 卵中之黃白未分, 是混沌也. 卵中之黃白旣分, 是
開辟也."『奉行初次盤古成案』"文木知王神灵, 跪拜求歸. 王顧謂侍臣
曰, '取第一次盤古皇帝成案, 替他一査.' 文木大駭, 叩頭曰, '盤古皇帝有
几个乎？' 王曰, '天地无始无終, 有十二万年, 便有一盤古. 今來朝天者,
已有盤古万万余人, 我安能記明數目？ 但元會運世之說, 已被宋朝人邵
堯夫說破, 可惜歷來開辟, 總奉行第一次開辟之成案, 尙无人說破. 故風
吹汝來, 亦要說破此故, 以曉世人耳.' 文木不解所謂."『盤古以前天』"予
疑此人是前古天地將混沌時人也."『賈士芳』"或云賈所遇道人, 姓王名
紫眞, 尤有神通. 嘗烹茶招賈觀之, 指曰, '初烹時, 茶叶亂浮, 清濁不分,
此混沌象也. 少頃, 水在上, 叶在下, 便是開辟象矣. 十二万年, 不過如此
一霎耳."

神樹/扶桑

『山海經・海外東經』"湯谷 上有扶桑, 十日所浴, 在黑齒北." 郭璞注,
"扶桑, 木也."『海內十洲記・扶桑』"多生林木, 叶如桑. 又有椹, 樹長者
二千丈, 大二千余圍. 樹兩兩同根偶生, 更相依倚, 是以名爲扶桑也."『太
平御覽』卷九五五引旧題・晋・郭璞
『玄中記』"天下之高者, 扶桑无枝木焉, 上至天, 盤蜿而下屈, 通三泉."
唐・李白『代壽山答孟少府移文書』"將欲倚劍天外, 挂弓扶桑." 扶桑,

亦作"榑桑", 亦称"扶木". 神話傳說中木名. 生于東方, 爲十日之居所. 『山海經・海外東經』"湯谷上有扶桑, 十日所浴, 在黑齒北. 居水中, 有大木, 九曰居下枝, 一曰居上枝."

『淮南子』"日出于暘谷, 浴于咸池, 拂于扶桑, 是謂晨明. 登于扶桑, 爰始將行, 是謂朏明. 至于曲阿, 是謂旦明. 至于曾泉, 是謂蚤食. 至于桑野, 是謂晏食. 至于衡陽, 是謂隅中. 至于昆吾, 是謂正中. 至于鳥次, 是謂小還. 至于悲谷, 是謂哺時. 至于女紀, 是謂大還. 至于淵虞, 時謂高舂. 至于連石, 是謂下舂. 至于悲泉, 爰止其女, 爰息其馬, 是謂縣車. 至于虞淵, 是謂黃昏. 至于蒙谷, 是謂定昏."扶桑与太陽的聯系是觀測太陽時建立起來的. "九曰居下枝, 一曰居上枝." 是說 "十日"(十天干) 依次經過, 与羲和生十日相合. "一日方至, 一日方出"是太陽從東方 (湯谷, 扶桑) 升起, 到西方 (禺谷, 若木) 落下, 夜在歸墟沐浴, 太陽雖是同一个但已是又一天. "皆載于鳥"与"禺谷"之觀念來自炎帝族, 仰韶文化陶器上就已有太陽中的鳥的圖案, 朱雀・朱鳥爲炎帝族的觀念. 『淮南子』說"日中有踆鳥", 卽三足鳥. 『大荒北經』"夸父不量力, 欲追日景, 逮之于禺谷." 夸父是太陽崇拜最登峰造极的象征. 『山海經』眞實地記彔了這位炎帝的業績. 禺谷之名得自"禺"-夸父 (猴) 圖騰, 当然不一定是從帝楡罔開始, 很可能在他之前很久就有了. 『淮南子』"若木在建木西, 末有十日, 其華照下地." 因爲若木是日落之地, 十日全在下.傳說日出于扶桑之下, 拂其樹杪而升, 因謂爲日出處. 亦代指太陽. 『楚辭・九歌・東君』"暾將出兮東方, 照吾檻兮扶桑." 王逸 注 "日出, 下浴于湯谷 , 上拂其扶桑, 爰始而登, 照曜四方."晋・陶潛 『閑情賦』"悲扶桑之舒光, 奄滅景而藏明." 逯欽立 校注 "扶桑, 傳說日出的地方. 這裏代指太陽."明・凌云翰 『關山雪霽圖』"扶桑飛上金畢逋, 暗水流澌度空谷." 淸・顔光敏 『望華山』"天鷄曉徹扶桑涌, 石馬宵鳴翠輦過." 扶桑在上古時代, 成爲中華文化的一個重要特征. 扶桑代表了中國先民的宇宙觀. 不但在本土有日出日落之地. 而且推广到全世界, 東极西极的觀念與先民的遷徙相結合, 湯谷成爲墨西哥一个眞實的所在. 扶桑樹實物是上述論証的証据. 三星堆高達3.85米(一說3.94米) 的扶桑樹, 是世界最高的. 瑪雅的人形扶桑樹, 与"婼"字相合, 表明中美洲确爲湯谷扶桑之地－扶桑國, 而且瑪雅人有扶桑圖騰. 甲骨文, 金文"叒"卽"若"字, 是"桑"字的樹冠形狀. 婼爲叒首人身, 又放在表示祭祖的亞形之中, "婼", "若"表示圖騰祖先无疑. 『左傳·文公五年』有都國, 『定公六年』楚遷都郡, 『昭公十年』有"叔孫婼". 先秦許多字各有從女和從阝的形式, 表示人名, 地名, 与"若"的情形相同, 都可以說是中國的扶桑國, 其民当爲扶桑族. 楚繒書上的扶桑樹是中國上古宇宙觀的直接体現.

女媧補天

『淮南子·覽冥篇』"往古之時, 四极廢, 九州裂, 天不兼覆, 地不周載. 火爁焱而不滅, 水浩洋而不息. 猛獸食顓民, 鷙鳥攫老弱. 于是女媧煉五色石以補蒼天, 斷鼇足以立四极, 殺黑龍以濟冀州, 積芦灰以止淫水. 蒼天補, 四极正, 淫水涸, 冀州平, 狡虫死, 顓民生, 背方州, 抱圓天."
『太平御覽』"女媧在造人之前, 与正月初一創造出鷄, 初二創造狗, 初三創造羊, 初四創造猪, 初六創造馬, 初七這一天, 女媧用黃土和水, 仿照自己的樣子造出了一个个小泥人, 她造了一批又一批, 覺得太慢, 于是用一根藤條, 沾滿泥漿, 揮舞起來, 一点一点的泥漿洒在地上, 都變成了人."
『獨异志』"女媧是与伏羲爲兄妹. 当宇宙初開時, 天地之間只有他們兄妹二人, 在昆侖山下, 而天下未有其它人民. 相議想爲夫妻, 又自覺羞恥. 兄卽与妹上昆侖山, 咒曰, '天若同意我兄妹二人爲夫妻, 請您將天上的 云都合起來一團, 要不就把云散了吧.'" 以是天上的云立卽合起來, 他們 倆就成了夫妻, 中華民族都是他們倆的子孫后代.

『風俗演義』中就有女媧造人之說, 凡有女媧廟的地方, 都盛行到女媧廟 求子的習俗. 据有關資料, 目前國內有五處女媧墓, 山西省內有兩處, 一 處在芮城縣的風陵, 一處在洪洞縣的趙城. 查『文獻通考』『寰宇記』『九 城志』等古籍, 都說女媧墓在趙城. 而且歷朝歷代祀典女媧也都在趙城. 此外, 浮山縣也有女媧廟和女媧補天處. 神話中所說之冀州, 是指今山 西・河北交界地. 因此, 說"女媧補天"神話起源于山西, 是有根据的.

盤古開天闢地

(中國古代傳說時期中開天辟地的神. 盤古最早見于三國時徐整著的『三 五歷紀』. 其后, 題爲梁任昉撰的『述异記』称盤古身体化爲天地各物. 『五 運歷年紀』(不詳撰成年代或云亦徐整著) 及 『古小說鉤沉』輯的 『玄中 記』亦有類似記載.

夸父追日

『山海經・大荒北經』"大荒之中, 有山名曰成都載天. 有人珥兩黃蛇, 把兩 黃蛇, 名曰夸父. 後土生信, 信生夸父. 夸父不量力, 欲追日景, 逮之于禺 谷. 將飮河而不足也, 將走大澤, 未至, 死于此." 『海外北經』"夸父與日逐 走, 入日. 渴欲得飮, 飮于河・渭. 河・渭不足, 北飮大澤。未至, 道渴而 死. 棄其杖, 化爲鄧林."

『神異經』"禱杌, 狀似虎, 毫長二尺, 人面・虎足・獠牙・尾長丈八尺・

能鬥不退."

刑天

『山海經·海外西經』"刑天与天帝爭神, 帝斷其首, 葬之常羊之山. 乃刑天以乳爲目, 以臍爲口, 操干戚以舞." 因此, 刑天常被后人称頌爲不屈的英雄. 東晋詩人陶渊明『讀山海經』詩, "刑天舞干戚, 猛志固常在." 卽咏此事, 借寓抱負.

精衛【原文】

【原文】 "北二百里, 曰發鳩之山, 其上多枯木, 有鳥焉, 其狀如鳥, 文首, 白喙, 赤足, 名曰"精衛", 其鳴自詨. 是炎帝之少女, 名曰女娃. 女娃游于東海, 溺而不返, 故爲精衛, 常銜西山之木石, 以堙于東海. 漳水出焉, 東流注于河."【譯文】有座山叫發鳩山, 山上長了很多柘樹。有一种鳥, 它的形狀像烏鴉, 頭部有花紋, 白色的嘴, 紅色的脚, 名叫精衛, 它的叫聲像在呼喚自己的名字。傳說這种鳥是炎帝小女儿的化身, 名叫女娃。有一次, 女娃去東海游泳, 被溺死了, 再也沒有回來, 所以化爲精衛鳥。經常口銜西山上的樹枝和石塊, 用來塡塞東海。濁漳河就發源于發鳩山, 向東流去, 注入黃河。

『列子·湯問』"渤海之東, 不知幾億萬里, 有大壑焉. 實惟無底之谷, 其下無底, 名曰歸墟. 八紘九野之水, 天漢之流, 莫不注之, 而無增減焉."

『淮南子·天文』"天傾西北, 故明星辰移焉, 地不滿東南, 故水潦塵埃歸焉."

『山海經·大荒東經』"大荒之中, 有山名曰孽搖頵羝, 上有扶木, 柱三百理, 其葉如芥, 有谷曰溫源谷. 湯谷上有扶木, 一日方至, 一日方出, 皆載于鳥."

『桃花園記』"晉太元中, 武陵人捕魚爲業, 緣溪行, 忘路之遠近, 忽逢桃花林. 夾岸數百步, 中無雜樹, 芳草鮮美, 落英繽紛, 漁人甚異之, 復前行, 欲窮其林. 林盡水源, 便得一山, 山有小口, 髣髴若有光. 便捨船從口入. 初極狹, 纔通人. 復行數十步, 豁然開朗. 土地平曠, 屋舍儼然, 有良田美池桑竹之屬. 阡陌交通, 鷄犬相聞. 其中往來種作. 男女衣著, 悉如外人. 黃髮垂髫, 並怡然自樂.…旣出得其船, 便扶向路, 處處誌之. 及郡下, 詣太守, 說如此. 太守卽遣人隨其往, 尋向所誌, 遂迷不復得路."

『淮南子・覽冥』"往古之時, 四極廢, 九州裂, 天不兼覆, 地不周載. 火爁炎而不滅, 水浩洋而不息, 猛獸食顓民, 鷙鳥攫老弱. 於時女媧鍊五色石以補蒼天, 斷鼇足以立四極. 殺黑龍以濟冀州, 積蘆灰以止淫水. 蒼天補四極正, 淫水涸, 冀州平, 狡蟲死顓民生."

『淮南子・原道』"昔共工之力, 觸不周之山, 使地東南傾, 與高辛爭爲帝, 遂潛於淵. 宗族殘滅, 斷嗣絶祀."

『山海經・海內經』"洪水滔天, 鯀竊帝之息壤以堙洪水, 不待帝命. 帝令祝融殺鯀於羽郊, 鯀復生禹. 帝乃命禹卒布土以定九州."

『路史』發揮一注. "遂明國不識四時晝夜. 有火樹名遂木, 屈盤萬頃. 有鳥名鴞, 啄樹則燦然火出, 聖人感焉. 因取其枝以鑽火, 號燧人."

『白虎通』,『四庫全書總目提要』118, 子部, 雜家類. "謂之燧人何, 鑽木燧取火, 敎民熟食, 養人利性, 避臭去毒, 謂之燧人也."

『繹史』卷三, 引「河圖挺輔佐」"伏羲禪於伯牛, 鑽木作火."

『山海經・西次三經』"玉山是西王母所居也. 西王母其狀如人, 豹尾虎齒而善嘯, 蓬髮戴勝, 是司天之厲及五殘."

『山海經・大荒西經』"西海之南, 流沙之濱, 赤水之後, 黑水之前, 有大山名曰昆侖之丘. 有神人面虎身, 有文有尾皆白, 處之. 其下有弱水之淵環之, 其外有炎火之山, 投物輒然. 有人戴勝虎齒, 有豹尾, 穴處. 名曰西王母. 此山萬物盡有."

『山海經・海內北經』"西王母弟几而戴勝杖, 其南有三靑鳥, 爲西王母取食, 在昆侖虛北."

『淮南子・覽明訓』"羿請不死之藥於西王母, 姮娥竊以奔月."

『穆天子傳』"天子賓於西王母…西王母爲天子謠."

『山海經・南山經』"有魚焉, 其狀如牛, 陵居, 蛇尾有翼, 其羽在脅下, 其音如留牛, 其名曰鯥, 冬死而夏生, 食之無腫疾"

『山海經・南次三經』"有鳥焉, 其狀如鴟而白首三足人面

『山海經・西山經』又西北四百二十里曰鍾山, 其子曰鼓. 其狀如人面而龍身, 是與欽丕殺葆江于昆侖之陽, 帝乃戮之鍾山之東曰䃌崖. 欽丕 化爲大鶚, 其狀如雕而黑文白首, 赤喙而虎爪, 其音如晨鵠, 見則有大兵. 鼓亦化爲鵕鳥, 其狀如𩿡, 赤足而直喙, 黃文而白首, 其音如鵠, 見則其邑大旱.

『山海經・西山經』"是多文鰩魚, 狀如鯉魚, 魚身而鳥翼, 蒼文而白首, 赤喙, 常行西海, 遊于東海, 以夜飛"

『山海經・西山經』實惟帝之平圃, 神英招司之, 其狀馬身而人面, 虎文而鳥翼, 徇于四海, 其音如榴. 南望昆侖, 其光熊熊, 其氣魂魂. 西望大澤, 后稷所潛也."

『山海經・海外西經』4條. "大樂之野, 夏后啓于此儛九代, 乘兩龍, 雲蓋三層, 左手操翳, 右手操環, 佩玉璜."

『山海經・海外西經』19條 "龍魚陵居在其北, 狀如貍, 一曰鰕. 即有神聖乘此以行九野"

『山海經·海外西經』20條. "白民之國在龍魚北, 白身被髮. 有乘黃, 其狀如狐, 其背上有角, 乘之壽二千歲"

『山海經·海內北經』5條 "犬封國曰犬戎國, 狀如犬,…, 縞身朱鬣, 目若黃金, 名曰吉量, 乘之壽千歲."

『山海經·海內北經』17條 "林氏國有珍獸, 大若虎 五采畢具, 尾長于身, 名曰騶吾, 乘之日行千里."

『山海經·海內北經』19條 "從極之淵深三百仞, 維冰夷恆都焉. 冰夷人面, 乘兩龍."

『山海經·大荒西經』16條 "有靈山, 巫咸, 巫卽, 巫盼, 巫彭, 巫姑, 巫眞, 巫禮, 巫抵, 巫謝, 巫羅十巫, 從此升降, 百藥爰在."

『山海經·大荒西經』45條 "有人珥兩靑蛇, 乘兩龍, 名曰夏后開, 開上三嬪于天, 得九辯與九歌以下."

『列仙傳』46條 "主柱者, 不知何所人也. 與道士共上宕山, 言此有丹砂, 可得數萬斤, 宕山長吏, 知而上山封之. 砂流出, 飛如火, 乃聽柱取爲. 邑令章君明, 餌砂三年, 得神砂飛雪, 服之五年, 能飛行, 遂與柱俱去云."

『列仙傳』"赤將子輿者, 黃帝時人. 不食五穀, 而噉百草花. 至堯帝時, 爲木工. 能隨風雨上下. 時時於市中賣繳, 亦謂之繳父云."

『列仙傳』"甯封子者, 黃帝時人也. 世傳爲黃帝陶正. 有人過之, 爲其掌火, 能出五色煙, 久則以敎封子. 封子積火自燒, 而隨煙氣上下, 視其灰燼, 猶有其骨. 時人共葬於甯北山中, 故謂之甯封子焉."

『列仙傳』"黃帝者, 號曰軒轅. 能劾百神, 朝而使之. 弱而能言, 聖而預知, 知物之紀. 自以爲雲師, 有龍形. 自擇亡日, 與群臣辭. 至於卒, 還. 葬橋山. 山崩, 柩空無尸, 唯劒舄在焉. 仙書云,黃帝採首山之東, 鑄鼎於荊山之下. 鼎成, 有龍垂胡髥下迎, 帝乃昇天. 群臣百僚, 悉持龍髥, 從帝而升,

攀帝弓, 及龍髯拔而弓墜, 群臣不得從. 仰望帝而悲號. 故後世以其處爲
鼎湖, 名其弓爲烏號焉."

『列仙傳』"馬師皇者, 黃帝時馬醫也. 知馬形生死之診, 治之輒愈. 後有龍
下, 向之垂耳張口. 皇曰此龍有病, 知我能治. 乃鍼其唇下口中, 以甘草湯
飮之而愈. 後數數有疾龍出其波, 告而求治之. 一旦龍負皇而去."

『列仙傳』50條 "谿父者, 南郡鄘人也. 居山間, 有仙人常止其家, 從買瓜,
敎之鍊瓜子與桂,附子,芷實, 共藏而對分食之. 二十餘年, 能飛走昇山入
水. 後百餘年, 居絶山頂, 呼谿下父老, 與道平生時事云."

『楚辭 · 天問』

曰遂古之初 誰傳道之？ 上下未形 何由考之？ 冥昭瞢暗 誰能极之？
馮翼惟象 何以識之？ 明明暗暗 惟時何爲？ 陰陽三合 何本何化？ 圜則
九重 孰營度之？ 惟茲何功 孰初作之？ 斡維焉系 天极焉加？ 八柱何当
東南何亏？ 九天之際 安放安屬？隅隈多有 誰知其數？ 天何所沓 十二
焉分？ 日月安屬 列星安陳？ 出于湯谷 次于蒙汜. 自明及晦 所行几里？
夜光所德 死則又育. 厥利維何 而顧菟在腹. 女岐无合 夫焉取九子？伯
强何處 惠气安在？ 何闔而晦 何開而明？ 角宿未旦 曜灵安藏？不任汩
鴻 師何以尙之？ 僉曰何憂 何不課而行之？ 鴟龜曳銜 鯀何听焉？ 順欲
成功 帝何刑焉？ 永遏在羽山 夫何三年不施？ 伯禹愎鯀 夫何以變化？
纂就前緒 遂成考功. 何續初継業 而厥謀不同. 洪泉极深 何以窴之？ 地
方九則 何以墳之？ 河海應龍 何畫何歷？ 鯀何所營 禹何所成？ 康回馮
怒 墜何故以東南傾？九州安錯 川谷何洿？ 東流不溢 孰知其故？ 東西
南北 其修孰多？ 南北順橢 其衍几何？ 昆侖縣圃 其尻安在？ 增城九重
其高几里？ 四方之門 其誰從焉？ 西北辟啓 何气通焉？ 日安不到 燭龍

何照？羲和之未揚 若華何光？ 何所冬暖 何所夏寒？焉有石林 何獸能言？焉有虯龍 負熊以游. 雄虺九首 倏忽焉在？ 何所不死 長人何守？ 靡蓱 九衢？枲華安居？靈蛇吞象 厥大何如？黑水玄趾 三危安在？延年不死 壽何所止？鯪魚何所 魁堆焉處？ 羿焉彃日 烏焉解羽？禹之力獻功 降省下土四方. 焉得彼涂山女 而通之于台桑？ 閔妃匹合 厥身是繼？ 胡維嗜不同味 而快鼂飽. 啓代益作后 卒然离蠥. 何啓惟憂 而能拘是達？皆歸「身矢」鞠 而无害厥躬. 何后益作革 而禹播降？啓棘賓商 九辯九歌. 何勤子屠母 而死分竟地？帝降夷羿 革孽夏民. 胡射夫河伯 而妻彼雒嬪？馮珧利決 封狶是射. 何獻蒸肉之膏 而后帝不若？浞娶純狐 眩妻爰謀. 何羿之射革 而交吞揆之？ 阻窮西征 岩何越焉？化爲黃熊 巫何活焉？ 咸播秬 黍 莆雚是營. 何由并投 而鯀疾修盈 白蜺嬰茀 胡爲此堂？ 安得夫良藥 不能固藏？ 天式從橫 陽离爰死. 大鳥何鳴 夫焉喪厥体？ 蓱号起雨 何以興之？ 撰体協肋 鹿何膺之？
鼇戴山抃 何以安之？ 釋舟陵行 何以遷之？ 惟澆在戶 何求于嫂？何少康逐犬 而顚隕厥首？ 女歧縫裳 而館同爰止. 何顚易厥首 而親以逢殆？ 湯謀易旋 何以厚之？ 覆舟斟尋 何道取之？桀伐蒙山 何所得焉？？ 嬉何肆 湯何殛焉？ 舜閔在家 父何以鱞？ 堯不姚告 二女何親？ 厥萌在初 何所憶焉？ 璜台十成 誰所极焉？ 登立爲帝 孰道尙之？ 女娲有体 孰制匠之？ 舜服厥弟 終然爲害. 何肆犬体 而厥身不危敗？ 吳獲迄古 南岳是止. 孰期去斯 得兩男子？　縁鵠飾玉 后帝是饗. 何乘謀夏桀 終以滅喪？帝乃降觀 下逢伊摯. 何條方致罰 而黎服大說？ 簡狄在台 嚳何宜？ 玄鳥致貽 女何喜？該秉季德 厥父是臧？ 胡終弊于有扈 牧夫牛羊？ 干協時舞 何以怀之？ 平肋曼膚 何以肥之？ 有扈牧豎 云何而逢？擊床先出 其命何從？ 恒秉季德 焉得夫朴牛？ 何往營班祿 不但還來？ 昏微遵迹

有狄不宁. 何繁鳥萃棘 負子肆情？眩弟幷淫 危害厥兄. 何變化以作詐 后嗣而逢長？ 成湯東巡 有莘爰极. 何乞彼小臣 而吉妃是得？ 水濱之木 得彼小子. 夫何惡之 媵有莘之婦？ 湯出重泉 夫何辠尤？ 不胜心伐帝 夫誰使挑之. 會朝爭盟 何踐吾期？蒼鳥群飛 孰使萃之？ 列擊紂躬 叔旦不嘉. 何親揆發 定周之命以咨嗟？

授殷天下 其位安施？ 反成乃亡 其罪伊何？ 爭遣伐器 何以行之？ 幷驅擊翼 何以將之？ 昭后成游 南土爰底. 厥利惟何 逢彼白雉？ 慕王巧梅 夫何爲周流？ 环理天下 夫何索求？ 妖夫曳炫 何号于市？ 周幽誰誅 焉得夫褒姒？ 天命反側 何罰何佑？ 齊桓九會 卒然身殺. 彼王紂之躬 孰使亂惑？ 何惡輔弼 讒諂是服？ 比干何逆 而抑沈之？ 雷開何順 而賜封之？ 何圣人之一德 卒其异方？ 梅伯受醢 箕子佯狂. 稷維元子 帝何竺之？ 投之于冰上 鳥何燠之？ 何馮弓挾矢 殊能將之？ 既惊帝切激 何逢長之？伯昌好衰 秉鞭作牧. 何令徹彼岐社 命有殷國？ 遷藏就岐 何能依？ 殷有惑婦 何所譏？ 受賜茲醢 西伯上告. 何親就上帝罰 殷之命以不救？ 師望在肆 昌何識？ 鼓刀揚聲 后何喜？ 武發殺殷 何所悒？ 載尸集成 何所急？ 伯林雉經 惟其何故？ 何感天抑地 夫誰畏惧？

皇天集命 惟何戒之？受礼天下 又使至代之？ 初湯臣摯 后茲承輔. 何卒官湯 尊食宗緒？ 勛闔夢生 少离散亡. 何壯武厲 能流厥嚴？ 彭鏗斟雉 帝何饗？ 受壽永多 夫何長？ 中央共牧 后何怒？ 蜂蛾微命 力何固？ 惊女采薇 鹿何佑？ 北至四水 萃何喜？ 兄有噬犬 弟何欲？ 易之以百兩 卒无祿. 薄暮雷電 歸何憂？ 厥嚴不奉 帝何求？ 伏匿穴處 爰何云？ 荆勛作師 夫何長？ 悟過改更 我又何言？ 吳光爭國 久余是胜？ 何环穿自閭社丘陵 爰出子文. 吾告堵敖以不長. 何試上自予 忠名弥彰？

請問遠古開始之時, 誰將此態流傳導引？ 天地尙未成形之前, 又從哪里得以産生？ 明暗不分渾沌一片, 誰能探究根本原因？ 迷迷蒙蒙這种現象, 怎么識別將它認淸？ 白天光明夜晩黑暗, 究竟它是爲何而然？ 陰陽參合而生宇宙, 哪是本体哪是演變？ 天的体制傳爲九重. 有誰曾去环繞量度？ 這是多么大的工程. 是誰開始把它建筑？ 天体軸繩系在哪里？ 天极不動設在哪里？ 八柱撑天對着何方？ 東南爲何缺損不齊？ 平面上的九天邊際, 抵達何處聯屬何方？ 邊邊相交隅角很多, 又有誰能知其數量？ 天在哪里与地交會？ 黃道怎樣十二等分？ 体如何連屬？ 衆星在天如何置陳？ 太陽是從暘谷出來. 止宿則在蒙氾之地. 打從天亮直到天黑, 所走之路究竟几里？ 月亮有着什么德行, 竟能死了又再重生？ 月中黑日月天点那是何物, 是否兔子腹中藏身？ 神女女岐沒有配偶, 爲何能够産下九子？ 伯强之神居于何處？ 天地瑞气又在哪里？ 天門關閉爲何天黑？ 天門開啓爲何天亮？ 東方角宿還沒放光, 太陽又在哪里匿藏？ 鯀旣不能胜任治水. 衆人爲何將他推擧？ 都說沒有什么担憂, 爲何不讓試着做去？ 鴟龜相助或曳或銜, 鯀有什么神圣德行？ 治理川谷也見功勞, 堯帝爲何對他施刑？ 將鯀長久禁閉羽山. 爲何三年還不放他？ 大禹從鯀腹中生出, 治水方法怎樣變化？ 接手先人未竟事業, 終使父親遺志成功. 爲何継承前任遺緒, 他的謀略却不相同？ 洪水如渊深不見底. 怎樣才能將它塡塞？ 天下土地肥瘠九等, 怎樣才能划分明白？ 應龍如何以尾畵地？ 河海如何流通順利？ 鯀是什么使他意亂？ 禹是什么使他事成？ 水神共工勃然大怒, 東南大地爲何側傾？ 九州大地如何安置？ 河流山谷怎樣疏浚？ 東流之水總不滿溢, 誰知這是什么原因？ 東西南北四方土地. 哪邊更長哪邊更多？ 南北順量比較狹長, 長出地方又有几何？昆侖山上玄圃仙境, 它的尾部又在哪里？山中還有增城九重, 它的高度又有几里？昆侖山的四面門戶, 什么人物由此出入？西北兩面大門敞開, 什么气息通過此處？太陽光輝哪儿不到？燭龍又能照耀何方？羲和還沒御日出行, 若木之花爲何放光？什么地方冬日長暖？什么地方夏日長寒？哪儿又有岩石成林？什么野獸會發人言？哪儿有着獨角虯龍, 以熊爲婦游牝從容？雄的虺蛇九个頭顱, 來去迅捷生在何處？不死之國哪里可找？長壽之人持何神術？萍草蔓延根莖盤錯, 枲麻長在哪儿開花？一條長蛇吞下大象, 它的身子又有多大？黑水之地玄趾之民, 還有三危都在哪里？延年益壽得以不死, 生命久長几時終止？奇形鯪魚生于何方？怪鳥魋堆長在哪里？后羿怎樣射下九日？日中之鳥如何解体？大禹盡力成其圣功, 降臨省視天下四方. 哪儿得來涂山之女, 与她結合就在台桑？愛涂山女与之匹配, 得到継嗣儿子出生. 爲何嗜欲与人同味, 求歡飽享一朝之情？啓代伯益作了國君, 終究還是遇上灾禍. 爲何啓會遭此憂患, 身受拘囚又能逃脫？都是勤謹鞠躬盡瘁, 沒有損害他們自身. 爲何伯益福祚終結, 禹的后嗣繁榮昌盛？夏啓做夢上天作客, 得到九辯九歌樂曲. 爲何賢子竟傷母命, 使她支解滿地尸骨？帝堯派遣夷羿降臨, 消除憂患安慰夏民. 爲何箭射那个河伯, 奪取他的妻子洛嬪？持着宝弓套着扳指, 把那巨大野猪射死. 爲何獻上蒸祭肥肉, 天帝心中并不舒适？寒浞要娶純狐氏女, 羿妻合伙把羿謀殺. 爲何羿能射穿皮革, 其妻与浞能消滅他？西行之路遇阻受困, 山岩重重怎么越過？鯀的身子化爲黃熊, 巫師如何使他复活？地上都已播种黑黍, 芦葦水灘也已經營. 爲何遭逐同于四凶, 難道鯀眞惡貫滿盈？白虹披身作爲衣飾, 爲何常儀這么堂皇？哪儿得到不死之藥, 却又不能長久保藏？天的法式有縱有橫, 陽气离散就會死亡. 大鳥金鳥多么肥

壯, 爲何竟會体解命喪？ 雨師屛翳号呼下雨, 他怎樣使雨勢興盛？ 有着
馴良柔順体質, 鹿身風神如何響應？ 巨鰲背負神山舞動, 神山怎樣穩定
不移？ 舍弃舟船行走陸地, 龍伯巨人怎樣遷徙？ 想那澆在家居之時, 對
他嫂嫂有何要求？ 爲何少康驅赶獵犬, 遇澆就能將他斬首？ 女艾借着
縫補衣服, 与澆同住一个房間. 爲何少康取澆首級, 澆雖力大仍然遇
難？ 少康策划整頓部下, 他是如何厚待衆人？ 討伐斟尋傾覆其船, 他用
什么方法取胜？ 夏桀出兵討伐蒙山, 所得之物又是什么？ 妹喜怎樣恣
肆淫虐？商湯怎樣將桀誅殺？ 舜在家里非常仁孝, 父親爲何讓他獨
身？ 堯不告訴舜父瞽瞍, 二妃如何与舜成親？ 起初剛有淫奢萌芽, 怎么
就能預料結局？ 紂王建造十層玉台, 誰使他到如此地步？ 承受天命登
位称帝, 什么道理受人敬仰？ 女娲有着特殊形体, 是誰將她造成這樣？
舜帝友愛他的弟弟, 弟弟還是對他加害. 爲何放肆如同猪狗？其身并不
危險失敗？ 吳國得以長久存在, 江南山川民衆栖止. 誰能想到此中緣
故, 全因得到兩个男子？ 飾鵠飾玉銅鼎調羹, 美食拿來獻饗君王. 爲何
承用伊尹之謀, 湯能伐桀使他滅亡？ 商湯降臨巡視四方, 在外遇到賢臣
伊尹. 爲何桀在鳴條受罰, 黎民百姓十分高興？ 簡狄住在瑤台之上, 帝
嚳怎會對她中意？ 玄鳥高飛送來聘礼, 簡狄爲何那么歡喜？ 王亥秉承
王季之德, 受到他的父親褒獎. 爲何終遭有易之難, 当他在此放牧牛
羊？ 王亥持盾跳起武舞, 爲何就有女子愛他？ 有易女子体態丰腴, 爲何
王亥能够配她？ 有易國的放牧小子, 又在哪里撞破私情？ 凶器擊床王
亥已出, 如何得以保存性命？ 王恒秉承王季之德, 哪里得到大牛滿欄？
爲何去求有易賜祿, 却不能够安然回返？ 上甲微能追隨祖迹, 有易國就
不得安宁. 爲何衆鳥集于樹叢, 他會与其子婦偸情？ 弟弟昏亂共爲淫
虐, 因此危害他的兄長. 爲何善變狡詐多端, 他的后代反而盛昌？ 成湯

出巡東方之地, 到達有莘氏的國土. 爲何求得小臣伊尹, 還能再得妃子
賢淑？ 水邊那株空桑木上, 拾到那个小儿伊尹. 爲何又會産生惡感, 把
他作爲陪嫁礼品？ 湯從囚地重泉出來, 究竟他有什么大罪？ 難忍耻辱
起而伐桀, 是誰挑起這場是非？ 諸侯前來朝會請盟, 爲何都能守約如
期？ 蒼鷹威武成群高飛, 誰使它們聚在一起？ 整頓隊伍攻擊商紂, 周公
姬旦却不同意. 爲何親自爲武王謀, 奠定周朝又發嘆息？ 天將天下授予
殷商, 紂的王位如何施設？ 成功之道違反則亡, 他的罪過又是什么？ 諸
侯踊躍拿起武器, 武王如何動員他們？ 軍隊并進擊敵兩翼, 他又如何指
揮大兵？ 昭王盛治兵車出游, 到達南方遠地才止. 最后得到什么好處,
難道只是遇見白雉？ 穆王御馬巧施鞭策, 爲何他要周游四方？ 他的足
迹环繞天下, 有些什么要求愿望？ 妖人夫婦牽引叫賣, 爲何他們呼号街
市？ 幽王究竟殺的是誰？哪里得來這个褒姒？ 天命從來反覆无常, 何
者受懲何者得佑？ 齊國桓公九合諸侯, 最終受困身死尸朽. 那个殷商紂
王自身, 是誰使他狂暴昏亂？ 爲何厭惡忠良輔佐, 喜歡听信小人讒諂？
比干有何悖逆之處, 爲何對他貶抑打擊？ 雷開慣于阿諛奉承, 爲何給他
賞賜封地？ 爲何圣人品德相同, 處事方法最終相异？ 梅伯受刑剁成肉
醬, 箕子裝瘋消极避世. 后稷原是嫡出長子, 帝嚳爲何毒害翻臉？ 將他
扔在寒冰之上, 鳥儿爲何覆翼送暖？ 爲何長大仗弓持箭, 善治農業怀有
奇能？ 出生旣已惊動上帝, 爲何后嗣繁榮昌盛？ 西伯姬昌号令衰世, 執
鞭來作雍州牧伯. 爲何武王令治周社, 承受天命享有殷國？ 帶着宝藏遷
居岐山, 如何能使百姓依從？ 殷紂已受妲己迷惑, 勸諫之言又有何用？
紂王賜他儿子肉醬, 西伯姬昌向天訴求. 爲何紂王親受天罰, 殷商命運
仍難挽救？ 太公呂望人在肉店, 姬昌爲何就能認識？ 听到揮刀振動發
聲, 文王爲何那么歡喜？ 武王姬發誅紂滅商, 爲何抑郁不能久忍？ 抬着

文王木主會戰, 爲何充滿焦急之情？ 紂王燒柴上吊自焚, 這樣去死究竟何故？ 爲何武王惊天動地, 假托神灵却怀畏惧？ 上帝旣降天命于殷, 爲何不再勸戒明白？ 紂王旣已統治天下, 爲何又被他人取代？ 初把伊尹視作小臣, 后來用作輔政宰相. 爲何最終上追成湯, 受到尊敬宗廟配享？ 闔廬有功壽夢之孫, 少年遭受离散之苦. 爲何壯年奮厲勇武, 能使他的威嚴遠布？ 彭祖烹調雉鷄之羹, 爲何帝堯喜歡品嘗？ 得享高壽年歲太多, 爲何竟有那么久長？ 大地中央共同治民, 列國君主爲何發怒？ 蜂蛾生命原本微賤, 自衛力量爲何牢固？ 惊于女言不再采薇, 白鹿爲何庇佑夷齊？ 北行來到回水之地, 一起餓死有何可喜？ 哥哥有着善咬猛犬, 弟弟又打什么主意？ 一百輛車換一條狗, 最終不成反失祿米. 傍晚時分雷鳴電閃, 想要歸去有何憂愁？ 國家庄嚴不夏存在, 對着上帝有何祈求？ 伏身藏匿洞穴之中, 還有什么事情要講？ 楚國勛旧軍中殉國, 國勢如何能够久長？ 悔悟過失改正錯誤, 我又有何言詞可陳？ 吳王闔廬与楚爭國, 我們久已被他戰胜！ 环繞穿越里社丘陵, 爲何生出令尹子文？ 我曾告訴賢者堵敖, 楚國將衰不能久長. 爲何自贊告誡君主, 忠義之名欲更顯揚？

「九歌」11
九歌（一）
東皇太一
吉日兮辰良, 穆將愉兮上皇；
撫長劍兮玉珥, 璆鏘鳴兮琳琅；
瑤席兮玉瑱, 盍將把兮琼芳；
蕙肴蒸兮蘭藉, 莫桂酒兮椒漿；

揚枹兮拊鼓，疏緩節兮安歌；

陳竽瑟兮浩倡；

灵偃蹇兮姣服，芳菲菲兮滿堂；

五音兮繁會，君欣欣兮樂康．

九歌（二）

云中君

浴蘭湯兮沐芳，華采衣兮若英；

灵連蜷兮既留，爛昭昭兮未央；

謇將憺兮壽宮，与日月兮齊光；

龍駕兮帝服，聊翱游兮周章；

灵皇皇兮既降，猋遠擧兮云中；

覽冀洲兮有余，橫四海兮焉窮；

思夫君兮太息，极勞心兮忡忡；

九歌（三）

湘君

君不行兮夷犹，蹇誰留兮中洲；

美要眇兮宜修，沛吾乘兮桂舟；

令沅湘兮无波，使江水兮安流；

望夫君兮未來，吹參差兮誰思；

駕飛龍兮北征，邅吾道兮洞庭；

薜荔柏兮蕙綢，蓀橈兮蘭旌；

望涔陽兮极浦，橫大江兮揚灵；

揚灵兮未极，女嬋媛兮爲余太息；

橫流涕兮潺湲，隱思君兮陫側；

桂櫂兮蘭枻，斲冰兮積雪；

采薜荔兮水中，搴芙蓉兮木末；

心不同兮媒勞，恩不甚兮輕絕；

石瀨兮淺淺，飛龍兮翩翩；

交不忠兮怨長，期不信兮告余以不閑；

朝騁騖兮江皋，夕弭節兮北渚；

鳥次兮屋上，水周兮堂下；

捐余玦兮江中，遺余佩兮醴浦；

采芳洲兮杜若，將以遺兮下女；

時不可兮再得，聊逍遙兮容与.

九歌 (四)

湘夫人

帝子降兮北渚，目眇眇兮愁予；

嫋嫋兮秋風，洞庭波兮木叶下；

登白蘋兮騁望，与佳期兮夕張；

鳥何萃兮苹中，罾何爲兮木上？

沅有芷兮醴有蘭，思公子兮未敢言；

荒忽兮遠望，觀流水兮潺湲；

麋何食兮庭中，蛟何爲兮水裔；

朝馳余馬兮江皋，夕濟兮西澨；

聞佳人兮召余，將騰駕兮偕逝；

筑室兮水中，葺之兮荷盖；

荪壁兮紫壇，播芳椒兮成堂；

桂棟兮蘭橑，辛夷楣兮藥房；

罔薜荔兮爲帷，擗蕙櫋兮旣張；

白玉兮爲鎮，疏石蘭兮爲芳；

芷葺兮荷屋，繚之兮杜衡；

合百草兮實庭，建芳馨兮廡門；

九嶷繽兮并迎，灵之來兮如云；

捐余袂兮江中，遺余褋兮醴浦；

搴汀洲兮杜若，將以遺兮遠者；

時不可兮驟得，聊逍遙兮容与！

九歌（五）

大司命

广開兮天門，紛吾乘兮玄云；

令飄風兮先驅，使涷雨兮洒塵；

君回翔兮以下，逾空桑兮從女；

紛總總兮九州，何壽夭兮在予；

高飛兮安翔，乘清气兮御陰陽；

吾与君兮齊速，導帝之兮九坑；

灵衣兮被被，玉佩兮陸离；

一陰兮一陽，衆莫知兮余所爲；

折疏麻兮瑤華，將以遺兮离居；

老冉冉兮旣极，不寖近兮愈疏；

乘龍兮轔轔, 高馳兮冲天 ;

結桂枝兮延佇, 羌愈思兮愁人 ;

愁人兮奈何, 愿若今兮无亏 ;

固人命兮有当, 孰离合兮何爲 ?

九歌 (六)

少司命

秋蘭兮麋芜, 羅生兮堂下 ;

綠叶兮素華, 芳菲菲兮襲予 ;

夫人兮自有美子, 蓀何以兮愁苦 ;

秋蘭兮青青, 綠叶兮紫莖 ;

滿堂兮美人, 忽獨与余兮目成 ;

入不言兮出不辭, 乘回風兮載云旗 ;

悲莫愁兮生別离, 樂莫樂兮新相知 ;

荷衣兮蕙帶, 儵而來兮忽而逝 ;

夕宿兮帝郊, 君誰須兮云之際 ;

与女沐兮咸池, 晞女發兮陽之阿 ;

望美人兮未來, 臨風怳兮好歌 ;

孔盖兮翠旌, 登九天兮撫彗星 ;

竦長劍兮擁幼艾, 蓀獨宜兮爲民正.

九歌 (七)

東君

暾將出兮東方, 照吾檻兮扶桑 ;

撫余馬兮安驅，夜皎皎兮既明；

駕龍輈兮乘雷，載云旗兮委蛇；

長太息兮將上，心低徊兮顧怀；

羌聲色兮娛人，觀者憺兮忘歸；

緪瑟兮交鼓，蕭鐘兮瑤簴；

鳴篪兮吹竽，思灵保兮賢姱；

翾飛兮翠曾，展詩兮會舞；

應律兮合節，灵之來兮敝日；

靑云衣兮白霓裳，舉長矢兮射天狼；

操余弧兮反淪降，援北斗兮酌桂漿；

撰余轡兮高駝翔，杳冥冥兮以東行.

九歌（八）

河伯

与女游兮九河，冲風起兮水揚波；

乘水車兮荷盖，駕兩龍兮驂螭；

登昆侖兮四望，心飛揚兮浩蕩；

日將暮兮悵忘歸，惟极浦兮寤怀；

魚鱗屋兮龍堂，紫貝闕兮珠宮；

灵何惟兮水中；

乘白黿兮逐文魚，与女游兮河之渚；

流澌紛兮將來下；

子交手兮東行，送美人兮南浦；

波滔滔兮來迎，魚鱗鱗兮媵予.

九歌 （九）

山鬼

若有人兮山之阿，被薜荔兮帶女蘿；

旣含睇兮又宜笑，子慕予兮善窈窕；

乘赤豹兮從文貍，辛夷車兮結桂旗；

被石蘭兮帶杜衡，折芬馨兮遺所思；

余處幽篁兮終不見天，路險難兮獨后來；

表獨立兮山之上，云容容兮而在下；

杳冥冥兮羌晝晦，東風飄兮神灵雨；

留灵修兮憺忘歸，歲旣晏兮孰華予；

采三秀兮于山間，石磊磊兮葛蔓蔓；

怨公子兮悵忘歸，君思我兮不得閑；

山中人兮芳杜若，飲石泉兮蔭松柏；

君思我兮然疑作；

雷塡塡兮雨冥冥，猨啾啾兮狖夜鳴；

風颯颯兮木蕭蕭，思公子兮徒离憂.

九歌 （十）

國殤

操吳戈兮被犀甲，車錯轂兮短兵接；

旌蔽日兮敵若云，矢交墜兮士爭先；

凌余陣兮躐余行，左驂殪兮右刃傷；

霾兩輪兮縶四馬，援玉枹兮擊鳴鼓；

天時怼兮威灵怒，嚴殺盡兮弃原野；

出不入兮往不反，平原忽兮路遙遠；

帶長劍兮挾秦弓，首身离兮心不惩；

誠既勇兮又以武，終剛强兮不可凌；

身既死兮神以灵，子魂魄兮爲鬼雄.

九歌（十一）

礼魂

成礼兮會鼓，傳芭兮代舞；

姱女倡兮容与；

春蘭兮秋菊，長无絶兮終古.

曹植의 洛神賦【原文】

黃初三年, 余朝京師, 還濟洛川. 古人有言, 斯水之神, 名曰宓妃. 感宋玉
對楚王神女之事, 遂作斯賦. 其辭曰：余從京域, 言歸東藩. 背伊闕, 越轘
轅, 經通谷, 陵景山.日既西傾, 車殆馬煩. 爾乃稅駕乎蘅皋, 秣駟乎芝田,
容与乎陽林, 流眄乎洛川. 于是精移神駭, 忽焉思散. 俯則未察, 仰以殊
觀, 睹一麗人, 于岩之畔. 乃援御者而告之曰："爾有覿于彼者乎？彼何
人斯？若此之艷也！"御者對曰："臣聞河洛之神, 名曰宓妃. 然則君王
所見, 无乃日乎？其狀若何？臣愿聞之."余告之曰："其形也, 翩若惊鴻,
婉若游龍. 榮曜秋菊, 華茂春松. 仿佛兮若輕云之蔽月, 飄飄兮若流風之
回雪. 遠而望之, 皎若太陽升朝霞；迫而察之, 灼若芙蕖出淥波. 襛纖得
衷, 修短合度. 肩若削成, 腰如約素. 延頸秀項, 皓質呈露. 芳澤无加, 鉛華
弗御. 云髻峨峨, 修眉聯娟.丹唇外朗, 皓齒內鮮, 明眸善睞, 靨輔承權.
瑰姿艷逸, 儀靜体閑. 柔情綽態, 媚于語言. 奇服曠世, 骨像應圖. 披羅衣

之璀粲兮, 珥瑤碧之華琚. 戴金翠之首飾, 綴明珠以耀軀. 踐遠游之文履, 曳霧綃之輕裾. 微幽蘭之芳藹兮, 步踟躕于山隅. 于是忽焉縱体, 以遨以嬉. 左倚采旄, 右蔭桂旗. 壤皓腕于神滸兮, 采湍瀨之玄芝. 余情悅其淑美兮, 心振蕩而不怡. 无良媒以接歡兮, 托微波而通辭. 愿誠素之先達兮, 解玉佩以要之. 嗟佳人之信修, 羌習礼而明詩. 抗瓊珶以和予兮, 指潛渊而爲期. 執眷眷之款實兮, 惧斯灵之我欺. 感交甫之弃言兮, 悵犹豫而狐疑. 收和顔而靜志兮, 申礼防以自持. 于是洛灵感焉, 徙倚彷徨, 神光离合, 乍陰乍陽. 竦輕軀以鶴立, 若將飛而未翔。踐椒涂之郁烈, 步蘅薄而流芳. 超長吟以永慕兮, 聲哀厲而弥長. 爾乃衆灵雜遝, 命儔嘯侶, 或戲清流, 或翔神渚, 或采明珠, 或拾翠羽. 從南湘之二妃, 携漢濱之游女. 嘆匏瓜之无匹兮, 咏牽牛之獨處. 揚輕袿之猗靡兮, 翳修袖以延佇. 休迅飛鳧, 飄忽若神, 陵波微步, 羅袜生塵. 動无常則, 若危若安. 進止難期, 若往若還. 轉眄流精, 光潤玉顔. 含辭未吐, 气若幽蘭。華容婀娜, 令我忘餐. 于是屏翳收風, 川后靜波. 馮夷鳴鼓, 女娲清歌. 騰文魚以警乘, 鳴玉鸞以偕逝. 六龍儼其齊首, 載云車之容裔, 鯨鯢踊而夾轂, 水禽翔而爲衛. 于是越北沚. 過南岡, 紆素領, 回清陽, 動朱唇以徐言, 陳交接之大綱. 恨人神之道殊兮, 怨盛年之莫当. 抗羅袂以掩涕兮, 泪流襟之浪浪. 悼良會之永絶兮. 哀一逝而异鄉. 无微情以效愛兮, 獻江南之明璫. 雖潛處于太陰, 長寄心于君王. 忽不悟其所舍, 悵神宵而蔽光. 于是背下陵高, 足往神留, 遺情想象, 顧望怀愁. 冀灵体之夏形, 御輕舟而上溯. 浮長川而忘返, 思綿綿而增慕. 夜耿耿而不寐, 沾繁霜而至曙. 命仆夫而就駕, 吾將歸乎東路. 攬騑轡以抗策, 悵盤桓而不能去.

【譯文】

黃初三年, 我去京師朝拜天子, 回來時渡過洛水. 傳說洛水神灵的名字叫做伏妃(伏羲的小女儿, 玩耍時淹死在洛水, 死后被封爲洛水之神). 于是就模仿宋玉將楚王遇見神女的故事寫成『神女賦』, 我也將這段經歷寫了下來, 是這樣的：我從京城返回東方的封邑(鄄城). 翻過伊厥山, 越過繯轅山, 經過通谷, 登上了景山, 這時已經是夕陽西下, 車馬都很疲乏了. 于是在鋪滿香草的河岸上停下車, 讓馬儿自由自在地在芝草田里吃草歇息. 我在樹林中安然悠閑地走着, 放眼欣賞洛水美麗的景色. 忽然, 感到心神受到震撼, 思緒飄到了遠方. 猛一抬頭, 看到一幅奇异景象：一个美如天仙的女子正在山崖之旁. 于是忙拉住隨從問道："你看到那个女子了嗎？她是誰啊？眞是太美了！"隨從回答："臣听說洛水的神灵叫做伏妃, 那么, 君王見到的莫非是她么？她相貌如何？臣很想听听." 我說："她長得…体態輕盈柔美象受惊后翩翩飛起的鴻雁, 身体健美柔曲象騰空嬉戲的游龍；容顔鮮明光彩象秋天盛開的菊花, 靑春華美繁盛如春天茂密的靑松；行止若有若无象薄云輕輕掩住了明月, 形象飄蕩不定如流風吹起了回旋的雪花；遠遠望去, 明亮洁白象是朝霞中冉冉升起的太陽, 靠近觀看, 明麗耀眼如清澈池水中婷婷玉立的荷花；丰滿苗條恰到好處, 高矮胖瘦符合美感；肩部美麗象是削成一樣, 腰部苗條如一束纖細的白絹；脖頸細長, 下顎美麗, 白嫩的肌膚微微顯露；不施香水, 不敷脂粉；濃密如云的發髻高高聳立, 修長的細眉微微彎曲；在明亮的丹唇里洁白的牙齒鮮明呈現；晶亮動人的眼眸顧盼多姿, 兩只美麗的酒窩儿隱現在臉頰；她姿態奇美, 明艷高雅, 儀容安靜, 体態嫻淑；情態柔順寬和嫵媚, 用語言難以形容；穿着奇特人間罕見, 骨骼相貌象畵中的仙女；她披着鮮麗明淨的綾羅做的衣服, 戴着雕刻華美的美玉做的耳环；黃金和翠玉做爲配挂的首飾, 点綴的稀世明珠照亮了美麗的容顔；她踏着綉着精美花紋的鞋子，拖着霧一樣輕薄的紗裙，隱隱散發出幽幽蘭香，在山邊緩步徘徊；偶爾縱身跳躍，一邊散步一邊嬉戲；左面有彩旗靠在身邊，右面有桂枝遮蔽陰凉；她正卷起衣袖將洁白細膩的臂腕探到洛水之中，采摘湍急河水中的黑色灵芝。"
我深深地愛慕上了她的賢淑和美麗，心情振蕩，悶悶不樂。苦于沒有好的媒人去傳達愛慕之情，就用脉脉含情的眼光表達我的愛意，希望眞摯的情感能先于別人向她表達，于是解下腰間的玉佩贈与她，表示要与她相約. 她眞是太完美了，不僅懂得礼儀而且通曉詩歌，她舉起美玉与我應答，指着深深的潭水約定會面的日期. 我心里充滿眞誠的依戀，惟恐美麗的神灵在欺騙；傳說曾經有兩位神女在漢水邊贈白玉給鄭交甫以定終身，却背弃信言頃刻不見了，于是我惆悵犹豫將信將疑，收斂了滿心歡喜，鎮定情緖，告誡自己要嚴守男女之間的礼儀來約束控制自己.
于是洛神受到了感動，低回徘徊，五彩神光忽隱忽現忽明忽暗，聳起輕灵的身軀象仙鶴一樣欲飛還留. 她徘徊于香气濃郁的生滿椒蘭的小路上，流連在散發着幽幽花香的杜衡叢中，悵然長吟抒發長久的思慕，聲音悲哀凄厲持久不息. 不久衆多的神灵呼朋喚友會聚過來，有的在清澈的河水中嬉戲，有的在洛神常游的沙洲上翱翔，有的在河底采摘明珠，有的在岸邊拾取美麗的羽毛. 洛神由湘水的娥皇·女英跟隨着，由水邊漫游的漢水女神陪伴着，哀嘆匏瓜星的孤零无匹，同情牽牛星的寂寞獨居. 她舉起手臂用修長的衣袖遮蔽陽光揚首眺望，輕薄的上衣在陣陣清風中隨風飄動. 她行動輕盈象飛鳥一樣，飄逸若神深不可測；在水波上細步行走，脚下生起蒙蒙水霧；行踪不定，喜憂不明；進退難料，欲去還留，眼波柔情流動，目光神采飛揚，愛情的喜悅潤澤着美麗的面容；好像有許多話含在口中，气息中散發着幽幽蘭香；她花容月貌羞澀柔美，深深地吸引着我而不知身在何處. 這時風神將風停下, 水神讓江波不再起伏, 司陰陽神敲響了天鼓, 女媧唱起了清亮的歌聲；文魚騰躍簇擁車乘, 玉制鸞鈴叮咚作響；六條龍齊頭并進, 載着云車緩緩而行；鯨鯢爭相跳躍夾護車駕, 水鳥穿梭飛翔殷勤護衛；于是洛神越過水中的島嶼, 翻過南面的山崗, 回轉白皙的頸項, 用清秀美麗的眉目看着我, 啓動朱唇, 緩緩陳述无奈分离的大節綱常, 痛恨人与神的境遇難同, 苦怨青春愛情不遂人意, 舉起羅袖擦拭眼泪, 而泪水不禁滾滾而下沾濕了衣裳；傷心美好的聚會將永遠斷絶, 哀怨從此別离會天各一方. 沒有表示愛情的信物可以相贈, 就將江南的名貴玉环送給我, "雖然隱居在天界, 我會時常思念君王……"還沒說完, 忽然行迹隱去, 神光消遁, 我悵然若失. 于是我翻山越岭, 上下追踪, 尋找洛神遺留的足迹. 洛神已去, 情景犹在, 四下尋找, 平添惆悵. 我盼望洛神的影踪重新出現, 于是駕起小船逆水而上, 在長江之上任意漂泊不知回返, 思念綿綿不絶, 更增加思慕之情. 夜晚, 心神不安難以入睡, 厚厚的晶霜沾滿衣裳, 直到天光大亮. 无奈, 命令仆夫起駕, 継續我的歸程. 我攬住繮繩舉起馬鞭, 在原地盤桓, 久久不能离去.

陶淵明 讀『山海經』十三首

其一：孟夏草木長, 繞屋樹扶疏. 衆鳥欣有托, 吾亦愛吾廬. 旣耕亦已种, 時還讀我書. 窮巷隔深轍, 頗回故人車. 歡言酌春酒, 摘我園中蔬. 微雨從東來, 好風与之俱. 泛覽『周王傳』, 流觀『山海圖』. 俯仰終宇宙, 不樂夏何如.

其二：玉台凌霞秀, 王母怡妙顔. 天地共俱生, 不知几何年. 灵化无窮已,館宇非一山. 高酣發新謠, 宁敩俗中言！

其三： 迢迢槐江岭, 是爲玄圃丘. 西南望昆墟, 光气難与儔. 亭亭明玕照, 洛洛清瑤流. 恨不及周穆, 托乘一來游.

其四： 丹木生何許？乃在峚山陽. 黃花夏朱實, 食之壽命長. 白玉凝素液, 瑾瑜發奇光. 豈伊君子宝, 見重我軒黃.

其五： 翩翩三靑鳥, 毛色奇可怜. 朝爲王母使, 暮歸三危山. 我欲因此鳥, 其向王母言： 在世无所須, 惟酒与長年.

其六： 逍遙芙皐上, 杳然望扶木. 洪柯百万尋, 森散夏昒谷. 灵人侍丹池, 朝朝爲日浴. 神景一登天, 何幽不見燭.

其七： 粲粲三珠樹, 寄生赤水陰. 亭亭凌風桂, 八榦共成林. 灵鳳撫云舞, 神鸞調玉音. 雖非世上宝, 爰得王母心.

其八： 自古皆有沒, 何人得灵長？ 不死夏不死, 万歲如平常. 赤泉給我飲, 員丘足我粮. 方与三辰游, 壽考豈渠央！

其九： 夸父誕宏志, 乃与日竸志. 俱至虞淵下, 似若无胜負. 神力旣殊妙, 傾河焉足有！ 餘迹寄鄧林, 功竟在身後.

其十： 精衛銜微木, 將以塡滄海. 刑天舞干戚, 猛志故常在. 同物旣无慮, 化去不夏悔. 徒沒在昔心, 良晨詎可待！

其十一： 巨猾肆威暴, 欽[鳥丕]違帝旨. 窫窳强能變, 祖江遂獨死. 明明上天四, 爲惡不可履. 長枯固已劇, 鵕鶚豈足恃！

其十二： 鴟鵂見城邑, 其國有放士. 念彼怀王世, 当時數來止. 靑丘有奇鳥, 自言獨見爾 ; 本爲迷者生, 不以喩君子.

其十三： 岩岩顯朝市, 帝者愼用才. 何以廢共鯀, 重華爲之來. 仲父獻誠言, 姜公乃見猜 ; 臨沒告飢渴, 当夏何及哉！ 一：

唐 李商隱「嫦娥」

云母屏風燭影深, 長河漸落曉星沉.

嫦娥應悔偸灵藥, 碧海青天夜夜心.

참고문헌

_ 외국자료

『茅盾全集』, 北京：人民文學出版社, 1984.

『呂氏春秋』愛類篇

『孟子』

『史記』封禪書

『山海經』海內經

『說文解字』

『聖經』(和合本, 香港, 聖書公會)

『荀子』成相篇

『尸子輯本(卷上)』

『拾遺記(卷二)』

『列子』湯問

『楚辭』遠遊

『淮南子』本經篇

顧頡剛,「戰國秦漢間人的造僞與辨僞」,『古史辨』第七冊 上編) 上海, ：古籍出
　　　　版社, 1941.

谷野典之,「女媧‧伏義神話系統考」,『東方學(第59輯)』, 1976.

金春峰,「"月令"圖式與中國古代思惟方式的特點及其對科學‧哲學的影響」,『中
　　　　國文化與中國哲學』(深圳大學國學研究所 主編), 東方出版社, 1986.

金洪謙,「中國神話的定義和分類」,『中語中文學』25, 1999.

陶陽鐘秀,『中國創世神話』, 上海人民出版社, 1989.

涂元濟 外,「漢族上古神話的特点及對後代文化的影響」,『中國古代‧近代文學
　　　　研究』(J2), 1989.

涂元濟·涂石,「漢族上古神話的特徵及後代文學的影響」,『中國古代·近代文
　　　學研究(北京人民大學校　編)』, 1989.
馬昌儀,「論茅盾的神話觀」,『民間文學』第5期, 1981.
茅盾,『神話研究』, 天津：百花出版社, 1981.
白川靜,『中國の神話』, 東京：中央公倫社, 1980.
森三樹三郎,『支那古代神話』, 大雅堂, 1943.
徐裕源,「中國古代人類起源神話類型之研究」,『人文論叢』2, 경원대, 1993.
葉舒憲,「神話思惟的空間觀念的起源」,『中國神話哲學』, 北京：中國社會科學
　　　出版社, 1992.
葉舒憲,『中國神話哲學』, 北京：中國社會科學院出版社. 1992.
蕭　兵,「"谷神"與"水"的母題」(復印報刊資料), 中國人民大學書報資料中心,
　　　1989.
小南一郎, 孫昌武　譯,「西王母與七夕文化傳承」,『中國的神話傳說與古小說』,
　　　北京：中華書局, 1993.
蘇曉星,「關於神話與文學的關係」,『中國古代·近代文學研究』(北京人民大學
　　　校　編), 1989.
孫中田,『論茅盾的生活與創作』, 天津：百花文藝出版社, 1980.
是永　駿,『「動搖」論』,『野草』36, 名古屋：采華書林, 1985.
樂蘅軍,「中國原始變形神話試探」,『古典小說散論』, 臺北：純文學出版社,
　　　1976.
楊文虎,「神話思惟的發生」,『中國古代·近代文學研究』(J-2), 1990.
呂思勉,「三皇五帝考」,『古史辨』(第七冊　中篇), 上海：古籍出版社, 1982.
葉名,『中國神話傳說』, 北京：新華出版社, 1991.
葉舒憲,「中國神話的特性之新詮釋」,『道敎文化研究』21, 2004.
吳一虹,「風物傳說初探, 民族民間文學論文集」, 貴州：人民出版社, 1984.
吳濟仲,「古代中國神話圖騰形象演變初探」,『中國人文科學』23, 2001.
王功亮 外,「論茅盾小說創作的象徵色彩」,『茅盾全集(2-上)』, 人民文學出版社,
　　　1984.
王鍾陵,「論神話思惟的特徵」,『中國古代·近代文學研究』(J-2), 1992.
王鍾陵,「神話思維的歷史上限坐標及走向」,『文藝理論』, 北京, 1991.
王孝廉,『中國神話世界』(上·下編), 臺北：洪葉文化事業有限公司, 2006.
袁珂,「中國神話對於後世文學的影響」,『神話論文集』, 臺北：漢京文化事業公
　　　司, 1987.
袁珂,『中國神話通論』, 四川：巴蜀書社, 1993.

游國恩 外, 『中國文學史』, 北京, 1982.

李慶信, 「關于茅盾小說中的象徵」, 『茅盾研究』 4, 北京 : 文化藝術出版社, 1990.

李炳漢, 「轉換期의 中國現代小說」, 『現代中國의 語文研究Ⅱ』, 東亞文化研究所, 1980.

李福淸 著, 馬昌儀 編, 『中國神話故事論集』, 臺北 : 學生書局, 1991.

李庶長, 「茅盾早期文藝思想的本質特徵」, 『茅盾研究』 4, 文化藝術出版社, 1990.

潛明玆, 『神話學的歷程』, 哈爾濱 : 北方文藝出版社, 1989.

莊鍾慶, 『茅盾的創作歷程』, 北京 : 人民文學出版社, 1982.

丁山, 「中國古代宗教與神話考」, 馬昌儀 編, 『中國神話學文論選萃(下)』, 北京 : 中國廣播電視出版社, 1992.

中國大百科全書總編輯委員會 編, 『中國文學』, 中國大百科全書出版社, 1986.

中鉢雅量, 「古代神話における樂園」, 『東方學』 58, 1975.

中鉢雅量, 「中國古代の動物崇拜について」, 『東方學』 62, 1979.

中鉢雅量, 『中國の祭祀と文學』, 東京 : 創世社, 1989.

出石誠彦, 「上代支那の洪水說話について」, 『支那神話傳說の研究』, 東京 : 中央公倫社, 1943.

貝塚茂樹, 『中國神話の起源』, 東京 : 角川書店, 1974.

何新, 洪喜 譯, 『諸神的起源』, 東文選, 1995.

何浩, 「顓頊傳說中的神話與傳說」, 『歷史研究』, 北京, 1992.

許鈺, 「民俗學和民間文藝學」, 『中國古代・近代文學研究(J-1)』, 1991.

D. Bodde, "Myths of Ancient China," *Essays on Chinese Civilization*, N. J., Princeton U. P., 1981.

F. W. Mote, "The Beginning of a World View," *Intellectual Foundations of China*, N.Y, A. A. Knopf, 1971.

J. Needham, "Time and Eastern Man," *The Henry Myers Lecture 1964*, London, Royal Antropological Institute of Great Britain & Ireland, 1965.

M. N. Steblin Kamenski, 『神話學入門』, 東京 : 東京大出版會, 1980.

N. Sivin, "Chinese Conceptions of Time," *The Earlham Review* 1, 1966.

V. Erlich, *Russian Formalism : History, Doctrine*, Mouton Publishers, 1980.

_국문자료

Greimasand Courtes, 천기석 · 김두한 역, 『기호학 사전』, 민성사, 1988.

Michael Loewe, 이성규 譯, 『古代中國人의 生死觀』, 知識産業社, 1989.

김선자, 「中國感生神話研究 : 民族起源神話의 일부분으로서」, 『중국어문학논집』 제7호, 1995.

김홍겸, 「중국신화 속에 담겨있는 영웅의 유형 연구」, 『中國學報』 제52집, 2005.

樂黛云, 「中國洪水神話 : 大禹治水」, 『東亞文化』 31, 서울대, 1993.

노드롭 프비드니, 「神話 · 象徵 · 眞理」, 김병욱 외 역, 『文學과 神話』, 대방출판사, 1983.

데이비드 라이, 「神話 · 虛構 · 變型」, 김병욱 외 역, 『文學과 神話』, 대방출판사, 1983.

빈미정, 「中國古代神話의 人間創造와 再造」, 『中國文學』 20, 1993.

빈미정, 「魯迅文學에 있어서 神話의 受用과 再現」, 『中國文學』 22, 1994.

빈미정, 「中國 古代起源神話의 分析的 研究」, 서울대 博士學位論文, 1994.

빈미정, 「中國神話에서의 飛天과 超越」, 『人文科學論叢』 第3輯, 聖潔大, 1998.

빈미정, 「中國神話와 神話思惟의 性格」, 『中語中文學』 第24輯, 1999.

빈미정, 「中國의 洪水神話와 民間傳承」, 『論文集 : 人文 · 社會科學篇』 제29권, 성결대, 2000.

빈미정, 「중국의 '불' 신화전설과 그 유형」, 『中語中文學』 第29輯, 2001.

빈미정, 「中國 始祖神話傳說의 文學的 解釋」, 『인문과학논총』 제7집, 성결대, 2002.

빈미정, 「黃帝神話傳設에 대한 文獻的 考察」, 『中國文學』 제44집, 2005.

서경호, 「山海經小考」, 『中國文學』 제6집, 1979.

서유원, 「中國 주요 古代 始祖神話 중 棄子神話에 보이는 遺棄모티프」, 『인문논총』 4, 경원대, 1995.

서유원, 『중국창세신화』, 아세아문화사, 1998.

선정규, 「歸墟神話 研究 : 그 기원과 변천과정을 중심으로」, 『中國語文論叢』 제20집, 2001.

선정규, 「비렴신화소고」, 『人文大論集』 13, 고려대, 1995.

宣釘奎, 『중국신화 연구 : 신화로 본 고대 중국인의 사유세계』, 고려원, 1996.

송정화, 『중국여신연구 : 중국 신화에 대한 여성학적 탐구』, 민음사, 2007.

알레브 라이틀 크루티어, 윤희기 역, 『물의 역사』, 예문, 1997.

王彬, 『神話學入門』, 서울 : 金蘭出版社, 1980.

劉麗雅, 「韓國과 中國 神話의 比較 硏究 ; 「檀君神話」와 「皇帝神話」를 中心으로」, 『명지대 인문과학연구논총』 13, 1995.

이유진, 「中國神話의 歷史化에 관한 試論」, 『중국어문학논집』 제20호, 2002.

이인택, 『중국 신화의 세계』, 풀빛, 2000.

이인택, 「중국 영웅 신화의 비교 분석」, 『人文論叢』 18, 울산대, 2000.

張光植, 이철 역, 『신화 미술 제사』, 동문선, 1990.

장기근, 『中國神話』, 大宗出版社, 1975.

전인초, 『中國古代小說史』, 서울 : 新雅社, 1992.

전인초 외, 『중국신화의 이해』, 아카넷, 2002.

정재서, 『不死의 神話와 思想』, 민음사, 1994.

정재서, 「中國 神話의 歷史와 構造 : 盤古神話를 中心으로」, 『口碑文學硏究』 제11집, 2000.

질베르 뒤랑, 진형준 역, 『상징적 상상력』, 문학과 지성사, 1983.